HISTOIRES
DES
PAYSANS DE FRANCE

Claude Michelet

HISTOIRES DES PAYSANS DE FRANCE

FRANCE LOISIRS
123, boulevard de Grenelle, Paris

Édition du Club France Loisirs, Paris,
réalisée avec l'autorisation des Éditions Robert Laffont.

ISBN 2-7441-0694-1

En souvenir de David Michelet
qui aimait la terre de France et son histoire.

Ce n'est pas seulement du blé
qui sort de la terre labourée,
c'est une civilisation tout entière.

LAMARTINE

1

Jadis, dans nos campagnes, il en était ainsi depuis des siècles, dès la mauvaise saison venue, celle du gel, de la neige et des nuits les plus longues, les gens, pour occuper leurs soirées, s'invitaient à tour de rôle pour une veillée au coin du feu.

Là, pendant que les femmes, toutes papotantes, égrenaient le maïs, confectionnaient les manoques de tabac ou tricotaient, les hommes jouaient à la belote ou à la manille coinchée. Souvent aussi, délaissant le jeu, ils refaisaient le monde à leur façon, parlant de tout et de rien, du froid, de la chasse, de la lune, des informations glanées au cours de la dernière foire et de tous les potins de la région.

Mais ce brouhaha durait peu car il se trouvait toujours un ou deux participants – pas toujours les plus âgés mais assurément les meilleurs conteurs – pour monopoliser très vite l'attention de tous.

Renaissaient alors, grâce à eux, des histoires mille fois entendues, mais toujours enjolivées et peaufinées, donc toujours aussi prenantes, que les narrateurs tenaient de leurs anciens et qu'ils portaient en eux depuis leur jeunesse. Car toujours, au cours de ces soirées, les enfants tapis tout près du feu, silencieux parce que avant tout désireux de se faire oublier – seul moyen d'échapper au lit où ils auraient dû être –, écoutaient, bouche bée, passionnés par les récits des adultes. Ils engrangeaient ainsi, par la grâce de la transmission orale – la plus vieille et la plus simple de toutes –, ces histoires qui, suivant les soirées, leur parlaient du pays, des voisins, des ancêtres, des drames et des joies vécus par tel ou tel, la semaine précédente ou soixante-dix ans plus tôt.

Ainsi découvraient-ils, tout naturellement et avec bonheur, car les récits, même les plus graves, étaient truculents, où plongeaient leurs racines, d'où venaient leurs origines, leurs gènes, qui étaient leurs aïeux ; ils apprenaient une part de leur véritable histoire. Je pense qu'ils en devenaient un peu plus forts, un peu plus solides, mieux armés pour la suite de leur existence, étant capables, en beaucoup de circonstances, de s'appuyer sur des références concrètes, des bases stables, éprouvées au feu du temps.

Et c'est bien parce que j'aimerais que mes petits-enfants bénéficient, eux aussi, de cette sorte de privilège, que certains appellent les chromosomes mémoires, que je veux leur expliquer, leur raconter – même si les veillées au coin du feu n'existent plus – qui étaient leurs ancêtres paysans, nos ancêtres à tous. Grâce à quoi, et à cette terre qu'ils découvriront sous leurs pieds et qu'ont façonnée pour eux deux cent cinquante générations d'agriculteurs, peut-être seront-ils mieux à même de bien gérer ce qui les attend demain, quand ils entreront dans l'âge adulte. Ainsi armés, si l'envie leur vient parfois de piaffer, de rager et de frapper du talon, ce sera sur un sol solide et non sur des sables mouvants, ils progresseront toujours sur le premier, c'est préférable à l'enlisement.

Sans remonter jusqu'à notre petite ancêtre Lucy – environ trois millions d'années – ni même jusqu'à nos grands-pères de Lascaux – quinze mille ans, c'était hier –, force m'est quand même de fixer la date approximative aux alentours de laquelle nos ancêtres acquirent enfin le noble titre d'agriculteurs.

Ils étaient jusque-là, depuis des centaines de millénaires, des cueilleurs de baies, fruits et graines divers, des déterreurs de racines, des chasseurs, des pêcheurs et sans doute même, pour certains et quand l'occasion s'en présentait, des anthropophages.

Puis un jour, énormes progrès, alors qu'ils se révélaient déjà et depuis longtemps excellents peintres – bien meilleurs que nombre de nos barbouilleurs contemporains – quelques-uns d'entre eux, vers 7000 avant notre ère, sans doute dans un but de gardiennage et aussi pour rendre la chasse moins fatigante et plus fructueuse, domestiquèrent les premiers chiens, lesquels, depuis longtemps, rôdaient autour des campements.

Mais des chiens sans moutons à surveiller, ça devient vite paresseux, donc nourris à perte, et, en ces temps, les bouches inutiles étaient peu prisées. Il était donc logique d'entreprendre d'apprivoiser les moutons et de confier aux chiens le soin de les garder; ce fut fait vers le sixième millénaire.

Ensuite, dans les siècles suivants, ce fut au tour des bovins, des chèvres et des porcs de tomber sous la coupe des hommes. Dans le même temps, donc vers moins 4000, quelques tribus venues du Moyen-Orient et installées dans ce que nous nommons l'Europe centrale commençaient à faire pousser une variété de graminée que les botanistes appellent le triticum *et nous, plus simplement, le blé.*

Mais encore fallait-il que se rencontrent ceux qui, déjà, avaient compris tout le bénéfice qu'ils pouvaient tirer du mystère et du miracle de la germination et ceux qui, depuis des millénaires, couraient pour se nourrir.

Une étrange cérémonie

Ils couraient. Ils couraient depuis des millénaires, des centaines de millénaires. Et toujours, devant eux, fuyaient les troupeaux de gazelles, d'aurochs, de mammouths. Même les petits rongeurs – lapins, lièvres et marmottes – détalaient dès qu'ils apercevaient les hirsutes et malodorantes silhouettes qui, pour se nourrir, ne savaient que courir. Toujours courir derrière des proies qui, de tout temps, s'ingéniaient à leur échapper alors que la faim leur tordait le ventre.

Parce que croquer une poignée de baies cueillies çà et là ou mâchouiller quelques épis de graminées sauvages glanés au hasard de la course, ça ne tient pas au corps. Ça vous laisse l'estomac en révolte et la bouche amère. Et toute la tribu se plaint. Et les femmes et les enfants gémissent. Quant aux nourrissons, faute de lait maternel, ils meurent en moins de temps qu'il n'en faut pour attraper, tuer et dépecer une de ces rapides antilopes qui n'a de cesse d'échapper à tous ces hommes affamés qui courent derrière elle. Qui courent depuis des millénaires, des centaines de millénaires.

Depuis des lunes et des lunes, beaucoup plus de lunes que ne possèdent d'andouillers les deux bois d'un très vieux cerf, tout allait mal pour la tribu. D'abord, plusieurs saisons de chasse avaient été mauvaises, contraignant les chasseurs à partir de plus en plus loin et de plus en plus longtemps pour trouver la pitance nécessaire à toutes les familles ; mais cela n'avait pas empêché beaucoup de vieillards et d'enfants de périr lors des grands froids. Ensuite, à l'avant-dernière saison chaude, celle où le soleil frappe le plus fort et couve ainsi les noires et mortelles nuées d'où chute le terrifiant feu du ciel, la horde avait dû fuir en abandonnant tout. Et courir, comme toujours ! Courir pour échapper à l'épouvantable brasier qu'un éclair blanc, à la voix pétrifiante, avait allumé non loin de la clairière où se dressaient les huttes de branchages et de peaux où habitaient les hommes.

Ils vivaient là depuis un temps si reculé que le plus ancien des anciens n'avait pas souvenir d'avoir vécu ailleurs. Car s'il avait très souvent quitté la petite clairière où il était né pour aller traquer, de plus en plus loin, des proies de plus en plus craintives, s'il avait marché pendant des jours jusqu'au grand fleuve dont les abords regorgeaient de gros silex bruts, aussi indispensables et précieux que le feu, il était toujours revenu. Revenu là où ses propres ancêtres s'étaient arrêtés un jour, las d'une errance épuisante. Ses ancêtres dont certains – des sages qui n'étaient pas toujours les plus âgés – s'étaient opposés à ce que tout le gibier traqué ou piégé soit aussitôt immolé et dévoré, comme le voulait la coutume. Ces hommes qui, au lieu de se remplir la panse comme le font les hyènes et les loups, peu soucieux du lendemain, avaient préféré limiter le formidable festin qui suit toute bonne chasse et avaient commencé à parquer quelques cochons sauvages, des chèvres, des moutons et des jeunes veaux de bœufs musqués ou d'aurochs qu'ils avaient soustraits à l'holocauste et à l'appétit de leurs frères.

Grâce à leur prévoyance, la tribu disposait, pendant la mauvaise saison, d'une vivante réserve de viande qui, si elle n'était pas toujours suffisante pour satisfaire l'appétit de tous, rendait quand même moins lancinants et plus rares les gémissements des enfants torturés par la faim.

C'étaient aussi ces mêmes ancêtres qui, après avoir clos, grâce à des claies, quelques lopins de forêts où paissaient les troupeaux, avaient rendu moins hargneux les chiens qui rôdaient autour des huttes dans l'espoir d'y dérober un morceau de viande ou de peau, un os, voire un bambin mal surveillé par sa mère. Maintenant, ces petits fauves aidaient à garder et à grouper les bêtes. Ils étaient aussi de très bons compagnons lors des chasses. Enfin, ils se révélaient d'excellents défenseurs lorsque, tous crocs dehors et poil hérissé, ils accueillaient les intrus, qui vivaient dans d'autres familles, à quelques jours de marche, et qui, parfois, s'égaraient jusque-là, en quête de rapine, ou de jeunes femmes...

Mais tout cela n'existait plus, anéanti par cet éclair aveuglant qui avait embrasé la forêt. Attisé par un vent inouï qui mugissait comme le plus gigantesque troupeau d'aurochs jamais vu, le feu s'était jeté à l'assaut de l'immense sylve qui couvrait le pays.

Peur au ventre et dos roussi par l'infernal brasier, les hommes avaient fui pour échapper aux flammes qui encerclaient la clairière. Mais nombre de femmes et d'enfants, et beaucoup de vieillards, n'avaient pu courir assez vite et avaient disparu, happés par la fournaise.

Poussés jour et nuit par un rideau incandescent de plus en plus haut, les survivants avaient enfin atteint le fleuve et mis entre eux et les flammes toute la largeur de ses eaux alors très basses car bues par la sécheresse.

Tapis sur la berge opposée, et déjà la faim au ventre, ils avaient alors mesuré l'ampleur de leur misère, de leur faiblesse en regardant disparaître, de l'autre côté du fleuve, tout ce qui formait leur territoire, leur vie. Car tous le comprenaient, outre les compagnons, les compagnes et quelques enfants trop lents pour se sauver, avaient aussi disparu les troupeaux de porcs et de moutons, les chèvres aux pis généreux, et les grands bœufs. Disparues aussi, avec les huttes, les savoureuses lanières de viande et de poissons séchés si appréciées quand venaient les jours froids ou quand la chasse était mauvaise. Perdues aussi les réserves de graminées sauvages et de racines ramassées par les femmes, les noisettes et les faines, tous ces produits de cueillette qui rendaient l'avenir moins inquiétant.

Désormais, pour les rescapés, tout était à refaire.

La tribu ne put rester très longtemps dans le campement qu'elle installa au pied des falaises qui surplombaient le fleuve. Le site, riche de cavernes faciles à aménager, était pourtant tranquille. Malheureusement, dans les eaux trop basses du fleuve, le poisson était rare, insuffisant pour nourrir tous les membres de la horde. Et quand arriva la saison des pluies et du froid, le courant alors trop tumultueux rendit la pêche très difficile et dangereuse. De plus, l'incendie qui avait ravagé tout ce qui s'étendait sur l'autre rive avait fait fuir tout gros gibier. Il est vrai qu'il avait lancé ses griffes vers le ciel pendant des jours et des jours et qu'une âcre et suffocante fumée noire s'était posée sur toute la région. Ensuite, l'orage était enfin venu déverser des trombes d'eau, mais aussi des morceaux de glace gros comme le poing qui avaient haché menu la végétation épargnée par les flammes. Et les hordes de cervidés s'étaient éloignées. Éloignés aussi les troupeaux de grands bœufs et les troupes de sangliers.

Pendant les premiers jours de leur installation, les hommes avaient trouvé leur pitance en traversant le fleuve et en allant chercher, parmi les cendres, des morceaux de viande carbonisée, mais encore savoureuse, des bêtes cernées, puis englouties par les flammes. Mais, la canicule étant revenue, les cadavres avaient vite pourri ; des nuées d'oiseaux charognards avaient alors fondu sur ces carcasses noircies et puantes.

Bientôt contraints d'aller chasser de plus en plus loin, donc d'abandonner femmes et enfants pour plusieurs jours, mais de nouveau tenaillés par la faim, les hommes décidèrent de lever le camp ; tout ce qui était comestible avait été glané alentour, et même les escargots et les petits rongeurs devenaient de plus en plus rares.

Deux chasseurs revenus après trois lunes de quête, et que l'on croyait morts, assuraient avoir relevé, loin vers le levant, les traces fraîches d'un troupeau d'aurochs. Ils avaient surtout observé, dans la même direction, plusieurs empreintes récentes de pieds d'hommes et, sur un coup de vent, senti l'odeur si excitante que dégage un quartier de viande en train de rôtir.

Là-bas, il y avait non seulement du gibier mais aussi une tribu. Et si elle n'était pas trop puissante, il faudrait bien, bon gré mal gré, qu'elle nourrisse la horde affamée et qu'elle la loge. La mauvaise saison approchait. Déjà la fraîcheur des nuits faisait frissonner. Il était grand temps de trouver un bon lieu où passer l'hiver.

Retardée par plusieurs journées d'une chasse enfin fructueuse – les hommes avaient réussi à acculer un troupeau d'élans dans une queue d'étang et en avaient fait un carnage –, la tribu atteignit le but qu'elle s'était fixé moins d'une lune après avoir quitté les bords du fleuve.

Déjà, depuis quelques jours, le paysage avait changé. À la grande et sombre forêt qui couvrait les monts d'où venaient les hommes avait fait place une végétation moins dense, plus aérée. Les arbres et les taillis occupaient toujours la plus grande partie du sol, mais l'ensemble était moucheté de clairières d'où détalaient les cerfs, les chevreuils et les daims. Dans la vaste plaine, à peine vallonnée, où progressait la tribu, la marche était désormais plus facile, plus rapide.

Ce fut le meilleur des chasseurs, celui qui marchait toujours en tête entouré de ses chiens – d'où son nom d'« homme-aux-chiens » –, qui releva les empreintes. Elles étaient là, dans la glaise du sentier qui, venant du midi, serpentait vers le levant en direction d'un grand bois de chênes. Huit marques de pieds, bien visibles, bien fraîches, auxquelles se mêlaient beaucoup de traces de sabots de moutons et de cochons.

– Un homme et trois femmes, et ils passent là tous les jours avec leur troupeau, commenta l'homme-aux-chiens quand ses compagnons l'eurent rejoint.

– C'est bien ici que nous étions venus, assurèrent alors les deux chasseurs dont les précieuses indications avaient guidé la horde jusque-là.

– Et l'odeur de la viande rôtie arrivait de là-bas, ajouta l'un d'eux en désignant le grand bois d'où venaient les empreintes.

– Il faut y aller ! lança le plus jeune des chasseurs.

Il était encore adolescent et surtout connu pour son bavardage et ses coups de tête irraisonnés. Mais il maniait son arc avec une grande dextérité et avait donc le droit de donner son avis.

– Tais-toi ! ordonna pourtant le plus ancien de la tribu.

Il en avait pris la tête lorsque, après leur fuite devant l'incendie, ils s'étaient regroupés au bord du fleuve et avaient compris que nombre d'entre eux manquaient à l'appel. Parmi ceux-là – que nulle sépulture décente ne viendrait réconforter –, le plus sage, le plus vieux ; celui en qui beaucoup reconnaissaient leur père. C'est alors que lui, son fils aîné, avait pris le commandement ; nul n'avait trouvé à redire, on le savait plein d'expérience, de ruse et de sagesse. L'homme-aux-plantes, celui qui savait guérir et même opérer et qui connaissait l'indispensable magie, celle dont dépend tout, avait lui aussi approuvé cette prise de pouvoir : tout était bien.

– Il faut reculer, décida le chef, reculer, abriter les femmes et les enfants, les protéger avec plusieurs hommes. Mais toi, toi, toi et toi, allez dans ce sens pour suivre cette piste qui va vers le midi et nous dire où elle aboutit. Les autres viendront avec moi et nous irons jusqu'aux abords de ce bois. Mais je veux que tous les hommes soient à la nuit au campement que vont dresser les femmes. Et s'il faut combattre, que ce soit à coup sûr. Notre tribu est trop affaiblie pour risquer une défaite.

– Et si nous rencontrons des hommes ? demanda l'un de ceux qui devaient aller vers le midi.

– Cachez-vous.

– Et des femmes ? lança le plus jeune des chasseurs.

– Je sais que tu es en âge de t'en occuper, s'amusa l'ancien, pourtant, tu te cacheras et du mieux que tu pourras. N'oublie jamais qu'à force de veiller sur leurs petits, les femmes ont l'œil du vautour, l'oreille du renard et le nez du loup ! Alors cache-toi et regarde. C'est ainsi que nous saurons comment agir.

Tapi dans les fougères avec ses compagnons, à une bonne portée d'arc du village, le chef de la horde n'en croyait pas ses yeux. Et il lui avait suffi de lancer un regard en direction de ses hommes pour constater qu'ils étaient tous aussi surpris que lui. Même l'homme-aux-plantes, qui aurait pourtant dû comprendre mieux qu'eux tous, regardait bouche bée, sans se soucier de la salive qui, perlant entre ses chicots, coulait sur sa lèvre avant d'aller se perdre dans sa barbe grise ; et trois grosses rides creusaient son front, car la cérémonie magique qui se déroulait là-bas le remplissait de stupeur.

Elle n'avait rien de commun avec tous les rites, reçus des ancêtres, qu'il appliquait lui-même chaque fois que nécessaire pour le bien-être de la horde : cérémonie avant la chasse, danse au retour des hommes, incantations pour soigner les blessés, implorations pour enterrer les morts. Mais ce qui se passait là-bas et qu'ils observaient tous sans comprendre ne ressemblait à rien de connu, même si les gestes répétés par ceux qui officiaient rappelaient un peu un rituel de mise en terre. Mais que pouvaient bien vouloir ensevelir ces hommes et ces femmes, heureusement peu nombreux, qui trépignaient dans la clairière, non loin des huttes de rondins ?

D'ailleurs, même elles étaient bizarres, grandes, massives, aux parois de terre battue, couvertes de ce qui semblait être une épaisse couche de roseaux ; elles étaient très différentes des abris, confortables mais plus simples, que les membres de la tribu savaient ériger en dressant quelques grosses perches, bien plantées dans le sol, sur lesquelles on fixait des peaux de bêtes.

Quant au terrain qui entourait les habitations, il ne ressemblait pas, lui non plus, à ce que connaissaient les observateurs. Certes, ils identifiaient, s'enfonçant dans la forêt, les claies de branchages qui délimitaient les enclos où s'apercevaient d'ailleurs quelques bestiaux ; mais tout le reste relevait du mystère.

Le reste, c'étaient ces grandes étendues de terre nue, ou à peine herbeuse, sur lesquelles piétinaient hommes et femmes ; et même quelques enfants mimaient les gestes des adultes !

Ils étaient tous armés de pieux dont ils lardaient la terre, comme on éventre un marcassin. L'étrange, l'incompréhensible, était dans ce geste qu'ils faisaient ensuite, comme s'ils déposaient dans le sol quelque espèce de cadavre dont la taille était si petite que même les plus jeunes chasseurs, ceux qui avaient les meilleurs yeux, étaient incapables d'identifier.

– Mais que font-ils ? chuchota enfin le chef en se tournant vers l'homme-aux-plantes.

– Ils enterrent...

Le chef grogna en haussant les épaules et se retint de dire qu'il n'était point besoin d'être sorcier pour comprendre un fait aussi évident ; un enfant aurait répondu la même chose !

– Je veux savoir ! insista-t-il. Puis il observa le soleil et s'étonna de le voir si proche de son couchant. Jamais il n'aurait cru que ses hommes et lui étaient restés si longtemps à regarder un spectacle qu'aucun d'eux n'avait jamais vu et auquel ils ne comprenaient rien.

– La nuit arrive, rejoignons les femmes, décida-t-il. Nous agirons quand nous saurons ce que les autres ont trouvé.

Le plus jeune des chasseurs n'en finissait pas de raconter son expédition. À l'en croire, c'était lui seul qui avait suivi les traces pour découvrir, peu après, une vaste étendue de lande, cernée par des taillis, dans laquelle broutaient des moutons et fouissaient des cochons que gardait un très vieil homme, tout cassé par le temps et boiteux.

– Je l'avais vu dans ses empreintes, ponctua l'homme-aux-chiens, elles s'enfoncent plus d'un côté que de l'autre...

– Et ensuite ? insista le chef.

– Il y avait les femmes ! lança le jeune chasseur dont le regard brillait d'excitation, des femmes belles, jeunes, solides, fortes comme des hommes, belles et...

– Très bien, trancha le chef, mais que faisaient-elles ?

– Elles coupaient les arbustes, et elles en ont déjà beaucoup coupé, et depuis longtemps. Elles en font des gros tas.

– Pour bâtir des huttes ?

– Non, elles brûlent les branchages. D'ailleurs, il n'y a pas de huttes là-bas, juste un terrain propre, vide, rien qu'un peu d'herbe et de la terre. C'est cela le travail de ces femmes si belles, si mamelues, si...

– Très bien, l'interrompit le chef, ce doit être leur croyance, leur magie, nettoyer le sol pour y enfouir je ne sais trop quoi. Mais dès demain, nous saurons !

Absorbés par leur étrange occupation, les villageois ne virent pas venir le danger ; et lorsque les chasseurs de la tribu fondirent sur eux au petit matin, c'est à peine si quelques hommes eurent le temps de se défendre. Mais, vaincus par le nombre – et par les armes –, ils furent tous promptement exécutés.

Seules les femmes eurent la vie sauve. Depuis l'incendie, beaucoup d'hommes de la tribu étaient sans compagne, et leur joie fut grande en se partageant les étrangères. Même le plus jeune des chasseurs, parce qu'il s'était très bien battu, eut le droit de choisir parmi les captives une des jeunes femmes si belles et fortes, qu'il avait observées la veille. Elle tenta de lui crever les yeux lorsqu'il posa les mains sur elle, mais il ne lui en tint pas rigueur, tant il était heureux et fier.

Le bonheur de tous s'amplifia en cris d'allégresse lorsqu'ils prirent possession des grandes huttes, confortables et solides, et découvrirent les richesses et les réserves qu'elles contenaient. Ici, c'étaient de longues lanières de viande sèche, des poissons entiers tout confits par le feu et la fumée, des jarres pleines de pois et de fruits secs. Là, c'étaient d'énormes pots de terre remplis de graines inconnues, mais si bonnes ! Des petites graines oblongues, jaunes comme le soleil, parfumées, douces au toucher, qui craquaient sous les dents avant de fondre sous la langue en une douce pâte molle, odorante, succulente. Et plus succulente encore cette sorte de bouillie que les femmes confectionnèrent et firent cuire après avoir broyé plusieurs sortes de graines en les écrasant entre deux pierres rondes, lorsque leurs nouveaux maîtres leur firent savoir qu'ils avaient faim. Ils ne parlaient pas du tout le même dialecte, mais il est des gestes qui n'ont pas besoin d'explication.

En revanche, les hommes de la tribu, surtout le chef et l'homme-aux-plantes, car ils étaient censés être les plus sages, auraient bien aimé comprendre pourquoi, dès qu'elles le purent, les femmes vaincues, après avoir pépié entre elles comme une volée de corneilles, voulurent retourner aux champs.

Groupés autour d'elles, ils les regardèrent, ébahis, recommencer les gestes qui les avaient tant intrigués. Mais dès que le chef réalisa qu'elles enfouissaient les si délicieuses et précieuses graines, il bondit et les chassa hors du champ en les insultant. Puis il donna aussitôt des ordres pour ne laisser en aucun cas ces folles gaspiller de si vitales réserves. Mais, contemplant les parcelles de terre où, manifestement, le mal était déjà fait, il regretta de ne pas être arrivé quelques jours plus tôt pour s'opposer à un tel incompréhensible et stupide gâchis.

Ils ne comprirent qu'à la belle saison suivante lorsque les épis de mil, d'orge et de blé se formèrent en haut des tiges éparses et grêles qui croissaient dans les champs entourant le village.

Ils comprirent aussi pourquoi les femmes de la tribu vaincue veillaient avec une attention sans faille à ce que les moutons, les chèvres, les bœufs et les cochons n'aillent jamais pâturer dans les terres. Elles avaient toutes mis un tel acharnement et une telle hargne à garder ces lopins, que le chef avait fini par céder à leur caprice ; celui-là au moins était sans conséquences, les bestiaux ne manquaient pas de trouver ailleurs de quoi se nourrir. De plus, l'homme-aux-plantes, consulté à ce sujet, avait déduit que ces terrains devaient être sacrés, pleins de mystères, peut-être même de maléfices. Il n'était donc pas prudent, dans la mesure où ça ne gênait personne, de vouloir s'opposer aux rites de ces femmes.

Vinrent enfin les jours où les épis, gorgés de soleil, se chargèrent de grains. Les hommes comprirent alors qu'ils avaient sous les yeux des champs de mil, d'orge et de blé.

Ils comprirent surtout que les mystérieuses pratiques des villageois, qu'ils avaient prises pour de stupides coutumes, avaient réussi ce miracle qui consiste à faire jaillir des graines vivantes d'une graine que l'on tue en l'enterrant !

Aussi, quand les femmes, armées de faucilles en silex, commencèrent la moisson, c'est sans hésiter que tous les membres de la tribu voulurent participer à la fête. Ce fut le plus jeune des chasseurs qui, le premier, après avoir bien observé les gestes de sa jeune femme, lui prit la faucille des mains. À son tour, un peu gauchement mais heureux, il commença à trancher la paille.

Au déclin de la saison chaude, alors que les pluies avaient bien humecté la terre, ce fut encore le plus jeune des chasseurs qui, le premier, accompagna les femmes lorsqu'elles allèrent fouir le sol avant de l'ensemencer.

Cette année-là, grâce au travail de toute la tribu, la surface emblavée mordit un peu plus sur la forêt.

2

Pour nos ancêtres, la découverte et l'application d'une forme d'agriculture, pourtant bien sommaire, furent une authentique révolution, un bouleversement total.

En effet, à compter de ces jours où les hommes décidèrent de défricher, par le feu et la hache de silex, des morceaux de forêt et de les emblaver, ils furent contraints de rester sur place, non seulement pour surveiller et protéger la croissance des cultures, mais surtout pour en assurer la récolte.

Pour ces premiers paysans (étymologiquement : habitants d'un pays), et sauf catastrophes – guerres, épidémies –, c'en était fini de l'errance. Et parce que la sédentarisation, donc la stabilité, est plus propice à la réflexion et aux plans à long terme que la nomadisation, c'est bien grâce et avec la naissance de cette agriculture, balbutiante mais réelle, que les hommes s'acheminèrent vers une forme moderne de civilisation.

Avec les hameaux qui s'érigèrent et s'agrandirent au centre des terrains gagnés sur la forêt, se multiplièrent les artisans, les commerçants, les inventeurs aussi. Grâce à quoi, pour faciliter les échanges et le commerce, des sentiers, puis des chemins, s'ouvrirent de village en village et sillonnèrent ainsi les contrées.

Mais déjà, nous en sommes maintenant vers les années 3000 avant J.-C., les agriculteurs, peut-être fatigués de gratter la terre en vue des semailles, avec des andouillers de grands cerfs ou de simples bâtons à fouir dont ils durcissaient la pointe au feu, s'orientèrent vers une forme d'outil plus efficace : la houe. Grâce à elle, à sa forme, à son solide manche que terminait une sorte de lame, en bois renforcé de silex, le « labour » devint un peu moins superficiel.

Autre progrès, encore plus marquant, c'est aussi vers cette époque et alors que certains se demandaient sûrement comment améliorer le halage des traîneaux et soulager ainsi les bêtes de somme – bœufs et vaches – qu'apparurent, sur les chemins qui desservaient les villages et venant du sud-est, les premiers attelages, garnis de roues, des commerçants en quête de troc.

Car en ces temps, comme pour d'autres outils et d'autres cultures, nos lointains voisins de Mésopotamie et d'Égypte avaient de nombreux siècles d'avance sur les propres ancêtres de nos grands-parents gaulois ! Tellement d'avance que c'est aussi à eux que nous devons l'arrivée sur notre sol d'un instrument qui, malgré sa simplicité, fit faire un grand bond à l'agriculture : l'araire.

On peut dire, là encore, que cet outil, comme la roue, apporta une véritable révolution dans les façons culturales, donc dans l'extension des sols cultivés et dans les rendements.

Avec les bâtons à fouir et les houes – dont l'usage,

malgré l'araire, perdura pendant des siècles –, la terre était grattée en surface puis ensemencée, mais elle n'était pas du tout retournée. Avec l'araire et bien que cet outil nous apparaisse aujourd'hui on ne peut plus archaïque, la terre, sans être découpée et retournée, comme plus tard avec la bêche et surtout la charrue, était quand même mieux aérée car ouverte grâce aux raies que traçait le soc. Raies qu'il importait bien entendu de multiplier en quadrillant perpendiculairement le sol, parfois jusqu'à quatre fois de suite.

L'instrument, tout en bois dans ses débuts, était constitué d'un timon – ou age – sur lequel était fixé le sep dans lequel s'encastrait le soc, organe fouisseur, de silex ou de bois durci au feu. L'engin, tiré par un animal, ou par des humains, était maintenu dans le sol et en ligne à peu près droite grâce à un ou deux mancherons reliés au timon et sur lesquels le laboureur pesait de tout son poids.

Plus tard, beaucoup plus tard, des inventeurs adaptèrent une paire de roues à l'avant de l'araire, rendant ainsi son emploi moins pénible et son travail un peu plus efficace. Mais, pour ce faire, encore fallait-il que nos ancêtres entrent dans l'âge du métal. Ce fut fait, grâce au cuivre, environ deux mille ans avant notre ère.

Je n'aurai pas l'outrecuidance d'insister sur le séisme que fut la naissance de la métallurgie, tout le monde en connaît les conséquences.

En revanche, je ne crois pas inutile de signaler que, contrairement à ce que l'on pourrait penser, il fallut, après la découverte du métal et ses premières utilisations, encore presque trois mille ans – sinon plus dans certaines régions – pour que la quasi-totalité des instruments aratoires bénéficient du considérable progrès que représentèrent le cuivre, puis le bronze et enfin, mille ans plus tard, le fer.

En effet, le minerai était très onéreux ; aussi, mis à part quelques parures pour les belles et les chefs de ces temps, le métal était presque exclusivement réservé à la fabrication des armes car il importait, déjà, de se défendre. Et il ne fait aucun doute que plus les agriculteurs d'un village, ou d'une région, étaient avisés et bons producteurs, plus étaient menacés de pillage leurs silos à grains, leurs greniers et toutes leurs autres réserves alimentaires.

Ce ne fut donc que peu à peu, au fil des siècles, lorsque les minerais devinrent moins rares et les forgerons de plus en plus habiles, que nos ancêtres prirent l'habitude de faire poser quelques pièces métalliques sur telle ou telle partie de leurs outils qui en devinrent ainsi plus solides, plus tranchants. Les haches en bénéficièrent, mais aussi les houes et les bêches. Enfin, vers 1500 avant J.-C., les faucilles à lames de silex laissèrent peu à peu la place au bronze. Et il en alla de même, du moins chez les paysans riches, pour le soc de l'araire, tout le reste de l'instrument restant en bois.

Coïncidence, c'est aussi dans ces années que se généralisèrent la domestication du cheval et son utilisation à d'autres fins qu'alimentaires.

Le fer de lance

– Écoute, je te l'ai déjà dit, et redit, tu ne dois pas aller dans ta défriche avec cet outil ! Il n'est pas assez solide pour résister aux pierres et aux racines ! grogna le forgeron sans cesser de marteler une étincelante faucille de bronze qu'il venait de sortir du brasier.

– Il faut pourtant bien que je sème..., murmura l'adolescent en se dandinant d'un pied sur l'autre.

– Tu n'as qu'à faire comme dans le temps ! Si j'en crois ce que m'ont dit beaucoup de vieux, qui le tenaient de plus vieux encore, on n'a pas toujours gratté le sol avec cet outil ! Et on récoltait quand même ! Ah ! bien sûr, il fallait du courage...

– J'en ai ! protesta le jeune homme, mais je ne vais quand même pas travailler toute ma terre à la houe et à la bêche !

– Les anciens le faisaient bien, et de tout temps. Et ils ne vivaient pas plus mal que nous !

– Bon, coupa l'adolescent en secouant l'araire que sa sœur et lui venaient de porter jusque-là, c'est réparable ?

L'homme jeta un coup d'œil en direction de l'outil et haussa les épaules ; c'était un très vieil araire au timon et mancheron unique de hêtre et au fruste soc de buis, durci au feu. Il avait tellement gratté le sol, et depuis si longtemps, et tellement buté sur les nez de rochers et les racines, que le soc et son sep, d'ailleurs fendus l'un et l'autre, n'étaient plus que d'inutiles moignons, bien incapables d'ouvrir la moindre raie.

– Tu me fais perdre mon temps, et tu perds le tien, dit enfin le forgeron. Crois-moi, fais comme les anciens, prends ta houe, c'est encore avec elle que tu feras le meilleur travail !

– Non ! s'entêta l'adolescent, je n'ai pas le temps de tout faire à la main. Avec ma sœur, il faut qu'on sème pendant que la saison est bonne ; bientôt il sera trop tard ! J'ai besoin de cet outil pour aller plus vite !

Il était très dépité par les propos du forgeron, et il n'arrivait surtout pas à comprendre comment un homme aussi instruit et habile que lui puisse tenir des propos d'une telle stupidité ! L'artisan passait pourtant pour un des hommes les plus intelligents et puissants du village, sûrement l'un des plus savants, peut-être même plus que le guérisseur ! Car, enfin, c'était bien lui qui savait transformer certaines pierres en outils, en bijoux, en armes ! C'était bien lui qui réussissait cette stupéfiante prouesse de faire fondre des cailloux de métal, parfois après les avoir mélangés, et d'en obtenir du cuivre brut, beau mais un peu trop malléable et fragile, du bronze, plus solide et plus tranchant, si précieux pour se défendre. C'était bien lui encore qui savait ciseler à sa guise, et toujours après les avoir domptés grâce au feu, les lingots d'or et d'argent que des caravanes de marchands venaient parfois échanger contre du grain, de la viande séchée, des bestiaux divers. C'était encore lui, mais il en abusait de plus en plus, qui, depuis longtemps, se voulait la mémoire du village. L'adolescent se souvenait très bien de l'avoir entendu raconter toutes les histoires du passé, un passé qu'il avait malheureusement de plus en plus tendance à embellir !

Ainsi assurait-il que son propre père, qui le tenait de son père et lui-même de ses ancêtres, avait toujours dit que le village vivait beaucoup plus tranquillement et en paix lorsque les sentiers qui s'en éloignaient ne desservaient que les champs et les bois les plus proches. Grâce à quoi les importuns, venus des autres villages ou de beaucoup plus loin encore, ne mettaient jamais les pieds dans la région, ce qui évitait bien des conflits. Mais s'il était vrai que certains de ceux qui empruntaient les chemins conduisant maintenant au village n'étaient pas toujours les bienvenus – les terres défrichées, les récoltes et aussi les jeunes femmes excitaient bien des convoitises –, d'autres étaient attendus avec impatience. Ne serait-ce, pour le forgeron, que ceux qui lui apportaient les blocs de minerai ! Sans oublier les marchands de sel et tous les négociants, venus du fond de l'horizon, à qui l'on devait de nouvelles semences, des graines jusque-là inconnues qui, disait-on, poussaient dans les terres du levant. Et enfin, n'était-ce pas grâce aux chemins qu'était apparu un jour un chariot de colporteurs que tirait un lourd cheval ? Depuis, plusieurs riches familles du village en possédaient un et s'en servaient pour charrier leurs récoltes ; parfois aussi ils le prêtaient à leurs voisins. Mais jamais à l'adolescent et à sa sœur.

Eux, ils ne disposaient, pour haler leur vieux traîneau et tirer leur araire, que d'une vache si squelettique et titubante qu'ils s'attendaient toujours à la voir s'écrouler d'épuisement au milieu du champ. Malgré cela, les deux jeunes gens n'en voulaient pas trop à ceux du village qui les tenaient ainsi à l'écart de tout. C'était une décision bien naturelle qui, d'ailleurs, devenait moins rigoureuse au fil du temps. Aussi le frère et la sœur pouvaient-ils maintenant espérer que le jour était proche où le chef les autoriserait à rentrer vivre dans la communauté, là où était leur place. Mais encore fallait-il que tout continue à bien aller pour eux !

Ils avaient dû fuir le village lorsque, à la précédente saison froide, leur père, leur mère, tous leurs jeunes frères et sœurs, ainsi que trois ancêtres de la famille, étaient morts si vite et d'une si étrange façon que les anciens du village, le chef et le sorcier guérisseur, avaient pris peur. Il était vrai que les malades avaient de quoi effrayer les plus aguerris des hommes, jamais aucun d'eux n'avait vu pareil spectacle. Et l'on parlait encore de ces hommes, femmes et enfants qui se vidaient sans arrêt de toutes parts, qui hurlaient de douleur en se broyant le ventre des mains ; très vite couverts de taches rougeâtres et de pustules puantes, ils étaient tous morts en moins de deux jours. Supputant que quelque fatale malédiction s'était abattue sur l'ensemble de la famille, sur sa hutte et sur ses champs et qu'elle menaçait tous les voisins, les anciens avaient contraint les deux jeunes rescapés à s'éloigner au plus vite. La place ne manquait pas dans la proche forêt ; et s'ils survivaient et qu'aucune autre malédiction ne s'abatte sur le village, sans doute pourraient-ils revenir après quelques saisons.

Emportant leurs hardes et les réserves familiales, l'adolescent et sa sœur avaient marché très au-delà des grandes chênaies où l'on menait les porcs à la glandée. Une petite clairière, d'où l'on apercevait quand même dans le lointain les fumées du village, leur avait permis de s'installer. Dès leur hutte sommaire dressée, ils avaient commencé à défricher le sol couvert de baliveaux, de ronces, de fougères. Mais maintenant, le lopin qu'ils avaient nettoyé et qu'ils entendaient ensemencer demandait les passages croisés du petit araire que le forgeron, borné comme son marteau, refusait de réparer.

L'homme s'était déjà fait tirer l'oreille lorsque les deux jeunes, une demi-lune plus tôt, lui avaient apporté l'outil mal en point. C'était la première fois, depuis leur exil, que les bannis osaient revenir au village, mais il était vital pour eux de faire réparer le vieil araire. Le chef l'avait bien compris qui les avait vus passer, tête basse et peur au ventre, et il ne les avait pas chassés. Tout au plus leur avait-il dit d'attendre encore la fin de la belle saison suivante avant de revenir se réinstaller au village. Mais, d'ici là, ils devaient vivre et prévoir de quoi se nourrir. Il fallait donc qu'ils labourent et emblavent leur champ défriché.

Outre le blé, l'orge et l'avoine qu'ils comptaient semer, ils espéraient aussi, dès le début de la belle saison, confier à la terre quelques poignées de graines de pois, de millet, de fèves et de lentilles ; sans oublier le lin dont les graines bien pressées leur donneraient un peu d'huile et les fibres de quoi tisser quelques vêtements.

La première fois, c'est en bougonnant que le forgeron avait remis l'araire en état, tout en prédisant aux jeunes qu'il ne résisterait pas longtemps. En effet, peu de jours après, le soc s'était détaché et c'est en protestant sans retenue que l'artisan, à nouveau sollicité, l'avait refixé. Mais, aujourd'hui, il ne semblait pas du tout décidé à se lancer dans une réparation qu'il jugeait inutile.

– Il faut nous aider, insista pourtant l'adolescent, il faut qu'on laboure.

– Je t'ai dit ce qu'il te restait à faire, prends ta houe ! Parce que ton outil, là, il est usé, cassé, perdu. Je ne peux rien pour lui, ni pour toi, quoique...

– Oui ?

– Si tu veux, je t'en cède un tout neuf ! Tiens, regarde là-bas, je l'ai fini hier, il n'est pas beau ? s'amusa le forgeron.

– Si, si ! dit l'adolescent en haussant les épaules et en s'efforçant de ne pas avoir l'air trop dépité.

Car, bien sûr, l'autre se moquait de lui. L'outil proposé, si neuf, si solide, avec son massif soc de bois effilé et durci au feu, et tout son bâti superbe que surmontaient deux mancherons, représentait une fortune ! Celui qui voudrait l'acquérir devrait aligner en échange des jarres de graines ou de sel, des bestiaux sur pied, ou encore quelques lourds blocs de pierre de métal. Et c'était vraiment méchant de leur faire ainsi miroiter l'inaccessible ; sa sœur et lui ne possédaient rien qu'ils puissent échanger. Ils ne pouvaient puiser dans les quelques maigres réserves qui leur permettraient de passer l'hiver, à condition encore que celui-ci ne soit pas trop rigoureux et le gibier abondant ! Ensuite, ils devraient encore se nourrir jusqu'à la prochaine récolte et garder aussi une part des graines nécessaires aux semailles, ils ne pouvaient donc rien soustraire aux denrées amassées à la belle saison.

– Alors, il te plaît ? Tu le veux ? insista le forgeron.

– Non, nous n'avons rien à échanger, intervint soudain la jeune fille qui, depuis quelques instants, donnait des signes d'impatience.

Elle s'était un peu écartée en direction de l'araire lors de la discussion et semblait maintenant pressée de partir, ce qui ne l'empêcha pourtant pas de lancer crânement :

– Nous l'aurions peut-être pris s'il avait eu un soc en cuivre. Pourquoi n'en mets-tu pas, ce serait plus solide !

Le forgeron la regarda avec stupéfaction avant d'éclater d'un rire tonitruant.

– Mais tu es folle, petite ! En cuivre ? Et pourquoi pas en bronze, tant que tu y es ? C'est ça, en bronze, tout en bronze ! Ah ! on voit bien que tu ne connais pas la valeur du métal ! En cuivre ! J'aurai tout entendu avec vous !

– Alors tu ne veux pas m'aider ? insista le jeune homme.

– Non, mais vous m'avez bien fait rire tous les deux avec votre soc en métal !

– Explique-moi au moins comment le réparer, demanda l'adolescent en redressant l'araire.

– Tu en fais du feu, c'est tout ce qu'il vaut ! s'amusa le forgeron en admirant la faucille qu'il venait de façonner.

– Partons, décida soudain la jeune fille en empoignant le mancheron.

– Mais..., hésita son frère.

– Partons ! répéta-t-elle. Elle semblait si décidée qu'il attrapa le timon de l'araire et lui emboîta le pas.

– Pourquoi tu passes par là ? Il va falloir traverser le ruisseau et il est profond, là-bas ! lança l'adolescent en haletant.

– C'est plus court, coupa sa sœur en allongeant encore le pas.

– Mais va pas si vite ! C'est lourd ! protesta-t-il.

Ils n'étaient pas encore sortis du village, et il aurait bien aimé que sa sœur ralentisse un peu. D'abord parce qu'il était épuisé par leur course, ensuite parce qu'il aurait bien voulu disposer d'un peu de temps pour tenter d'apercevoir quelques amis d'enfance. Mais ils devaient tous être aux champs ou à la garde des troupeaux et ils ne croisèrent que quelques vieillards qui feignirent de ne point les voir.

– Va pas si vite ! redit-il alors qu'ils approchaient de la dernière maison du village.

Elle était neuve, bâtie depuis leur exil. C'était une très belle demeure, aux épais murs de terre battue et au toit de chaume. Contrairement aux autres bâtisses, elle se composait de deux vastes pièces. Et s'il était évident que le foyer principal, comme de coutume, était à l'extérieur – une vieille femme surveillait d'ailleurs la cuisson du repas –, chaque chambre avait sa propre cheminée. Dans le jardinet, clos d'une palissade, ils aperçurent, par la barrière entrouverte, le four trapu d'un potier.

– Il n'était pas là de notre temps, constata l'adolescent. Tu te souviens ? On venait ici pour piéger les grives. Mais pourquoi vas-tu si vite ?

– Dépêche-toi, répéta-t-elle en se mettant à trottiner.

Ce n'est qu'après avoir franchi le ruisseau, sans même aller jusqu'au gué, et s'être enfoncée dans la forêt que la jeune fille daigna enfin s'arrêter après s'être craintivement assurée que nul ne les suivait. Elle était épuisée et en sueur, mais souriait quand même.

– On n'avait pas besoin de courir à ce point ! protesta son frère en se laissant tomber au pied d'un hêtre dont les premières faines mûres s'apercevaient dans la mousse.

Il allait en ramasser quelques-unes lorsque le geste de sa sœur l'intrigua. Stupéfait, il la vit entrouvrir sa tunique de lin pour en extraire un bloc de métal qu'il reconnut aussitôt. Elle l'avait jusque-là niché entre son ventre et ses petits seins et eut un rire de bonheur en se massant l'estomac que l'objet avait marqué de son empreinte.

– Mais... mais tu es folle ! Comment as-tu pu prendre ça ? balbutia-t-il, affolé par la gravité de la situation.

Il comprenait maintenant pourquoi sa sœur avait mis tant de hâte à s'éloigner du village et surtout de l'atelier du forgeron. Si, par malheur, celui-ci faisait un rapprochement entre leur visite et la disparition de son bien, et surtout s'il trouvait celui-ci en leur possession, il les tuerait sans l'ombre d'une hésitation, et personne au village ne le condamnerait pour ce geste légitime.

– Pourquoi as-tu pris ça ? lui reprocha-t-il en se relevant, toute fatigue oubliée. Et comment as-tu fait ?

– Pendant que tu parlais avec lui et qu'il se moquait de nous. Il y en avait d'autres à côté du four. Et si je l'ai pris, c'est parce que c'est un méchant homme : il n'a pas voulu nous aider !

– Mais tu ne comprends pas qu'il nous tuera s'il apprend que c'est toi qui l'as volé ! Et il l'apprendra vite ! Peut-être qu'il le sait déjà !

Elle haussa les épaules et contempla son larcin.

– Il est beaucoup trop bête pour penser que j'ai pu faire ça. Il accusera plutôt les gens du village et ce sera bien fait pour eux ; ça leur apprendra à nous avoir chassés ! décida-t-elle en brandissant l'objet à bout de bras.

C'était un large fer de lance, plus long que la main, sorti tout droit du moule, donc encore épais comme un doigt, mal dégrossi, pas du tout affiné, ni affûté, un bloc de bronze qui appelait encore bien du feu et du martelage avant d'être dangereux.

– Si encore tu avais pris une hache ! reprocha-t-il. La nôtre, celle de notre père, est tout usée et coupe de moins en moins, tu le sais bien ! Allez, laisse ça là et partons. Laisse ça là, on ne peut rien en faire ! insista-t-il en constatant que sa sœur non seulement ne lui obéissait pas mais se moquait de lui.

– Tu es presque aussi bête que le forgeron, dit-elle en se penchant vers l'araire et en présentant le fer de lance à la hauteur du soc émoussé et fendu. Regarde : tu ne crois pas que ça fera un fameux soc, bien plus solide et tranchant que tous les socs de bois que tu pourrais y mettre ?

Il observa longuement le fer, puis l'araire.

– Mais... ? Et pour le fixer ? souffla-t-il enfin, déjà convaincu et ravi.

– Tu y arriveras. Tu as bien vu comment faisait le forgeron les autres fois. Tu le glisseras là, dit-elle en désignant le nez du sep, et tu le caleras avec des chevilles, et nous pourrons labourer aussi bien qu'avant.

– Partons vite, décida-t-il, soudain inquiet, car l'idée d'être maintenant rejoint par le forgeron lui était odieuse ; et peut-être encore plus odieuse celle d'avoir à se séparer d'un objet aussi précieux.

L'adolescent mit plusieurs jours avant de parvenir à fixer le nouveau soc à sa juste place.

Le premier matin, il travailla mal, effrayé à la pensée de voir soudain surgir le forgeron, bien décidé à les égorger tous les deux ; il exigea même que sa sœur monte la garde et surveille le petit sentier qui serpentait vers le village. Puis, comme personne ne se présenta, il reprit confiance et se consacra à sa tâche. Elle était ardue.

Comme l'avait dit le forgeron, l'araire était presque

bon pour le feu. Seuls le timon et le mancheron étaient encore utilisables, mais tout ce qui creusait les raies en soulevant un peu de terre était à refaire et c'était un vrai travail d'artisan. Un travail qu'il n'aurait jamais osé entreprendre s'il n'avait été vital, pour sa sœur et pour lui, d'arriver à un résultat. Et comme il lui était désormais interdit d'aller quémander l'aide du forgeron...

À la pensée que ce dernier pouvait fondre sur lui et le surprendre en train d'essayer de fixer un fer de lance volé à la place d'un vieux soc de bois, son ventre se serrait de peur et une sueur glaciale lui inondait le dos. Malgré cela, petit à petit, à force de retourner et d'observer les vieilles pièces de bois, usées et brisées, et leur position, il parvint, tant bien que mal et avec quelques rondins de hêtre qu'il refendit et tailla à la hache, à fabriquer un sep dans lequel il inserra en force, et cala, le lourd morceau de bronze. Et quand il eut fixé et chevillé les deux ailes de pin qui enserraient le nouveau soc, il sut que son araire était non seulement réparé, mais peut-être même plus efficace que l'ancien. Il ne restait plus qu'à l'essayer.

– Tu crois que ça va tenir ? demanda le jeune homme.

Il était plus inquiet que sa sœur et se reprochait déjà de n'avoir peut-être pas assez bien fixé les pièces entre elles.

– Allez va, dit-il quand même en empoignant le mancheron.

Sa sœur passa devant et appela la vieille vache dont le joug de cuir et de bois qui lui enserrait le garrot aurait bien eu besoin, lui aussi, de quelques réparations.

Docile et presque guillerette, car reposée par plusieurs jours d'inaction, la bête avança. Cœur battant, courbé sur son outil dont le mancheron lui comprimait le ventre, l'adolescent ficha le soc en terre.

Il sut immédiatement qu'il avait gagné, tant la raie qu'il traçait était belle, nette, profonde d'au moins deux doigts, sinon plus ! Quant à la terre, rejetée de part et d'autre par les ailes, elle lui parut plus souple, plus fine, mieux découpée. Même le bruit du labour était autre. Avant, avec le soc de buis, ce n'étaient que crissements désagréables, craquements suspects de bois malmené par une terre qui résiste, s'accroche, gémit ou criaille selon sa nature. Désormais c'était un doux chuintement d'humus ouvert sans brusquerie, ni à-coups : c'était le son du bronze se polissant et qui chantait.

Même la pression que l'adolescent devait maintenir sur le mancheron lui semblait moins pénible, moins brutale, et les raies qu'il ouvrait, les unes après les autres, étaient plus régulières, plus droites. La vache elle-même peinait moins, comme si l'outil qu'elle tirait ne la gênait plus dans sa lente et paisible marche.

Jour après jour, le frère et la sœur labourèrent le lopin. Et le deuxième, puis le troisième passage qu'ils firent en traçant de longues raies perpendiculaires aux premières leur semblèrent encore plus faciles, plus doux.

Peu après, alors que de lourds nuages de pluie s'amoncelaient au couchant et que les feuilles jaunies par les premières gelées blanches tourbillonnaient au vent avant de se poser sur le labour, les deux jeunes gens emblavèrent leur lopin en blé, en orge, en avoine et recouvrirent le tout grâce à un gros buisson d'épines tiré par la vache.

Les graines que les oiseaux n'avaient pas dévorées

germèrent dès la première ondée. Des graines qui, si tout allait bien, allaient peut-être avoir un rendement de un grain et demi récolté pour un grain de semé.

Mais, habitués à des résultats beaucoup plus faibles, l'adolescent et sa sœur n'osaient en espérer autant.

3

Vers 500 ans avant J.-C., déjà un peu à l'étroit en cette Europe centrale où ils vivaient, les Celtes, poussés par leurs envahissants voisins de l'Est, et aussi sans doute par la faim, décidèrent d'aller voir à quoi ressemblaient les territoires où se couchait le soleil. Ils vinrent donc chez nous, trouvèrent la contrée agréable, s'y plurent et s'y installèrent en conquérants.

On est en droit de penser, sans médire, que la façon dont ils prirent possession du pays ne se fit pas à l'amiable et que les nouvelles armes, en fer celles-ci, administrèrent la preuve de leur grande supériorité sur le bronze.

Voici donc les Celtes dans la place. Comme ils étaient nombreux, de plus en plus nombreux même, car ils arrivaient par vagues successives, et que les réserves alimentaires qu'ils trouvaient dans chaque village conquis s'épuisaient vite, ils déposèrent l'épée et empoignèrent les mancherons de l'araire. C'était ce qu'ils avaient de mieux à faire et ils le firent très bien. Grâce à eux, et à cette faim qu'ils redoutaient autant, sinon plus, que le glaive des ennemis (ce qui est logique, il ne faut qu'un adroit revers d'épée pour se débarrasser définitivement d'un adversaire, mais il faut toujours pas loin de dix mois pour transformer un grain de blé en épi comestible !), de grands chantiers de défrichements virent le jour.

Outre la récupération du bois d'ouvrage dont les Celtes faisaient très bon usage, tant pour leurs demeures que pour nombre d'objets ou de meubles divers, le recul de la forêt permit l'extension des terres cultivables. Extension qu'il importait de ne point limiter puisque, avec un système de jachère qui laissait parfois le sol en friche trois années sur quatre, les agriculteurs étaient toujours en quête de sol. Comme, de plus, les rendements étaient pitoyables – en moyenne un grain et demi récolté pour un grain de semé ! –, il était indispensable d'accroître les surfaces cultivées.

Ainsi se développa le paysage agricole gaulois et avec lui l'occupation du sol par les paysans.

Sans vouloir faire assaut de chauvinisme et prendre inconsidérément la défense de nos ancêtres gaulois, maintenant mâtinés de Celtes, l'honnêteté m'oblige à dire qu'ils n'attendirent pas la paix romaine pour être d'excellents agriculteurs ; ils l'étaient depuis des siècles.

J'irai même jusqu'à avancer, au risque de m'attirer les foudres des inconditionnels des Gaulois de légende – style Malet-Isaac, qui nous les présentent grands guerriers courageux à tresses rousses –, qu'ils étaient sans doute meilleurs agriculteurs que bons stratèges. La preuve : lorsqu'il le décida, César, profitant de leur indiscipline naturelle et de leurs divisions, en vint à bout en quelques campagnes. De plus, bien avant la naissance de tous les antagonistes de ces années de guerre (58-51 avant J.-C.), Rome, depuis longtemps, tenait une partie de la Gaule, la Provincia *en l'occurrence (sous influence grecque depuis cinq siècles et romaine depuis plus d'un siècle !), pour un grenier à blé sur lequel on pouvait toujours compter.*

À blé, mais aussi à vin car, depuis déjà cinq siècles, la vigne apportée par les Grecs croissait sur les coteaux du Midi. Une vigne donnant un vin généreux et fort qui, ne l'oublions pas, devait sans doute une partie de son bouquet aux tonneaux de châtaignier dans lesquels il vieillissait et dont les Gaulois, qui ne buvaient pas que de l'hydromel et de la cervoise, étaient les inventeurs.

Mais il est vrai, et Pline l'Ancien en témoigne, que ces prétendus Barbares – au dire de ces prétentieux citoyens romains qui n'avaient que mépris pour les paysans –, ces sauvages donc, avaient également généralisé l'usage de la faux, des amendements marneux et surtout de la première moissonneuse !

Il n'est donc pas interdit de penser, histoire de sourire un peu, que c'est par jalousie, et subjugué par autant de connaissances et de savoir-faire, que Jules César décida de nous apporter la civilisation et l'ordre romains.

Civilisation, peut-être, mais ça mériterait un débat qui n'est pas de mise ici. Ordre, oui, sans aucun doute. Car même s'il se fit soit par la force – et l'heure n'était pas à la plaisanterie ni aux demi-mesures –, soit par une incitation à la collaboration de la part des vaincus, le fait est que la paix, dite romaine, se concrétisa, entre autres, par l'application d'un système de mise en valeur des terres, donc des productions, absolument indéniable.

En effet, partant déjà du principe que la nature a horreur du vide, César décida que ce vide – les surfaces cultivables – deviendrait terres fertiles, d'abord pour sa plus grande gloire et, accessoirement, pour la richesse de Rome.

Pour ce faire – et son petit-neveu Octave poursuivit sa tâche –, il quadrilla le territoire par des voies de communication, par la rigoureuse découpe des terrains et enfin par la création de toutes ces villae *dont les traces se voient encore, ici et là, de nos jours.*

Il ne restait plus ensuite, histoire de bien surveiller tout le pays et d'annihiler toute tentative de rébellion, que de distribuer ces propriétés aux vétérans anciens légionnaires, mais aussi aux partisans de l'ordre romain; beaucoup de nobles et propriétaires gaulois adhérèrent sans problème à cette politique. Désormais, l'affaire était jouée. Et elle le fut d'autant plus rapidement et irrémédiablement que toute la Gaule était administrativement très surveillée et régie par les mêmes lois qui existaient à Rome et qui avaient fait leurs preuves.

Aussi, bon gré mal gré, esclaves ou libres, tous les agriculteurs gaulois durent mettre leur travail et leur savoir au service d'une terre désormais dite romaine.

L'ordre romain

Appuyé sur l'épaule d'un jeune esclave, le vieillard marcha à petits pas jusqu'à la terrasse qui s'étendait devant la villa inondée par le soleil du matin.

Depuis des années, quand le temps le permettait, Claudius Brutus aimait venir là et s'asseoir, face à l'est. Il ne se lassait pas d'admirer le paysage doucement vallonné qui s'étalait à ses pieds. Un paysage dont il connaissait et aimait chaque morceau de terrain, chaque sentier, chaque parcelle de champ ou de forêt ; un paysage qui était le sien.

Pourtant, les dieux savaient à quel point il avait eu du mal à s'habituer à ce petit coin de la Gaule chevelue dans lequel Rome l'avait jadis expédié. Comme elle avait expédié d'autres milliers de colons dans le pays vaincu.

Au début, Claudius Brutus avait même craint de ne jamais pouvoir apprécier cette région, proche de Durocortorum [1], qui était si différente de la Narbonnaise où il avait si longtemps et agréablement séjourné ; quant à la comparer à l'Italie ou à l'Ibérie, c'était impossible. De plus, les vingt-cinq ans passés à l'ombre des aigles romaines, qu'il avait servies sans faillir comme soldat, décurion et enfin centurion, ne l'avaient pas préparé à la nouvelle tâche

---

1. Reims.

offerte par celui qui allait devenir César Auguste. Mais on ne pouvait refuser les cadeaux d'un tel homme, même si ses largesses n'avaient rien de commun avec le métier des armes, le seul que connaissait Claudius Brutus entré à dix-sept ans au service de la république de Rome.

Entraîné jusque-là à la guerre, aux combats, aux conquêtes, on l'avait mis, du jour au lendemain, dans l'obligation de déposer le glaive pour empoigner l'araire, instrument dont il ignorait tout et qu'il méprisait. De plus, après avoir commandé à une centaine d'hommes, ramassis de brutes, dressées pour le combat, le pillage, le viol et les tueries, il s'était retrouvé à devoir donner des ordres à une trentaine d'esclaves, tant gaulois que germains, sans nerfs ni ressort. Des individus brisés, abrutis par leur condition et que terrorisait la crainte de déplaire au maître et d'être aussitôt revendus à plus sévère encore !

Enfin, et ce n'était pas là le moindre des problèmes, Claudius Brutus ignorait tout de l'agriculture et s'en trouvait très bien ! Il avait donc pris possession de la centurie qui lui revenait avec la plus grande circonspection et un dégoût non dissimulé.

Tracée au cordeau, selon les directives romaines qui exigeaient la mise en place d'un cadastre dans la Gaule soumise, la centurie recouvrait deux cents jugères [1] de terre, lesquels étaient alternativement cultivés et laissés en jachère une année sur deux.

La nouvelle propriété de Claudius Brutus avait été taillée dans un domaine beaucoup plus grand que possédait, avant la défaite, un riche Gaulois, commerçant à Durocortorum, qui avait commis l'erreur de prendre les armes contre Rome. Pour lui ôter toute éventuelle velléité de

1. Cinquante hectares cinquante et un ares.

revanche, voire de résistance, on lui avait d'abord coupé le poignet droit ; puis sa femme, ses enfants et lui-même avaient été séparés, vendus comme esclaves et enfin expédiés vers quelques lointaines provinces romaines où ils avaient tous disparu.

Aussitôt réquisitionné par un de ces marchands de biens, vrais rapaces, qui suivaient les vainqueurs, le domaine avait d'abord été exploité par un fortuné Gaulois de la Narbonnaise qui, comme tant d'autres, et depuis longtemps, travaillait avec les Romains. À son décès, quelque vingt-cinq ans plus tard et faute d'héritier, le domaine avait été partagé en plusieurs centuries destinées aux vétérans.

Le sort avait voulu, et c'était une aubaine des dieux, que la villa du premier occupant, le commerçant de Durocortorum, soit dans le lot tiré par Claudius Brutus. Certes, la bâtisse était loin de ressembler à certaines luxueuses *villae* que s'étaient fait bâtir de richissimes familles romaines. Mais le commerçant gaulois, qui voyageait beaucoup, s'en était sûrement inspiré au cours de ses déplacements d'affaires en Italie. Tel était du moins le point de vue de Claudius Brutus qui, lors de ses multiples campagnes, avait pu admirer la somptuosité de ces demeures.

Celle dont il était devenu propriétaire était petite, comparée à certaines. Elle ne possédait pas de cinquante à quatre-vingts pièces, ou plus, ni la multitude de dépendances indispensables au logement des animaux et des esclaves. Malgré cela, solidement bâtie en pierre de taille et couverte de tuiles, elle comptait douze pièces, groupées autour d'une petite cour intérieure où gazouillait une fontaine. À cela s'ajoutaient les bâtiments de ferme et, plus loin encore, les huttes où logeaient les travailleurs et leurs familles.

Lors de son installation, trente-cinq ans plus tôt – il en perdait un peu le compte –, même s'il avait apprécié le confort de la villa, Claudius Brutus avait craint périr d'ennui. Il ne connaissait aucun de ses proches voisins, pourtant tous vétérans comme lui, et n'avait d'ailleurs aucune envie de se lier d'amitié avec eux ; le temps de la camaraderie militaire et des beuveries était dépassé. Aussi, arrivant là un soir de la mi-automne, alors qu'un froid brouillard écrasait tout, seul, car célibataire et bien décidé à le rester, il s'était presque surpris à maudire ceux qui l'avaient expédié en un lieu aussi austère. Peut-être même serait-il reparti dès le lendemain vers le pays du soleil s'il avait été certain de ne pas se mettre à dos ceux qui avaient décidé de l'envoyer là pour coloniser la Gaule en mettant toute sa population sous la coupe des occupants. Il avait pensé, avec raison, que sa fuite ressemblerait trop à une désertion, et Rome n'aimait pas les déserteurs, surtout anciens centurions...

Il en était là de ses sombres pensées lorsque Ariakist s'était présenté à lui, un cruchon de vin à la main. Tout avait alors changé.

D'abord parce que le vin était bon. C'était un vrai vin gaulois, solide, capiteux, parfumé, suffisamment fort et puissant pour n'avoir nul besoin d'une adjonction de miel ou d'aromates comme tant de piquettes bues en garnison. Un vin chaleureux, fait pour vieillir par la seule vertu de son alcool et non à l'aide de quelques mauvaises résines – comme les vins grecs – ou, pis encore, concentré par la cuisson. Un vin issu de ces incomparables vignobles de la Narbonnaise dont les Gaulois du Midi étaient si fiers. Comme ils étaient fiers de leurs tonneaux de châtaignier, très supérieurs aux amphores, et tellement plus solides !

– Comment t'appelles-tu ? Et, par tous les dieux, que fais-tu là ? avait demandé Claudius Brutus après avoir dégusté le premier gobelet.

– Je m'appelle Ariakist et j'étais l'intendant du précédent maître. Ceux qui t'envoient ici m'ont ordonné de rester en place et de veiller au grain jusqu'à ce que tu décides de mon sort et de celui des autres esclaves.

– Combien êtes-vous ?

– Deux bonnes douzaines, sans compter les enfants.

– Tu m'as dit Ariakist ? C'est un nom de Barbare, d'où viens-tu ?

– Mon père était de ceux que César massacra jadis sur les bords du grand Rhenus [1], lors de sa première campagne contre les Suèves. Je n'étais alors qu'un enfançon, presque encore à la mamelle lorsque ma mère devint esclave.

– Sur les bords du grand fleuve ? avait alors ricané Claudius Brutus en tendant son gobelet vide en direction du pichet, et c'est le grand César qui a décimé ta tribu ? Sais-tu que le monde est petit ? J'ai participé à cette victoire, elle marqua la défaite d'Arioviste. J'étais jeune soldat et j'ai bien failli y laisser les os, c'est d'ailleurs là que j'ai reçu ma première blessure ! Mais, ce jour-là, nous avons massacré tous les Barbares qui avaient osé passer le fleuve, ils étaient plusieurs milliers. Il y avait là des Marcomans, des Harudes, des Wangions, des Tribokhes, d'autres encore !

– Mon père était tribokhe, ma mère me l'a dit de son vivant.

– Ils étaient courageux, bêtes mais courageux !

– Pourquoi bêtes ?

---

1. Le Rhin.

– Va demander la réponse aux peuples qui ont osé défier César ! Mais dis-moi, comment toi, fils d'esclave et barbare de surcroît, as-tu pu te hisser au grade d'intendant ?

– Mon maître a fait mon éducation, il m'a tout appris.

– Comme ça, sur ta bonne mine ?

Ariakist avait un peu hésité, puis souri avant d'avouer :

– Ma mère était jeune, très belle, elle fut sa compagne pendant des années.

– Ah ! je me disais bien aussi ! Bon, c'est décidé, tes réponses me plaisent, ton vin est bon, je te prends comme intendant. Désormais, tu veilleras sur mon domaine. À toi de décider s'il faut aussi garder tous les esclaves ou les revendre pour en acquérir d'autres !

– À part deux ou trois fortes têtes, les autres sont courageux et savent travailler ; ils connaissent la terre.

– Et toi ?

– Je vis sur ce domaine depuis mon enfance, je ne l'ai jamais quitté ; c'est la seule terre que je connaisse.

– Parfait, moi je n'y connais rien, alors tu m'apprendras ! avait lancé Claudius Brutus en remplissant son gobelet pour la troisième fois.

Grâce à Ariakist il avait peu à peu appris les secrets de la terre. Au début, ce n'était pas par goût d'un métier qui lui semblait exclusivement réservé à la plèbe et aux esclaves, c'était pour meubler son ennui en écoutant les propos de son intendant.

C'est ainsi, au fil des saisons, puis des années, qu'il s'était pris de passion pour son domaine, à tel point qu'il avait même fini par l'agrandir en achetant, à sa limite, quelques coins de forêt, bons pour la défriche.

Mais avant de découvrir et d'apprécier tout le plaisir que lui donnait désormais le spectacle de ses champs couverts de récoltes, de son verger lourd de fruits et de ses troupeaux de bœufs gras et de moutons qui paissaient dans les jachères, il avait compris, grâce à Ariakist, à quel point les Gaulois étaient passés maîtres dans l'art de l'agriculture.

Jusque-là, Claudius Brutus regardait les vaincus comme un militaire observe ses anciens adversaires. Ainsi tenait-il les Gaulois pour de bons guerriers, il les savait aussi redoutables fantassins que cavaliers. Et, pour l'avoir éprouvé, il ne mettait pas en doute leur courage. Il les avait vus à l'œuvre, aussi bien en tant qu'adversaires qu'en tant qu'alliés, la légion dite de l'Alouette, levée par César pour le soutenir dans sa marche victorieuse sur Rome, n'avait-elle pas été uniquement recrutée dans la Gaule narbonnaise ? Et elle avait fait ses preuves ! Il reconnaissait aussi aux Gaulois un certain art en matière de cuisine, leurs salaisons étaient renommées jusqu'à Rome ! Et si, par goût, il préférait le vin qu'ils produisaient avec un talent sans pareil, force lui était d'avouer que la bière et l'hydromel gaulois savaient aussi, à merveille et en peu de temps, rendre le cœur léger et le sommeil lourd...

À ce portrait s'ajoutait, et c'était très agaçant, le caractère distant et rebelle des femmes ! Et enfin, et ce n'était pas moins contrariant, il fallait aussi subir cette religiosité farouche dont tout le peuple était encore imprégné, malgré les admonestations des vainqueurs qui se défiaient des multiples dieux gaulois et des druides en particulier !

Ariakist avait patiemment entrepris de dresser un portrait moins simpliste des Gaulois ; et lui, pourtant d'origine barbare, s'était fait l'avocat de son pays d'adoption. Il ne le connaissait pourtant pas très au-delà des limites du domaine, mais ce qu'il en avait appris depuis que sa mère et lui avaient été déportés là ressemblait très peu à l'idée que s'en faisait Claudius Brutus.

Aussi, un soir d'hiver, alors que son maître venait, une fois de plus, d'assimiler les Gaulois à tous les autres peuples barbares que ses campagnes lui avaient fait connaître, s'était-il permis de le contredire.

Il s'était d'abord assuré que le gobelet de vin de Claudius Brutus était bien rempli et que l'ancien centurion, mollement étendu sur d'épaisses peaux d'ours et de loups entassées devant le feu, n'avait pas son regard des mauvais jours, celui qu'il arborait lorsque l'ennui le rongeait et qu'il soupirait après le soleil du Midi.

– Les Gaulois ne sont pas que de bons guerriers, lui avait-il dit après avoir poussé quelques rondins supplémentaires dans le foyer.

– Pas bons, puisque vaincus! l'avait coupé Claudius Brutus en ricanant.

– Bons quand même, mais peu importe. Ils sont aussi d'excellents agriculteurs. Ils ont su apprivoiser la terre depuis les temps les plus reculés; ils la connaissent, ils la servent comme elle doit l'être; ils la cajolent et la soignent et c'est pour ça qu'ils l'ont rendue si belle!

– Tu parles de la terre comme tu parlerais de ta maîtresse, si tu en avais une!

Ariakist n'avait pas relevé ce propos, son état d'esclave ne l'obligeait pas à dévoiler toute sa vie privée, sauf si le maître l'exigeait. Mais la réflexion de Claudius Brutus n'était pas une interrogation.

– Sers-toi donc un peu de vin et continue, l'avait encouragé l'ancien centurion. Dis-moi en quoi ils sont supérieurs aux autres agriculteurs, tous pouilleux et sots, que j'ai rencontrés!

– Je ne connais pas les autres, ceux des pays lointains où je n'ai jamais été et où je n'irai jamais, sauf si tu me vends. Mais si j'en crois les colporteurs et autres marchands qui passent de villa en villa, les Gaulois supplantent tous les autres !

– Allons donc ! La terre est partout la même et ceux qui la travaillent se ressemblent tous !

– Non, car ils ne la travaillent pas de la même façon. Ici, comme tu l'as vu, nous laissons reposer la terre au moins une année sur deux, et parfois plus. Après la récolte, il faut lui laisser un temps de sommeil pour se refaire. Et c'est bien pour l'aider à reprendre force que nous charruons tous les excréments des bêtes jusqu'à elle. Parfois même, et nous l'avons fait jadis sur le domaine, lorsque j'étais jeune, nous transportons de la bonne terre là où nous jugeons médiocre celle que nous devons cultiver. Quant à nos araires à soc de fer et à avant-train à roues, ils fouillent mieux et plus profond que tous les outils qu'emploient encore certaines peuplades moins civilisées. C'est pour cela que nos récoltes sont si belles et plantureuses. Et c'est peut-être aussi pour cela que César, un jour...

– Rome a toujours eu besoin de blé, l'avait coupé Claudius Brutus en riant, et nous l'avons toujours pris là où il se trouvait !

– Il se trouve chez toi, maintenant, avait souri Ariakist avant d'oser ajouter : Désormais, c'est chez toi que Rome se servira...

– Par tous les dieux, ce n'est pas faux ce que tu dis là, mais à moi on le paiera, ce blé ! avait assuré Claudius Brutus en remplissant son gobelet. En revanche, et c'est normal pour des vaincus, tes Gaulois que tu aimes tant en seront de leur argent ! Comme pour les taxes et les impôts !

Et on dira ce qu'on voudra, c'est quand même une belle invention que ce cadastre que Rome est en train de dresser ! Avec lui, plus de tricheries possibles de la part de ces voleurs de Gaulois qui, à les entendre, ne possèdent jamais plus que leurs yeux pour pleurer ! Mais vois-tu, avait-il repris en devenant plus grave, tu me parles de blé, d'araire, de terre, de je ne sais trop quoi auquel je ne connais rien, mais j'apprendrai, grâce à toi. J'apprendrai car je ne veux pas périr d'ennui ni trop abuser du vin gaulois, même si c'est le meilleur que j'aie jamais bu ! Cela étant, autant que tu le saches, ce ne sont pas les productions dont tu parles que j'aime. Moi, ce que j'aurais voulu cultiver, c'est de la vigne. Par malchance, on m'a envoyé dans cette contrée où elle ne pousse pas ! Ah ! si au moins j'avais pu rester dans la Narbonnaise ! Tu crois qu'on pourra un jour faire pousser de la vigne ici ?

– Je l'ignore. Je ne sais même pas à quoi ressemble un pied de vigne, mais je crois savoir qu'il lui faut du soleil, beaucoup de soleil et pas de gel.

– Oui, comme les oliviers, les orangers et les dattiers, avait soupiré Claudius Brutus soudain lointain car perdu dans ses souvenirs.

Ce soir-là, prudent, Ariakist s'était discrètement éclipsé. Il savait que son maître détestait qu'on le dérangeât lorsque, bercé par quelques rasades de vin gaulois, il ressassait toutes les légendes qu'il connaissait sur la vigne. Cette vigne qui jamais sans doute ne pousserait dans cette région proche de Durocortorum...

Mais il y croissait tellement d'autres productions ! Outre les céréales – blé, orge, avoine –, les légumes divers et les fruits, les terres en culture recevaient à tour de rôle leur lot de chanvre et de lin. Au sujet de ce dernier, Ariakist, en excellent gestionnaire et connaisseur qu'il était, veillait à ce que plusieurs années s'écoulent avant que cette culture ne revienne sur le même lopin. Il avait depuis longtemps remarqué à quel point le lin était épuisant pour le sol. Derrière lui, même après plusieurs années de jachère, le blé n'avait qu'un rendement médiocre. De même surveillait-il de très près les façons culturales. Car le tout n'était pas de posséder de beaux araires modernes et solides, encore fallait-il que les laboureurs s'appliquent à leur tâche, creusent profond et droit, de façon que le grain lancé là soit bien recouvert par le passage des herses en bois.

La moisson venue, c'est avec le même soin qu'Ariakist choisissait les meilleurs faucheurs, ceux pour qui la grande faux gauloise n'avait plus de secrets. Elle était très supérieure à la faucille mais demandait un savoir-faire que tous ne possédaient pas. Et sûrement en était-il de même pour cette machine à moissonner dont lui avait parlé un marchand de grains de passage sur le domaine. À cette époque, il y avait déjà longtemps que Claudius Brutus s'était pris de passion pour sa terre ; et s'il soupirait toujours après sa vigne, du moins se consolait-il de son absence avec toutes les autres cultures. Aussi n'hésitait-il jamais, lorsque nécessaire, à acquérir les divers instruments dont Ariakist avait besoin pour augmenter le rendement des esclaves.

– Tu dis une machine à moissonner ? l'avait interrogé Claudius Brutus. Et comment fonctionne-t-elle ?

– Je ne l'ai pas vue, mais on m'a expliqué que c'est une vaste caisse, montée sur roues et que pousse un attelage. Devant elle se trouve une rangée de dents tranchantes vers lesquelles un homme pousse les épis. Ceux-ci, une fois tranchés, tombent dans la caisse, avait expliqué Ariakist avant d'ajouter : Il paraît qu'elle coûte très cher mais qu'à elle seule elle remplace plusieurs esclaves.

– Qui, pendant ce temps, sont nourris à ne rien faire ! Ce n'est pas sérieux tout ça ! avait coupé Claudius Brutus en riant.

Il n'avait donc plus été question de cette machine qui était très onéreuse alors que la main-d'œuvre du domaine était gratuite !

– Par les dieux, que c'est loin tout ça ! murmura le vieillard en soupirant : combien d'années ? quinze ? vingt ? je ne sais plus... Mais où est Ariakist ? demanda-t-il soudain au jeune esclave debout à son côté.

– Il surveille le piquage du grain, expliqua l'enfant après avoir jeté un coup d'œil en direction des bâtiments de ferme.

Là-bas, s'activant autour de l'aire de battage, les ouvriers entassaient les gerbes de céréales que piétinaient deux couples d'ânes tirant un lourd tribulum. Les épis s'égrenaient tant sous les sabots des bêtes que sous l'engin au massif châssis de bois hérissé de pointes de silex.

– Ah oui, se souvint soudain Claudius Brutus, il m'a dit hier qu'on commençait le battage aujourd'hui, que la récolte était magnifique et que le grain serait très beau.

Il y avait maintenant des années que le vieillard, perclus de douleurs, ne pouvait plus aller flâner sur son domaine comme il aimait le faire jadis. Mais, grâce à Ariakist, il était tenu au courant de tout.

– Va le chercher, dit-il au jeune esclave, et dis-lui de me rapporter une poignée de blé, je veux voir s'il est aussi beau qu'il me l'a dit ! Ou plutôt non, reste là ! se reprit-il, je suis sûr qu'il va venir de lui-même. Je le connais, il sera tellement fier de la récolte qu'il n'attendra pas longtemps avant de venir m'en parler !

Et il sourit en pensant à Ariakist. Ariakist le fidèle, affranchi depuis des années, mais qui, pourtant, avait préféré rester au service de Claudius Brutus.

– Je te remercie et que les dieux te protègent, avait-il dit en prenant connaissance de la décision qui le rendait libre, et citoyen romain de surcroît, mais où pourrais-je aller ? Je n'ai jamais quitté le domaine, sauf pour te suivre, parfois, jusqu'à Durocortorum, mais que ferais-je dans cette ville ? Je ne sais rien faire d'autre que de surveiller tes terres et ton bien, et je l'ai toujours fait de mon mieux. Alors, si tu le permets, et comme tu m'as permis de prendre épouse, laisse-moi finir mes jours ici, comme intendant ; mon fils, désormais libre, grâce à toi, fera, en temps voulu, ce qu'il voudra.

Et Claudius Brutus s'était réjoui du choix de celui qui, depuis longtemps, était devenu son confident et son ami. Ariakist, cet ancien Barbare qui avait réussi à lui faire partager son amour pour ce petit coin de Gaule où tout poussait, sauf la vigne !

4

Il est facile, avec plus de mille cinq cents ans de recul, de décréter doctement que tel ou tel grand événement historique était prévisible car inéluctable. Tant il est vrai que si l'on connaît la fin, il est toujours assez simple de réécrire l'histoire. Cela pour dire que, de nos jours, la décadence puis la chute de l'Empire romain nous apparaissent aussi logiques que la disparition du soleil, chaque soir, derrière l'horizon.

J'ai dans l'idée que tout fut beaucoup plus complexe qu'on a tendance à le croire, beaucoup plus long aussi, voire incompréhensible, pour tous ceux dont l'existence motive ces pages, à savoir les agriculteurs.

Mais, là encore – et j'irai jusqu'à dire : déjà –, il importe de nuancer. En effet, c'est au cours de ces premiers siècles de l'ère chrétienne que s'installèrent vraiment, au sein de la paysannerie gauloise, des castes séparées par des fossés quasi infranchissables. Car mis à part le fait de tirer leurs principaux revenus (et pour certains leur richesse) de la terre et de passer le plus clair de leur existence à la campagne, il n'y avait rien de commun entre les riches propriétaires de villae *– Romains de souche ou nobles gaulois –, les petits* *paysans libres et déjà propriétaires de leurs lopins et la multitude d'esclaves et de demi-affranchis attachés aux grands domaines.*

Et c'est bien parce que c'étaient ces derniers – libres ou esclaves – qui travaillaient vraiment la terre qu'ils m'intéressent. Ceux-là qui n'eurent ni le temps ni la possibilité de comprendre grand-chose à la lente dégradation du monde romain. D'ailleurs, comment auraient-ils été au courant de toutes les révolutions de palais qui secouaient Rome, de tous les assassinats politiques, des crises de démence de tel ou tel empereur, de la conversion de tel autre, de tous les coups de force des militaires et, pour finir, de ce partage en deux d'un empire désormais trop étalé vers l'Orient pour être bien gouverné ?

Comment même auraient-ils appris, sauf s'ils vivaient non loin des frontières qui nous séparaient des Barbares, que ceux-ci rongeaient leur frein ce qui n'est pas incompatible avec l'affûtage des glaives – dans l'attente du moment propice qui leur permettrait de fondre sur ce si riche pays agricole qui s'appelait la Gaule ?

Et comment auraient-ils découvert, alors qu'eux-mêmes étaient de plus en plus prolifiques, que leurs vainqueurs et maîtres romains, par paresse et par égoïsme et surtout peu soucieux de partager leurs richesses, étaient eux-mêmes de moins en moins nombreux, donc de plus en plus vulnérables ? Tellement minoritaires qu'ils étaient contraints, pour maintenir le flot des affamés massés aux frontières, de s'allier à quelques voisins pourtant peu fréquentables, comme les Germains.

Enfin, comment auraient-ils su, dans leur majorité, ces pauvres bougres d'ouvriers de la terre, confinés dans leur région et souvent sans autorisation d'en sortir, qu'il se levait, çà et là, une nouvelle religion proclamant l'existence d'un Dieu unique, infiniment bon et miséricordieux ; un Dieu si parfait que ses adeptes allaient jusqu'à se laisser martyriser gaiement, persuadés qu'ils étaient d'atteindre ainsi la vie éternelle !

Tout ce qu'ils devaient savoir, eux, ces paysans, ces ignorants, tapis dans leurs huttes, au tréfonds des provinces, c'est que ceux et celles qui ne travaillaient pas du lever au coucher du soleil n'avaient aucune chance d'apaiser leur faim et celle de leurs enfants.

Tout ce qu'ils apprenaient, quasiment de naissance, ces petits propriétaires, ou colons libres, était que ceux des chefs de famille qui ne payaient pas les taxes dues à l'État, ou au propriétaire ou encore aux armées en vadrouille, s'exposaient à des saisies qui les laissaient quasiment nus, ou encore à être vendus comme esclaves.

Tout ce qu'ils devaient enfin savoir, c'est qu'il y avait d'un côté les seigneurs et maîtres et eux de l'autre ! Eux de qui on exigeait une totale soumission, un travail permanent et, pour les hommes libres, des redevances très souvent étouffantes. Eux pour qui Rome puis Trèves pouvaient bien crouler sous l'assaut des envahisseurs, cela ne changeait rien à leur état. Sauf, naturellement, s'ils avaient la malchance de vivre sur un de ces passages que se plaisaient à ravager tous les Barbares d'Europe centrale et d'Asie lors de leurs incursions ; dans ces cas, il était rare qu'on laissât aux paysans le temps de protester.

Si un historien parcourt le paragraphe précédent, il est probable qu'il me fera remarquer que les situations que je viens d'évoquer n'empêchèrent pas le développement de l'agriculture. C'est vrai et c'est tout à l'honneur des agriculteurs de ces temps qui, envers et contre tout, s'acharnèrent à faire rendre le maximum à leur terre.

À tel point que ces premiers siècles de notre ère furent marqués par le recul général des forêts, une progression des labours et des pacages, donc une augmentation de toutes les productions.

Ce fut aussi, dès le début de l'occupation romaine, le temps où la vigne se répandit comme jamais. Quittant les coteaux du Midi, elle gagna peu à peu les régions du Vivarais, du Dauphiné, de la Bourgogne, de tout le Bordelais, du Bassin parisien et enfin de la Moselle.

Dans le même temps, sans doute grâce aux apports que firent les vétérans – nouveaux colons – qui, pour la plupart, avaient beaucoup bourlingué loin de la Gaule, se généralisèrent chez nous des fruits comme les cerises, les pêches, les poires et les figues, et des légumes comme les fèves et les choux.

Enfin, parce que nos ancêtres, excellents forgerons, n'avaient de cesse d'améliorer leurs outils (on leur doit l'araire à roue et, nous l'avons vu, la moissonneuse et la faux gauloise), l'agriculture progressa notablement.

C'est alors que les Barbares, très au courant de l'état déliquescent de l'Empire romain et estimant que le fruit était mûr, profitèrent de ce que le Rhin était gelé, entrèrent en Gaule le 31 décembre 406 et trouvèrent le pays tout à fait à leur goût.

Des hommes de l'Est

S'il l'avait pu, le vieil Exupère se serait encore plus enfoncé au creux du fossé où il se dissimulait. Et s'il en avait eu le pouvoir, il aurait fait en sorte que les deux enfants – ses petites-filles – qui sanglotaient et tremblaient contre lui s'enfouissent encore davantage dans le sol, y disparaissent, s'y engloutissent, pour mieux se cacher. Mais c'était impossible à cause de cette eau croupissante et puante, pleine de moustiques, de larves, de salamandres et de tritons dans laquelle il s'était jeté, sans pour autant lâcher la main des enfants.

Ils étaient là, vautrés dans ce cloaque depuis le matin et, déjà, le soleil de juillet descendait vers l'ouest. Malgré la chaleur encore moite qui pesait sur leurs épaules, un froid pernicieux, montant de la vase, leur nouait les entrailles, paralysait leur souffle, les glaçait peu à peu.

C'est en vain qu'Exupère avait d'abord invoqué tous les dieux de sa jeunesse, tous ceux que ses ancêtres avaient vénérés. Mais aucun de ceux appelés à l'aide n'avait daigné s'occuper de leur sort, pas plus Mercure que Lug ! Et pas plus l'Esprit des eaux que celui des pierres ; et même pas celui des chênes !

Il avait alors prié, mais sans y croire beaucoup plus, ce dieu des chrétiens dont les maîtres tenaient à assurer l'emprise dans toutes les campagnes. Même Riccius

Regulus, propriétaire du domaine dont la famille d'Exupère était domestique de père en fils depuis des générations, avait tout fait pour que ses *pagani* – ses paysans – serviteurs (esclaves ou colons) adhèrent au nouveau dieu, celui qu'on disait l'unique, le grand, le bon, le seul qui méritait adoration.

Et pour une fois, Exupère aurait bien voulu que ceux qui répandaient partout la bonne nouvelle, y compris dans les plus humbles des hameaux, aient raison ! On assurait au sujet de ces prêtres ou de ces moines, sans oublier quelques ermites perdus au fin fond des landes ou des forêts, qu'ils étaient tous de saints hommes qu'il fallait écouter et croire, car la puissance de leur dieu était très supérieure à celle des divinités gauloises que perpétuaient clandestinement quelques druides au tréfonds des bois.

Mais il se disait aussi que les maîtres, tous les maîtres, ceux qui possédaient les terres de la région, mais aussi les autres, encore plus puissants, ceux qu'on ne voyait jamais mais à qui on payait quand même l'impôt et qui habitaient dans les villes comme Aurelianum [1], exigeaient que la nouvelle religion remplace l'ancienne. On répétait d'ailleurs qu'ils faisaient tout pour faire disparaître jusqu'au souvenir de celle-ci et que le moindre lieu ou la plus humble statue dédiés au culte ancestral étaient détruits aussitôt que découverts ! Quant aux druides, ils risquaient la mort... Seul le nouveau dieu, l'unique, devait désormais être invoqué et adoré. Il était le protecteur des hommes et de la terre et le maître du ciel.

Mais ni lui ni les anciens dieux n'avaient écouté les supplications et les prières du vieillard. Et il était maintenant là, tapi dans ce cloaque fétide, vraie bauge à sangliers,

1. Orléans.

entouré de ses deux petites-filles qui n'en pouvaient plus de sangloter.

Il était là, peur au ventre, fou de rage et de désespoir, à attendre que les autres s'éloignent, à espérer que partent ces Barbares qui, depuis le petit jour, s'étaient rués sur le village.

On les attendait, on les savait en place dans le pays depuis des mois, mais encore cantonnés vers le levant. Et on espérait toujours que les maîtres, ceux qui gouvernaient et qui habitaient si loin – on ne savait trop où –, sauraient arrêter les hordes de brutes qui déferlaient maintenant.

Au dire des anciens, ce n'était pas la première fois que des troupes d'hommes affamés fondaient sur la région. D'abord, il y avait eu tous les brigandages auxquels se livraient parfois des bandes d'individus qui n'avaient même pas l'excuse de venir de pays lointains. Ce n'étaient souvent que des voisins, frappés par la misère due à une mauvaise récolte ou à des impôts infernaux, qui ne leur avait laissé d'autre solution que le vol. On les appelait des Bagaudes et ils étaient dangereux comme des loups et aussi sanguinaires.

Puis il y avait les autres, encore plus redoutables car plus nombreux. Ceux-là arrivaient toujours de l'Est, ils pillaient, violaient, brûlaient puis repartaient plus loin, vers d'autres carnages, d'autres tueries. Derrière eux, il fallait d'abord enterrer les morts, relever les huttes, puis tout refaire, tout recommencer, comme toujours.

Mais qui avait écouté les plus anciens des anciens, qui le tenaient de leurs ancêtres, lorsqu'ils avaient évoqué de telles précédentes, mais lointaines, incursions de Barbares ?

Désormais, force était de constater que les ancêtres avaient eu raison, les envahisseurs venus de l'Est étaient de nouveau là et l'horreur les suivait comme leur ombre. L'horreur, les meurtres, les pillages et les incendies.

Tout brûlait alentour et le vieil Exupère se demanda même si la vaste forêt qui s'étendait plein sud, vers la région des Bituriges [1], n'était pas elle aussi ravagée par les flammes. De même, vu la couleur du ciel, au nord, tout tendait à prouver qu'un énorme brasier crépitait dans la direction d'Aurelianum. Le vieillard ne connaissait cette ville que de réputation. Elle était à plusieurs heures de marche du hameau où il avait vu le jour et il n'avait jamais eu l'occasion, ni d'ailleurs l'envie, de s'y rendre. Mais il en connaissait l'existence grâce aux colporteurs et autres marchands qui passaient dans la région. Ceux-là lui avaient expliqué en quoi la ville était si différente de ce coin de campagne qu'il n'avait jamais quitté et où il finirait ses jours. D'après ces gens-là, qui avaient vu du pays et bien d'autres villes, celle-ci n'était ni la plus belle ni la plus grande, mais sa surface et le nombre de ses maisons dépassaient, et de loin, tout ce qu'Exupère, habitué aux hameaux et aux petits bourgs, pouvait imaginer.

En revanche, toujours au sujet de cette lointaine ville, il savait très bien que c'était d'elle que venaient les collecteurs d'impôts, toujours pressés de faire entrer dans leurs caisses la *capitatio plebeia* ou autre redevance.

Enfin, c'était encore de cette ville qu'arrivaient parfois des troupes de militaires en quête de nourriture qu'il était

1. Région de Bourges.

impossible de leur refuser, même si les réserves étaient déjà insuffisantes pour la famille.

Alors, tant pis si Aurelianum brûlait, elle était loin et jamais rien de bon ne venait d'elle ! Tant pis aussi pour la villa de Riccius Regulus, orgueilleusement campée au sommet d'une petite colline, à moins d'une heure de marche de là. À en juger par les nuées noirâtres qui s'élevaient depuis le matin dans la direction de la gigantesque bâtisse où vivaient le maître, sa famille et sa nuée d'esclaves, la demeure devait flamber comme un fagot de genêts !

Comme flambait d'ailleurs aussi la riche villa de Théodose Gratien, autre gros propriétaire de la région, encore plus sévère et avide, au dire de ses colons, que ne l'était Riccius Regulus. Pourtant, les dieux savaient à quel point ce dernier était peu clément avec ses paysans. À en croire ses intendants qui sillonnaient la région, passant de bourg en bourg en quête de la moindre hutte, c'était pour pouvoir payer ses propres impôts que Riccius Regulus était si exigeant avec ceux qui étaient chargés d'exploiter ses terres, qu'ils soient esclaves ou demi-libres, comme l'était Exupère.

Car, comme beaucoup de citoyens, le vieillard avait la chance d'être juridiquement libre de gérer sa vie privée comme il l'entendait. Ainsi avait-il pu épouser, quand il l'avait voulu, une excellente et forte femme, hélas ! morte de maladie depuis plus de cinq ans. Avec elle, il avait élevé sa famille comme il l'avait jugé bon et sans en rendre compte à personne. Mais sa liberté n'allait pas plus loin, puisque sa condition de fermier le rattachait héréditairement au possesseur des terres qu'il exploitait. Ainsi, de père en fils, se transmettaient, par obligation, les lopins alloués par le maître et qu'il était interdit d'abandonner.

Et malheur aux demi-libres qui tentaient d'échapper au système en quittant la région ! Leur fuite était considérée comme une trahison. Presque toujours repris, ils régressaient alors au rang de simples esclaves, individus misérables sur lesquels le propriétaire avait droit de vie et de mort.

Alors que brûlaient les luxueuses *villae* de Riccius Regulus, de Théodose Gratien et de tous les richissimes propriétaires, Exupère n'allait pas pleurer sur leur sort ! En revanche, son cœur était brisé depuis le matin. Depuis l'instant où la troupe de Barbares, hurlant et braillant comme des porcs, déjà ivres et couverts de sang, avait surgi au grand galop, au bout du chemin qui desservait le hameau. Depuis, le vieillard vivait un cauchemar tellement épouvantable qu'il en était à se demander s'il n'aurait pas mieux valu que les envahisseurs le trouvent tout de suite. Comme ils avaient découvert son fils, sa bru, ainsi que le petit Julien, et aussi la vieille Octavienne, sa sœur qui vivait avec eux, de tout temps ; sans oublier non plus les trois familles voisines, totalisant quelque vingt personnes, enfants compris.

Mais les dieux avaient voulu que lui-même et ses deux petites-filles, Priscilla et Octavie, de quinze et huit ans, soient en train de conduire les porcs et les moutons en forêt lorsque les étrangers avaient surgi à moins de cent pas, sans les voir. Le vieillard avait tout de suite compris le danger et s'était aussitôt jeté dans le fossé, entraînant les deux enfants avec lui. Mais n'eussent été leur présence et l'idée qu'il les avait sans doute sauvées (mais la nuit n'était pas encore là et les Barbares ripaillaient toujours), sans doute eût-il regretté son geste. Désormais, il allait devoir vivre, et ses petites-filles aussi avec, au fond du regard, la vision des brutes massacrant son fils et son petit-fils, ainsi que tous les mâles du hameau et deux vieilles, trop usées pour être utiles. Il allait aussi devoir vivre avec, au fond de lui, vrillées dans ses oreilles, les lancinantes plaintes des femmes et des fillettes forcées. Des cris et des gémissements qui n'en finissaient toujours pas de retentir là-bas, dans la petite clairière où les Barbares s'étaient installés après avoir pillé les huttes avant de les incendier.

Maintenant, hilares et fiers de leur butin – quatre femmes et trois jeunes filles, plus toutes les réserves de grains que les hommes du hameau avaient fini de battre à peine une lune plus tôt, ainsi que tous les animaux sur pied ou abattus –, les pillards s'empiffraient sans vergogne de poulets et porcelets prestement mis en broche. Et la bière jaillissait du tonneau qu'ils avaient mis en perce, le seul tonneau de bière que les hommes du hameau possédaient et dont ils n'usaient que pour célébrer les grandes fêtes, trop miséreux pour en boire plus souvent.

Tapi dans le fossé, transi de froid et de plus en plus persuadé qu'il ne devait quitter sa cachette sous aucun prétexte, Exupère se prépara à passer la nuit. Mais, malgré l'horreur de sa situation, malgré toute la tristesse qui lui broyait le cœur, il ne put s'empêcher d'ébaucher un sourire en regardant la plus jeune de ses petites-filles. Tête hors de la boue et posée sur une touffe de carex, pouce dans la bouche, l'enfant dormait.

C'est après s'être hissés à grand-peine sur leurs chevaux, en braillant comme des gorets, que les Barbares quittèrent enfin le hameau. Liées et titubantes derrière les montures, les prisonnières disparurent à leur tour dans la nuit rougeoyante, tachée, çà et là, par les derniers feux des *villae* et des villages incendiés.

Prudent, Exupère s'obligea à rester encore longtemps loin du hameau toujours illuminé par les braises. Tout au plus se coula-t-il hors du fossé avec ses petites-filles et se glissa-t-il dans un buisson.

Plus tard, après avoir bien bouchonné les enfants avec une grosse poignée d'herbe sèche, c'est avec une prudence de renard qu'il s'approcha, seul, des huttes ravagées.

Comme il le redoutait, les meurtriers avaient laissé les victimes là où ils les avaient massacrées et elles gisaient, éparses, au hasard de leur vaine fuite. Plus jeune de dix ou quinze ans, le vieillard aurait eu à cœur de leur donner à tous une sépulture décente ; mais il était désormais trop faible pour entreprendre une telle tâche. De plus, il avait deux petites-filles à charge qui avaient froid et faim.

C'est en fouillant avec un hoyau dans les cendres fumantes de sa propre hutte qu'il découvrit un demi-jambon calciné, oublié – ou perdu – par les Barbares. De même, au fond d'une jarre brisée au milieu de la cour, parvint-il à récupérer plusieurs poignées d'orge. Et lorsqu'il trouva un sac de blé, éventré, sans doute tombé de quelque monture trop chargée, il pensa que, tout compte fait, les dieux des ancêtres et l'autre, le nouveau, avaient peut-être eu pitié de lui.

Il cacha le sac de blé dans un gros buisson d'épines noires, prit le demi-jambon et la petite réserve d'orge et rejoignit les enfants. Dans un pot de terre à demi brisé bien attaché à sa ceinture se consumaient quelques brandons. Il savait qu'il en aurait besoin pour allumer un feu dans cette minuscule cabane de berger où il s'abritait par mauvais temps. C'était une hutte de pierres plates, trapue, ronde, fraîche en été, tiède en hiver, quiète en toute saison, un abri fait de ses mains. Un asile caché là-bas, loin, au plus profond de la forêt de chênes, là où ses petites-filles et lui conduisaient les porcs à la glandée. Un lieu sûr où les Barbares n'auraient jamais idée d'aller car il n'y avait rien à piller.

Le vieil Exupère ne se décida à revenir au hameau que le surlendemain du carnage et après s'être assuré que nul intrus n'était revenu. Il ne s'y hasarda qu'après avoir longuement observé, caché à la lisière des bois, le va-et-vient des quelques hommes qui s'activaient là. Avec l'âge, sa vue le trahissait de plus en plus et il ne se décida à avancer que lorsqu'il comprit que les silhouettes inconnues qui s'affairaient autour des huttes brûlées étaient occupées à enterrer les morts.

C'est en s'approchant qu'il reconnut les quelques hommes qui étaient là, des colons comme lui, qui habitaient un des hameaux voisins.

– On te croyait mort, murmura l'un d'eux en l'étreignant. Tu comprends, on a reconnu ton fils, ton petit-fils, ta sœur, alors...

– Bien sûr, dit Exupère immobile devant les fosses rebouchées. Mais, vous tous, comment se fait-il que... ?

– Que nous soyons là ? coupa le voisin. C'est simple, les Suèves, oui, il paraît qu'ils se nomment comme ça, les Barbares quoi, n'ont pas trouvé notre village, sans ça, tu penses bien... C'est la forêt qui nous a sauvés...

– Oui, l'Esprit des chênes, murmura Exupère en se souvenant que le hameau épargné s'élevait au centre d'une clairière ouverte jadis, lors de ces grands défrichements dont son grand-père lui avait parlé quand il était encore enfant. Des coupes rases, décidées par les maîtres d'alors pour agrandir encore la surface de leurs champs.

– Tu es seul ? interrogea le voisin avec gêne.

– Non, j'ai sauvé mes deux petites-filles, là où elles sont cachées, elles ne risquent plus rien, enfin j'espère... Et ailleurs ? demanda Exupère.

– Ils ont tout pillé et ont brûlé ce qu'ils n'ont pas pu emporter, intervint un deuxième homme.

– Et le maître ? insista Exupère.

– Comme eux..., expliqua l'homme avec un coup de menton en direction des tombes. Lui et toute sa famille ; enfin, pas les femmes ni les jeunes filles, elles...

– Je sais, coupa Exupère. Et la villa ?

– Plus rien, sauf les murs, tout le reste a brûlé. Et celle de Théodose Gratien aussi, ainsi que celle de Julien Marcus. Et ils ont aussi massacré tous les esclaves trop vieux pour être revendus ; heureusement, beaucoup s'étaient cachés...

– Mais ce n'est pas tout, reprit l'autre voisin, ils ont aussi brûlé toutes les meules encore non battues et tout le foin aussi. Et ils ont emmené les troupeaux. Et puis, pour s'amuser, avant de partir, ils ont fait défoncer la bonde de l'étang par les prisonniers...

– Le grand étang ? Celui qui est au bas de la demeure du maître ? coupa Exupère.

– Oui, et maintenant toutes les terres de là-bas sont sous l'eau, parce que tous les fossés ont débordé, bien sûr...

– Bien sûr..., acquiesça le vieillard.

Là encore, il se souvint de ce que lui avait raconté jadis son grand-père ; que la région n'avait pas toujours été propice aux labours et aux semailles, car couverte de landes, de marécages, de broussailles. Mais qu'en un temps pas si lointain les maîtres de l'époque, après avoir fait défricher d'immenses étendues de bois, avaient aussi fait creuser tout un réseau de fossés, pour assécher le sol gorgé d'eau.

C'étaient les mêmes qui avaient aussi fait construire la grande digue que les Barbares venaient de détruire.

– Mais alors, reprit Exupère, si le maître est mort, que devenons-nous ?

– Ça ne change rien, expliqua le voisin en haussant les épaules. Hier, j'ai été aux nouvelles. C'est ainsi que j'ai vu ce qu'avaient fait les Suèves. Mais j'ai aussi vu l'intendant du maître ; lui, il était caché quand les Barbares sont arrivés. On m'a dit qu'il doit la vie à une jeune esclave dont il est amoureux fou et qu'il était avec elle, couché dans le fenil, quand la horde a attaqué ; tous les deux ont pu se cacher dans un puits et...

– Très bien, très bien, coupa Exupère, mais nous, qu'est-ce qu'on devient ?

– Rien, dit l'autre voisin avec fatalisme, tu sais bien que le maître avait un fils aîné, Carolus Regulus, celui qui est orfèvre à Lutèce. C'est lui le nouveau maître et, d'après l'intendant, nous ne gagnerons pas au change, même s'il reste là-bas !

– Mais je n'ai plus rien, moi ! dit le vieillard qui se garda bien d'évoquer le sac de blé qu'il avait caché. Plus rien, insista-t-il, pas même de quoi nourrir mes petites-filles ! Je n'ai même plus un outil, sauf un hoyau usé, même les araires et les herses ont brûlé ! Et je n'ai plus de semences, plus d'animaux, rien !

– J'ai vu, en venant, que trois brebis et deux cochons erraient là-bas, expliqua le voisin en désignant un petit bosquet, on t'aidera à les ramener. Et puis, tiens, regarde, ajouta-t-il en montrant du doigt quelques poules rescapées du massacre, tu as aussi de la volaille !

– C'est vrai, soupira le vieillard, et puis je suis vivant, et mes petites-filles aussi. Dis, à la saison, tu me prêteras ton araire et un attelage ? Et aussi un peu de semence, des céréales, mais aussi des pois, des fèves, des lentilles, enfin, ce qu'il faut.

– On s'arrangera, dit le voisin, on s'arrangera. Mais, en attendant, on va t'aider à rebâtir ta hutte.

– Non, non, soupira Exupère, je ne vivrai plus jamais ici, les Barbares reviendront, j'en suis sûr ; ils connaissent le chemin, maintenant... Ils attendront qu'on resème et qu'on récolte, et puis ils reviendront pour tout piller. Je vais rester en forêt avec mes petites-filles. Là-bas, nous serons à l'abri, et quand tu verras l'intendant dis-lui que je vais défricher un carreau de taillis et que j'y sèmerai ce que je pourrai. Il ne pourra pas refuser, la forêt est au maître. Et puis, il faut bien que je nourrisse mes petites-filles.

– Mais, intervint le voisin, tu crois que... Enfin, c'est beaucoup de travail et...

– Et je suis très vieux et très fatigué, coupa Exupère, mais ma petite-fille aînée est forte et solide, vaillante. Je lui apprendrai tout ce que je sais de la terre, tout. Alors, si les esprits m'aident, l'an prochain, nous récolterons.

Exupère et ses petites-filles travaillèrent tout l'été. Même Octavie, la plus jeune, ne ménagea pas sa peine pour transporter les baliveaux coupés par son grand-père. Lui, aidé par l'aînée, ce fut à la hache et à la houe qu'il ouvrit un petit champ dans une des landes couverte de genêts, de bruyère et de taillis, proche de sa cabane de pierre.

Se nourrissant de petit gibier, heureusement abondant, de mûres, de pommes sauvages, de noisettes, de prunelles et de champignons, Exupère et les enfants survécurent sans avoir à puiser dans le sac de blé sauvé du désastre et dans lequel le vieillard fondait tous ses espoirs.

L'automne venu, ce fut encore avec les pires difficultés qu'Exupère parvint à labourer la défriche. En effet, l'âne chargé de tirer l'araire prêté par un voisin était plus paresseux qu'un loir, ce qui obligea Priscilla à se harnacher à côté de l'animal pour l'aider à haler l'outil que guidait son grand-père.

Aussi, malgré l'immense fatigue qui l'accablait et lui brisait le dos, ce fut la joie au cœur que le vieillard ensemença la parcelle. Désormais, il le pressentait, même si les dieux le rappelaient, et il se doutait bien que le temps était proche, ses petites-filles moissonneraient. Elles moissonneraient comme lui-même et ses ancêtres l'avaient fait, et comme il était indispensable que la nouvelle génération le fasse, pour vivre.

5

Pour pauvres et peu généreuses que les terres gauloises du premier millénaire nous apparaissent aujourd'hui, il faut bien croire qu'elles possédaient un certain charme puisqu'elles attiraient immanquablement tous nos voisins !

En effet, après avoir séduit les Celtes et les Romains, puis, au cours des siècles suivants, les Alamans et les Francs, sans oublier les Wisigoths, les Suèves, les Vandales, les Alains, les Huns, et j'en oublie sûrement, ce furent les Arabes qui, deux siècles avant les Vikings, vinrent y tenter leur chance. On sait comment Charles Martel tempéra leur désir d'implantation...

Mais même si ces diverses, multiples et toujours sanglantes incursions, ou guerres intestines, s'étalèrent sur plusieurs siècles, il fait peu de doute qu'elles n'arrangèrent en rien le sort des petits paysans. Car si les grandes villae *gallo-romaines changèrent de propriétaires et de taille au cours des ans, si l'Église, surtout à partir de 496 (ou 499, selon certains historiens) et du baptême de Clovis – premier roi barbare chrétien –, se hissa à son tour aux premiers rangs des possesseurs de terres, les modestes cultivateurs, libres ou semi-libres, et tous les autres, esclaves pour la plupart, ne virent certainement pas de grands changements dans leur existence.*

En fait, quels que soient les visiteurs, ou les nouveaux occupants du sol, il y a fort à parier que tous ces humbles terriens furent périodiquement pillés, spoliés et massacrés. Quant aux taxes, redevances et impôts divers auxquels ils étaient astreints depuis déjà des siècles, il est, là encore, très probable que tous les bouleversements politiques de ce début du Moyen Âge ne diminuèrent en rien le volume des sommes et des corvées exigées.

Aussi ne faut-il point s'étonner si l'essor de l'agriculture semble figé, comme tend à le prouver le peu d'évolution des outils, des façons culturales et des rendements. Presque partout, sauf dans les vastes domaines des riches commerçants et des nobles, l'araire sans avant-train, les houes et les bêches continuèrent à gratter un sol maigre que n'enrichissait pas le fumier puisque les cheptels bovins et ovins étaient peu importants. Aussi, les rendements en céréales stagnèrent pendant des siècles, n'atteignant que rarement deux pour un !

Pourtant, sans qu'il y paraisse sur le mode de vie des paysans, c'est en ces temps, qui virent l'instauration, après bien des soubresauts, des royaumes mérovingiens, que s'installèrent et se développèrent ceux qui allaient devenir une formidable et très efficace puissance : les monastères.

Confortée dans son rôle d'évangélisation grâce à la conversion de Clovis – et de quelques-uns de ses compa-

gnons –, l'Église n'eut de cesse, d'un point à l'autre des provinces, de venir à bout du paganisme latent qui sévissait encore au fond des campagnes, des landes et des forêts. Pour ce faire, aidée en cela par les autorités politiques et les nobles qui voyaient dans la religion chrétienne une excellente alliée, apte à préserver la paix civile, l'Église s'installa partout où elle le put. Grâce aux attributions de terres que lui concédèrent les rois – Dagobert par exemple –, elle augmenta d'abord, au sein des campagnes, le nombre des sanctuaires et des paroisses. Ce qui lui permit, entre autres, de mieux surveiller, donc de mieux évangéliser tous les pagani *des régions ainsi occupées.*

Mais ce ne fut pas cette conquête généralisée, ni l'envoi, aux quatre coins du pays, d'ermites porteurs de la Bonne Nouvelle qui contribuèrent le plus à sortir l'agriculture de la léthargie où l'avaient plongée les grandes invasions et les massacres. Les invasions, mais aussi les famines, la terrible épidémie de peste qui ravagea une partie du royaume en 543, la lèpre qui sévissait partout et le brigandage toujours présent, sans compter le climat, il fut très froid jusqu'au milieu du XIIIe siècle.

Aussi, la création des monastères donna-t-elle une grande impulsion à toutes les régions que les moines choisirent pour s'implanter.

Encouragée par le zèle d'un certain Colomban, moine irlandais venu s'installer chez nous vers la fin du VIe siècle, l'Église, une fois de plus aidée par les rois et les grands du royaume, dépêcha partout où elle le put, mais surtout dans les régions les plus sauvages et les plus retirées, des cohortes de moines bénédictins dont la tâche principale, outre l'évangélisation, était l'agriculture. Une agriculture qui, par rapport à celle en vigueur en ces temps-là, apparaît moderne, compétitive, rentable. Une agriculture organisée, c'est-à-dire dans laquelle étaient enregistrés les rendements, les successions des diverses cultures et les indispensables périodes de jachère.

Mais, avant d'en arriver là, encore fallait-il que les moines gagnent sur les forêts, les landes et les marécages toutes les surfaces qu'ils voulaient rendre fertiles. Cela ne se fit pas en un jour, pas plus que ne s'érigèrent en quelques semaines les immenses et magnifiques monastères dont certains sont toujours là, immuables témoins de pierre de ces époques où l'on ne comptait ni son temps ni sa peine, dès l'instant où tous les travaux étaient entrepris pour la plus grande gloire de Dieu.

Il va de soi que la recherche de la sainteté, en vigueur dans les communautés, n'était pas incompatible avec l'enrichissement des grands monastères. Et il n'est que de jeter un coup d'œil sur les comptes d'Irminon, le père abbé de l'abbaye de Saint-Germain-des-Prés, alors hors de Paris, pour se convaincre que, si d'aucuns avaient fait vœu de pauvreté, et l'appliquaient, d'autres étaient d'excellents trésoriers. Il est vrai qu'il était indispensable que quelqu'un soit là pour faire fructifier au mieux les quelque vingt et une villae, *regroupant plus de trente mille hectares, que possédait alors l'abbaye de Saint-Germain-des-Prés. Indispensable également de veiller à ce que les milliers de serfs, mais aussi de paysans libres, qui cultivaient toutes ces terres, le fassent du mieux qu'ils le pouvaient.*

Mais peu importe que certains monastères aient été beaucoup plus riches que d'autres, le temps et l'histoire se chargèrent de niveler tout cela lorsque la puissance et l'importance des monastères devinrent une sorte de contre-témoignage à la règle de saint Benoît.

Pour les siècles dont nous parlons, ceux d'avant l'an 1000, seul compte le travail considérable auquel se livrèrent des milliers de moines qui croyaient en ce qu'ils faisaient et le faisaient bien. Grâce à eux et aux exemples en matière de gestion du sol qu'ils donnèrent et firent appliquer à tous les serfs qui dépendaient d'eux, l'agriculture sortit de son immobilisme et le spectre de la famine recula, pour un temps.

Les fils de Benoît

Bavard comme il l'était, ce qui gênait beaucoup frère Théodérik, c'était la règle du silence. Un peu négligée par le précédent père abbé, hélas ! décédé depuis trois ans, elle était redevenue obligatoire et fermement appliquée dans tout le monastère de Saint-Godefrid, près de Mâcon, depuis que le nouveau prieur, père Théodulfe, avait pris ses fonctions. Fervent disciple du fondateur de l'ordre, il était de ceux qui s'étaient empressés de mettre en application les préceptes de Benoît d'Aniane à qui l'empereur Louis le Pieux, fils du grand Charlemagne, avait demandé de restaurer, dans tous les monastères de l'Empire, la discipline monastique instituée quelque trois cents ans plus tôt par leur père à tous : Benoît de Nursie.

Frère Théodérik ne mettait pas en doute la nécessité de remettre un peu d'ordre dans les communautés. Il n'ignorait pas que certains de ses frères, à l'exemple du regretté Charles, empereur d'Occident, avaient tendance à rendre aux femmes un hommage par trop voyant et fréquent. Car passe encore qu'un empereur succombe à ce genre de faiblesse, sa fonction lui conférait des droits. Mais il devenait impossible d'enseigner la loi du Christ et la peur de l'enfer aux païens et aux débauchés – et le peuple regorgeait des uns et des autres ! – si l'on ne donnait soi-même un semblant d'exemple ! Or, trop de moines vivaient d'une façon peu conforme à la règle du grand Benoît de Nursie. Et leur faiblesse – ou leur penchant – ne se limitait pas aux charmes perfides de quelques créatures que le démon s'ingéniait à placer sur leur chemin, voire dans leur cellule ! On disait aussi que ces mêmes malheureux se laissaient volontiers aller aux délices de la boisson, de la bonne chère et des interminables discussions. Pis, certains, oubliant leurs vœux de pauvreté, amassaient sans vergogne tout ce qu'ils pouvaient soutirer au bas peuple chargé de faire fructifier les riches terres du monastère. Là encore, nul n'aurait pu les blâmer, bien au contraire, si cette pressante quête avait bénéficié à la communauté : dans ce cas, elle eût été sanctifiée ! Las, ces mauvais chrétiens gardaient par-devers eux la majorité des redevances et des taxes dues par les paysans, et ça, c'était impardonnable !

Il était donc devenu indispensable qu'un homme aussi dévot que l'empereur Louis ordonne que soit remis de l'ordre dans toute cette gabegie.

Le problème, pour frère Théodérik, c'est qu'avait été aussi remise en vigueur la règle du silence, et elle était très dure à subir pour un bavard comme lui. Car, tout compte fait, l'application des autres préceptes du saint père fondateur ne le gênait guère. Miséreux de naissance et de tout temps habitué à ne rien posséder en propre, la pauvreté ne le dérangeait pas. De même lui suffisait amplement le pichet de vin journalier que le règlement intérieur accordait à tous les membres de la communauté de Saint-Godefrid ; il est vrai que ses vignes étaient belles et généreuses ! De même, et s'il préférait, et de loin, les travaux des champs à ceux qui occupaient ses frères copistes et autres spécialistes du parchemin et de l'enluminure, les quelques offices ou temps de prière imposés ne lui étaient pas une corvée ; certains lui offraient même la possibilité de plonger dans une béate somnolence, état bénéfiquement réparateur pour un homme confronté chaque jour, et par tous les temps, à la surveillance des serfs chargés des travaux de force demandés par la mise en valeur des terres de l'abbaye.

Enfin, l'âge aidant et même s'il lui arrivait encore parfois de se surprendre à porter les yeux, mais jamais plus, sur le corsage ou la croupe de quelques accortes donzelles, fille ou jeune épouse de paysans attachés au monastère, ce penchant assoupi ne lui était plus une écharde dans la chair.

Mais le Seigneur était témoin qu'il était bavard comme deux douzaines de pies et que se taire lui était un très lourd sacrifice. Aussi, quelle n'avait pas été son allégresse en apprenant qu'il ne serait plus tenu à la règle du silence. Elle allait en effet être impossible à appliquer dans la nouvelle mission que lui avait confiée le père abbé.

Prudent, frère Théodérik avait un peu hypocritement dissimulé sa joie en entendant son supérieur lui donner ses directives. Il connaissait bien l'homme et son implacable recherche de la sainteté, pour ses frères et pour lui, et n'ignorait pas que la moindre manifestation de bonheur serait aussitôt sanctionnée, au nom de la sainte et nécessaire pénitence. Aussi avait-il été jusqu'à arborer une mine renfrognée, voire dépitée, alors que son cœur et son âme plongeaient dans la plus totale béatitude en écoutant le père Théodulfe lui dicter son futur travail. Mais il ne doutait pas que Dieu lui pardonnerait cette petite vilenie ; elle ne pouvait être grave puisque la tâche dont l'avait chargé le père abbé serait accomplie pour sa plus grande gloire !

C'est débordant d'une jubilation bien cachée que frère Théodérik s'était préparé à la véritable et longue aventure qui l'attendait. Elle commencerait dès qu'il quitterait le monastère de Saint-Godefrid pour rejoindre ce lointain domaine que, dans son immense générosité, Louis le Pieux – que le Très-Haut le bénisse ! – venait de donner à la communauté. On assurait que, dans sa mansuétude, l'empereur s'était ainsi défait, au bénéfice de l'Église, de plus d'une vingtaine de *villae*. Le domaine offert aux moines de Saint-Godefrid n'était certes pas le plus beau, le plus riche, tant s'en fallait ! Situé sur les hauteurs du plateau limousin, il était plus couvert en landes et forêts qu'en terres à blé ! Il avait aussi la réputation d'être froid comme un caveau et d'avoir un sol gorgé d'eau, car des centaines de sources jaillissaient de toutes parts, hiver comme été ! Et s'il regroupait une bonne trentaine de manses [1] serviles et pas moins de cinquante manses libres, son revenu annuel était si bas qu'il importait de remédier au plus vite à un si lamentable état de choses. La mission de frère Théodérik et de ses cinq compagnons était là : prendre en main les colons, libres ou esclaves, et les pousser coûte que coûte à mieux faire fructifier toute la surface qui appartenait désormais aux moines de l'abbaye de Saint-Godefrid.

Frère Théodérik et ses aides quittèrent le monastère un matin de printemps 820 après avoir assisté à l'office et reçu à genoux la bénédiction du père abbé. À peine chargés de quelques outils, trois solides haches et trois houes presque neuves, aussi utiles pour la défriche que pour tenir en respect, au hasard du chemin, quelques éventuels

1. Fermes d'environ dix à quinze hectares suivant les régions.

malandrins, et d'un sac de pain et de fromage sec, ils prirent la direction de Roanne. Une fois là, ils fileraient vers Clermont, la ville d'Auvergne, puis s'enfonceraient plus loin encore vers l'ouest et le haut plateau limousin. À leur ceinture, et respectueux en cela de la règle de Benoît de Nursie, ils portaient chacun une faucille qui scintillait au soleil du matin. Elle était là pour rappeler que leur premier devoir était le travail de la terre et qu'ils devaient y consacrer toutes leurs forces.

Marchaient en tête frère Théodérik, de loin le plus âgé car il avait au moins cinquante ans, et frère Adalhard, un peu plus jeune mais non moins important. Car si frère Théodérik avait la responsabilité de tout ce qui concernait le travail manuel et la gestion du domaine, frère Adalhard était là pour veiller à ce que le temporel ne prenne point le pas sur le spirituel ; il était en quelque sorte le père abbé de cette minuscule communauté, il avait charge d'âmes.

Derrière eux venait frère Paul, un colosse, mais aussi un érudit. Un homme à la fleur de l'âge, aussi capable d'abattre à la hache un chêne tricentenaire que de couvrir un parchemin d'une magnifique écriture. Aussi, outre le travail qui l'attendait – car il n'hésitait jamais à donner l'exemple aux manants –, aurait-il la mission de tenir à jour le polyptyque dans lequel seraient consignées toutes les réalisations et récoltes faites sur l'ensemble des terres. Bavardant à ses côtés, car ravi lui aussi de ne plus être astreint au silence, venait frère Gontran ; un lettré encore, mais plus attiré par le fonctionnement des moulins à eau, le profil d'un bief, la pente d'un canal d'écoulement ou d'un fossé d'irrigation que par les enluminures. Il était, de surcroît, un grand spécialiste des abeilles et entendait bien développer cette passion.

Enfin, bavardant eux aussi gaiement et fermant la

marche, avançaient frère Gondoval et frère Martin, aussi jeunes l'un que l'autre et toujours convers. Frère Théodérik les avait choisis car il les savait très courageux à la tâche et très compétents derrière un araire. Il estimait aussi que leur jeunesse et leur enthousiasme seraient bénéfiques à tous lorsque viendraient la fatigue et, peut-être, le découragement. Car si frère Théodérik était heureux à l'idée de la mission passionnante qu'on lui avait confiée, cela ne l'empêchait pas de mesurer l'étendue du travail et des difficultés qui les attendaient.

Outre la mise en valeur d'un domaine réputé pauvre et très mal géré par un intendant peu compétent, ses frères et lui allaient aussi devoir s'entendre avec tous les colons. S'entendre tout en leur rappelant, si nécessaire, qu'ils étaient désormais redevables envers la communauté de Saint-Godefrid. Car en plus de la dîme, obligatoire sous peine d'excommunication, de la part prélevée sur toutes les récoltes, il faudrait aussi, selon la coutume, qu'ils se plient à toutes les journées de corvées nécessitées par l'ampleur des chantiers que frère Théodérik désirait mettre sur pied. Et ils étaient tellement ambitieux que frère Théodérik, tout en les caressant, se demandait parfois s'il ne commettait pas un péché d'orgueil!

Frère Théodérik et ses compagnons atteignirent le domaine après dix jours de marche. Le ciel leur avait été clément en tout, leur procurant même, presque chaque soir, le gîte et le couvert dans quelque maison noble ou communauté religieuse.

En revanche, l'accueil que leur réserva l'intendant fut beaucoup moins cordial. Et parce que l'autre rechignait à laisser sa place, frère Adalhard dut lui rappeler qu'il s'adressait à des représentants de Dieu et qu'il leur devait donc respect, obéissance et soumission. Quant à frère Théodérik, sa mise au point fut faite sans détour : c'était maintenant lui qui avait la charge d'intendant, et il entendait bien l'assumer sans l'aide de quiconque dès qu'il aurait pris connaissance des limites de la villa, de l'emplacement des manses où vivaient les colons, des surfaces cultivées ; bref, de tout ce qui était désormais sous son unique et totale responsabilité.

Aussi, dès le lendemain de leur arrivée et pendant que les frères Adalhard, Gontran, Martin et Gondoval, aidés par quelques rustres prestement réquisitionnés, transformaient en abri une vaste grotte ouverte plein est à flanc de colline, frère Théodérik accompagné de frère Paul qui impressionnait par sa carrure suivirent l'intendant pour découvrir avec lui l'ensemble de la propriété.

Au soir de son cinquième jour d'inspection, fourbu et un peu dépité par tout ce que ces journées de marche lui avaient permis de découvrir, frère Théodérik rendit compte à tous de l'état du domaine : il était pitoyable.

– Pitoyable, oui, insista-t-il, nos gens vivent dans une misère permanente et beaucoup manquent de nourriture. On m'a assuré que nombre d'enfants et de vieillards sont morts de faim, l'hiver dernier. Il est vrai que les récoltes, ici, sont désastreuses. Pensez, les colons récoltent moins d'un grain et demi de froment pour un de semé, et il en est de même pour les autres céréales, la plus faible étant le seigle qui atteint à peine un grain zéro deux pour un ! Quant aux fèves, lentilles et pois, ils rendent trois fois moins que ceux que nous cultivons dans notre maison mère. J'ose à peine vous parler des raves dont se nourrissent nos paysans, elles sont encore plus chétives que celles que le frère porcher de notre monastère jette à nos porcs. J'ajouterai aussi qu'il fait trop froid ici pour cultiver la vigne. Enfin, l'état du cheptel est aussi miséreux que celui des colons, les moutons et les porcs sont malingres, peu productifs, décharnés. Je n'ai pas vu un seul cheval et les vaches de travail sont rares et sans doute peu utilisables car trop maigres. Aussi, beaucoup de champs sont bêchés à la main, ce qui explique sans doute la faiblesse des récoltes. En fait, je crois que seuls les châtaigniers et les hêtres sont plantureux et généreux. Ah ! si, ajouta frère Théodérik, il semblerait que les charbonniers, qui sont nombreux en forêt, aient une production à peu près satisfaisante. Mais pour le reste...

– Et les outils ? demanda frère Gontran.

– Des houes, des bêches, de vieux araires.

– En fer ?

– Ne plaisantons pas ! Au prix où est le métal, je ne pense pas qu'un seul des paysans de cette contrée ait jamais vu un araire à soc de fer ! Et je ne parle pas de ceux à avant-train dont usent nos gens à Saint-Godefrid ! D'ailleurs, même leurs bêches et leurs houes sont presque toutes en bois durci au feu, alors... De plus, je me suis laissé dire qu'ils avaient très peu de faux.

– Si je comprends bien, intervint frère Adalhard, le cadeau de notre souverain est encore plus maigre que nous le redoutions ?

– Oui, car il faut aussi que vous sachiez que les quatre-vingt-trois manses [1] qui occupent notre villa non seulement ne sont pas cultivées comme elles devraient l'être, mais sont envahies par les ronces, les taillis, les bois. Nos

1. Environ mille deux cents hectares.

gens ne travaillent que le quart de ce qui pourrait l'être, tout le reste n'est que forêt ou landes.

– Et nous avons combien d'âmes au total ? demanda frère Adalhard.

– Si j'en crois l'intendant, pas tout à fait cinq cents, enfants compris.

– Et en travailleurs ?

– Deux cent quatre-vingts, hommes et femmes, mais vieillards aussi, enfin ceux qui ont résisté au froid et à la famine de l'hiver dernier. Voilà, mes frères, l'état de notre villa. Et je crains de n'avoir pas encore tout vu..., dit frère Théodérik.

Il soupira, se recueillit un instant avant de poursuivre :

– Vous le savez, nous sommes ici en mission. Notre père abbé nous a chargés de mettre ce domaine en état, nous allons le faire. Mais la tâche va être rude et nous devons nous y attaquer au plus vite. Frère Adalhard m'est témoin que j'avais souhaité qu'un de nos premiers travaux soit d'ériger une abbatiale assez vaste pour y accueillir tous nos colons. Ce travail attendra et nous nous contenterons de l'oratoire que vous avez dressé à l'abri de cette roche. De même avais-je espéré que nous bâtirions au plus vite une solide demeure où chacun de nous aurait eu sa cellule. Cela aussi attendra. Pour l'instant cette grotte nous suffira. Dès demain, je réunirai tous les chefs de famille, libres et serviles, et leur ferai part de mes décisions en ce qui concerne les travaux les plus urgents. Il faut, avant tout, faire défricher le maximum de terrain de façon que, dès cet automne, nous puissions emblaver des terres neuves. Elles nous permettront de laisser les autres en jachère, car certaines sont si usées et maigres que trois, voire quatre ans de repos leur seront nécessaires pour redevenir productives. S'il plaît à Dieu de nous aider, nous attaquerons aussi la deuxième tranche de travaux qui sera le drainage de certains sols et leur mise en culture. Et, pour plus tard encore, frère Gontran et moi avons d'autres projets, mais il serait présomptueux d'en parler ce soir. Ah ! j'oublie, vu l'état de misère de nos gens, j'ai pris sur moi de diminuer la part des récoltes qui nous revient, je la rétablirai comme elle doit l'être dès les premiers résultats de nos travaux. Voilà mes frères ce que vous deviez savoir.

– Très bien, ponctua frère Adalhard, mais comme vient de le dire frère Théodérik, il faut qu'il plaise à Dieu de nous aider. Prions donc pour le supplier de nous donner la force qui va nous être nécessaire pour remplir notre mission. Prions...

Ce ne fut pas sans mal que frère Théodérik parvint à convaincre les colons de l'absolue nécessité de commencer les défriches. Beaucoup d'hommes lui firent respectueusement remarquer que les bois qu'il voulait faire abattre permettaient aux porcs, aux moutons et même aux vaches de trouver leur pitance grâce aux glands, aux faines, aux herbes folles et aux jeunes pousses d'arbrisseaux. D'autres lui expliquèrent qu'ils fabriquaient du charbon de bois et que cette tâche deviendrait impossible dès l'instant où tous les arbres seraient abattus. D'autres encore protestèrent en assurant qu'il était stupide de couper des châtaigniers dont les fruits étaient bien souvent la nourriture de base des familles, en hiver. Enfin, tous assurèrent que le surcroît de travail qu'allait entraîner un tel chantier les contraindrait à négliger les cultures qu'ils avaient déjà bien du mal à entretenir.

Frère Théodérik les écouta sans les interrompre. Dans

le fond, il le devinait, derrière tous les arguments invoqués se cachait surtout la sourde colère de gens à qui l'on imposait une nouvelle corvée. Il est vrai que les pauvres bougres étaient déjà écrasés par les charges, les prélèvements, la dîme et qu'ils consacraient la majorité de leur temps à satisfaire à toutes ces obligations.

– Silence ! coupa-t-il lorsqu'il estima en avoir assez entendu, maintenant vous allez m'écouter ! Vous me dites que la forêt sert de pâture à vos bestiaux, c'est vrai. Mais outre les taillis et les ronces qui mangent vos terres, le domaine possède aussi plus de mille bonniers [1] de bois, ceux-là mêmes où vivent les charbonniers. Il n'est pas dans nos intentions de tout défricher, nous n'en aurions ni le temps ni la force. Aussi, pour commencer, nous ne nous attaquerons qu'aux broussailles et gaulis qui dévorent nos champs et aussi à une vingtaine de bonniers de futaie. Il va de soi que tout châtaignier porteur de fruits non seulement ne sera pas abattu, mais sera entretenu comme il le mérite. Quant au surcroît de travail que cela va vous apporter, il sera pris en compte lors du partage des prochaines récoltes ; chacun recevra sa part en fonction de son labeur. Je vais désigner dix chefs de corvées, à charge pour eux d'emmener chacun, et chaque jour, neuf hommes sur le chantier. Et j'en veux vingt-cinq de plus pour réaliser les travaux d'irrigation que frère Gontran va entreprendre. Et ne bougonnez pas ! Je veux que, dès demain, oui demain matin, tombent les premiers arbres et s'ouvrent les premières rigoles. Libre à vous de travailler à tour de rôle, ce n'est pas mon affaire. Mais n'oubliez jamais, j'exige, au nom

1. Un bonnier : un hectare et demi.

de Dieu, que cent vingt-cinq hommes soient au travail chaque jour, sauf les dimanches et fêtes religieuses, naturellement !

Même si beaucoup de colons rechignèrent intérieurement – allant même jusqu'à vouer à la géhenne ces nouveaux maîtres tonsurés –, nul ne manqua à l'appel le lendemain. Dès ce jour, toujours encadrés et très souvent aidés, car les frères n'hésitaient pas à mettre la main à la cognée ou à la bêche, les hommes ouvrirent chantier après chantier. Comme l'avait dit frère Théodérik, les arbres tombèrent un à un, et chaque souche, chaque racine fut extirpée en force par des groupes d'hommes qu'encouragea très vite l'idée de transformer en terre à froment ce qui n'était jusque-là que landes et bois. Et les terres saturées d'eau et envahies par les ajoncs, les œnanthes, les carex et les saules s'égouttèrent peu à peu dans les profonds fossés que fit ouvrir frère Gontran.

L'automne venu, et même si toute la surface que frère Théodérik avait souhaité voir nettoyer n'était pas atteinte, de grands champs vierges s'ouvraient ici et là, attendant l'araire.

Là encore, passant outre aux protestations des colons, frère Théodérik leur demanda beaucoup. Car non content d'exiger de leur part un labour croisé, il les obligea à reprendre tout le travail du sol à la bêche, pour mieux l'ameublir, l'aérer. Cela fait, il autorisa l'ensemencement, s'assura de la bonne couverture des grains et relança aussitôt les hommes dans de nouvelles tranches de défrichement et de drainage.

Sa joie fut immense, en août de l'année suivante, lorsqu'il constata qu'un grain de froment en avait rendu cinq, et même un peu plus dans certaines parcelles !

Au fil des ans et alors que s'élevaient enfin l'abbatiale tant attendue et un solide monastère en pierre de taille et toit de lauzes, les champs gagnèrent sur la forêt et les récoltes grossirent peu à peu. Quant aux troupeaux, mieux nourris, ils s'agrandirent, donnant tout à la fois la laine, la viande, le lait et le fromage, et l'indispensable fumier qui, bien réparti sur les terres en fin de jachère, accrut encore les rendements.

De même, judicieusement entretenues par frère Gontran, des centaines de ruches bourdonnèrent dans toutes les landes de bruyère de la région. Grâce à elles, le miel coula à flots et la cire, tant recherchée pour la fabrication des cierges, devint une très importante et substantielle production du domaine.

Enfin, réalisant son grand projet, frère Gontran fit creuser et daller un canal qui, récupérant l'eau de trois ruisseaux, celle des fossés d'irrigation et les flots d'une source généreuse, vint faire tourner un gros moulin dont il rêvait depuis son arrivée sur la propriété. Une propriété que ses frères et lui, grâce à Dieu et au travail des hommes, rendaient chaque jour de plus en plus belle, riche. Et les vieillards et les enfants de toutes les manses redoutèrent moins les hivers.

Frère Théodérik sut qu'il avait rempli sa mission, et même au-delà, lorsqu'un soir de printemps 832 tinta la petite cloche au porche du monastère. Sa joie fut grande quand, un à un, vinrent se présenter à lui douze jeunes frères, envoyés par la maison mère pour aider les quatre survivants de la première équipe ; frère Adalhard et frère Martin avaient rejoint l'Éternel depuis trois et cinq ans.

Alors, à cause de son âge et de cette pesante fatigue qui ne le quittait plus, après avoir fait connaissance de ses nouveaux frères et chanté avec eux l'office du soir, frère Théodérik se pencha vers l'un d'eux. C'était un homme jeune, solide, aux larges mains de travailleur manuel et au regard vif.

– Tu m'as bien dit que tu t'appelais frère Libéral et que tu aimais la terre ? Bien. Dès demain nous commencerons ensemble le tour du domaine. Je te ferai tout voir, tout découvrir, et tu mesureras le travail qui reste à faire. Frère Gontran nous accompagnera, il est de bon conseil. Quand tu auras tout vu, tu prendras ma place. Si ! si ! au nom de la sainte obéissance. Tu prendras donc ma place, elle a besoin de jeunes forces pour continuer ce labeur qui, ne l'oublions jamais, doit être conduit pour la plus grande gloire de Dieu.

6

Dans l'état actuel de nos connaissances, il est impossible de déterminer avec exactitude la date de l'apparition en France de la charrue ; impossible donc, à plus forte raison, de mettre un nom sur celui qui en usa le premier au cours du Xe *ou* XIe *siècle. C'est bien dommage car, s'il est tout à fait légitime que Mathieu de Dombasle, qui améliora beaucoup cet outil quelque huit siècles après son arrivée chez nous, ait sa statue à Nancy, sa ville natale, il est regrettable que le premier inventeur n'ait pas laissé son nom à la postérité. Dieu sait pourtant si l'humanité doit lui être reconnaissante d'avoir eu cette idée de génie qui le poussa à transformer un vulgaire araire en charrue, en changeant la forme de son soc !*

Car si l'emploi de l'araire dans les terres de nos ancêtres avait déjà été une sorte de révolution dans l'art de la culture, celui de la charrue, au cours du XIe *siècle, fit entrer l'agriculture dans une voie, très révolutionnaire elle aussi, dont elle ne sortit plus jamais. Une voie que tous les agronomes améliorèrent de siècle en siècle mais qui fut bel et bien ouverte par le premier vrai sillon que traça un ancêtre anonyme.*

Je rappelle pour mémoire que, depuis des millénaires, l'homme s'astreignait à gratter le sol avant de l'emblaver. Travail superficiel qui ne permettait pas, ou très peu, de retourner la terre. Car même si l'araire avait été amélioré grâce à un avant-train à roues, l'espèce de rostre symétrique, en bois durci ou en métal, qui lui servait de soc, et les oreilles en planches qui l'encadraient ne pouvaient en aucune façon faire remonter en surface une glèbe qui ne demandait pourtant qu'à voir enfin le soleil et à s'aérer pour devenir généreuse.

L'araire creusait des raies au fond desquelles tombaient les graines. La charrue non seulement incise la terre avec son coutre, fouille et ouvre le sous-sol de son soc, mais contraint surtout la bande de terre précédemment découpée à monter, en glissant le long du versoir, à se torsader, à se retourner avant de retomber enfin en enfouissant sous elle toute la couche superficielle qui, de tout temps, recouvrait le champ. Et ce fut parce qu'un homme comprit un jour tout le parti qu'il pouvait tirer d'un simple versoir placé dans le prolongement du soc que la quasi-totalité des bonnes terres arables du monde sont désormais labourées à la charrue; car s'il existe encore des pays qui usent de l'antique araire, on ne peut pas les considérer comme de grands producteurs.

Si la charrue, vers les temps que nous évoquons, contribua à une très nette augmentation des rendements – ils grimpèrent jusqu'à quatre, voire cinq pour un! – et s'il n'est pas certain que la nouvelle pratique du labour due à la charrue explique toute cette progression, on est en droit de penser qu'elle y contribua beaucoup. De même faut-il se souvenir que ce fut toujours à cette époque que fut vulgarisé l'emploi du collier rigide pour les chevaux.

Eux aussi, depuis leur domestication, trois mille ans plus tôt, attendaient l'inventeur qui viendrait les débarrasser de cette sorte de garrot de cuir qui leur ceignait le cou et les étouffait dès la moindre traction. Le collier d'épaule les soulagea à un tel point que leur puissance de travail et de traction fut multipliée par dix ! De même, grâce aux fers dont on les dota, ils purent désormais déplacer leur charge en tout terrain avec beaucoup plus d'aisance. Mais je ne jurerai pas qu'ils eurent moins de travail, car si, dans certains cas, l'araire pouvait être tiré à bras d'hommes, la charrue, vu le travail qu'elle effectue et la profondeur où elle s'enfonce dans le sol, exige de solides et puissants attelages ; les chevaux furent donc mis à la peine.

Cela dit, je pense qu'il faut rappeler que le petit paysan – libre ou serf – était sans doute beaucoup trop misérable pour pouvoir acquérir un outil aussi coûteux qu'une charrue. De même, très rares étaient sans doute ceux qui pouvaient s'acheter et nourrir un attelage de chevaux ou des bœufs, d'ailleurs les écrits de l'époque mentionnent tous des « laboureurs à bras », c'est tout dire.

Mais à propos de ces siècles qui virent de réels progrès, tant dans la mécanisation, les façons culturales et les rendements, il est impossible de les évoquer sans parler de ce phénomène extraordinaire que furent les croisades.

Extraordinaire, car même si certains historiens assurent

– ce qui est leur droit – que les croisades se transformèrent plus souvent en opération commerciale qu'en pèlerinage mystique – mais l'un empêche-t-il vraiment l'autre ? –, le fait est qu'il n'est pas à la portée du premier prédicateur venu d'expédier, en moins de deux siècles et grâce à huit levées en masse, plus d'une douzaine de rois et d'empereurs, des papes, des évêques et plusieurs centaines de milliers d'individus en direction de la Terre sainte ! Car on voudra bien reconnaître que, même à cheval – et la majorité des pèlerins n'en possédaient pas ! –, ce n'est pas la porte à côté ! Comme, de surcroît, les chemins étaient très mal fréquentés, partir en croisade exigeait, envers et contre tout, d'exceptionnelles motivations.

Mais cela demandait aussi de grosses mises de fonds de la part de tous les seigneurs et autres chevaliers pressés d'en découdre avec les Sarrasins ; l'équipement, les montures, les armes et la troupe à pied coûtaient cher, et, si les croisés connaissaient la date de leur départ, il n'en allait pas de même de celle du retour... Il était donc prudent et indispensable de partir avec de bonnes réserves d'argent.

Aussi peut-on penser qu'au-delà de toute considération spirituelle, et même si la majorité des manants ne quittèrent jamais leur paroisse, le phénomène des croisades toucha aussi le monde paysan à cause de toutes les ventes de terrains que certains propriétaires n'hésitèrent pas à faire pour partir vers le tombeau du Christ.

Qui dit vente de terrain dit changement de maître pour les serfs, mais aussi, pour les paysans libres, possibilité d'acquérir enfin le modeste lopin tant convoité, ce bout de terre qui va faire de vous un autre homme, un petit propriétaire !

Si l'on ajoute à cela que beaucoup de croisés découvrirent, en cours de route et au Moyen-Orient, des modes de culture très différents des nôtres, des plantes jusque-là inconnues et qu'ils en tirèrent sûrement de précieux et très terre à terre enseignements, on est bien obligé de penser que, si les départs en croisade exaltaient le spirituel, les retours rendaient au temporel la part qui lui était due.

Les terres du croisé

Dieu lui était témoin, depuis quatre ans et ce matin de juin 1147 où il avait dû quitter la maison paternelle, les pieds lourds et déjà la rage au cœur, Gilbert Latreille ne décolérait pas. À croire qu'il avait pressenti que toute cette aventure – pourtant conduite au nom du Christ – à laquelle on le contraignait ne pouvait que mal finir.

D'ailleurs, s'il n'en avait tenu qu'à lui, et bien qu'il fût bon et honnête chrétien, jamais il n'aurait quitté sa ferme natale, cette petite ferme de dix-neuf arpents [1] et vingt perches [2], sise à cinq lieues [3] d'Arles et sur laquelle vivaient ses père et mère, sa grand-mère, ses quatre sœurs et ses deux frères.

Car enfin, à quoi avait servi que son propre grand-père, feu Jean Latreille, ait reçu la liberté par décision de feu Philippe de Montonet, seigneur de Montebou, et se soit

---

1. Six hectares cinquante-deux. Il existait trois sortes d'arpents ; l'arpent d'ordonnance représentant cinquante et un ares sept centiares ; l'arpent de Paris, quarante-deux ares vingt et un centiares et l'arpent commun qui totalisait trente-quatre ares dix-neuf centiares ; c'est ce dernier que j'ai choisi d'employer.
2. Quant à la perche, elle représentait trente-quatre mètres carrés.
3. Environ vingt kilomètres.

ainsi hissé au rang de vilain[1], si le petit-fils dudit, Guillaume, se conduisait avec les Latreille comme il le faisait avec ses serfs !

Ce n'était pas que Gilbert conteste les devoirs, les charges et autres corvées que sa famille devait toujours au seigneur de Montebou, mais de là à le contraindre à quitter sa famille et sa terre pour courir les routes ! Et quelles routes !

Bien entendu, Gilbert n'avait pu se dérober lorsque Guillaume de Montonet, qui cherchait un jeune homme robuste et d'honnête famille pour l'accompagner dans son expédition, l'avait choisi. À cette obligation – il n'était pas question de refuser la demande du seigneur – s'ajoutait le fait que sa famille ne voyait pas ce choix d'un mauvais œil, tant s'en fallait... Car s'il était bien vrai que Gilbert était solide et courageux à la tâche et qu'il gagnait chaque jour sa pitance, et même au-delà, il représentait quand même une bouche à nourrir, et pas la moindre, parmi toutes celles que comptait le foyer.

De plus, il était l'aîné et son père, encore solide et vaillant – la quatorzième grossesse de son épouse en était la preuve –, n'avait pas été mécontent que Guillaume de Montonet l'oblige à prendre son envol. Car dix, et bientôt onze personnes sur la ferme, c'était beaucoup. Alors, dès l'instant où le seigneur de Montebou avait assuré que son nouveau serviteur recevrait quinze sous par an et qu'il serait nourri, le sort de Gilbert s'était trouvé réglé. Quinze sous, c'étaient cinq de plus que n'en gagnait habituellement un valet ! Mais il est bien vrai qu'on ne demandait pas à ce dernier de s'occuper de tous les effets du seigneur,

1. Du bas latin : *vilanus*, habitant de la campagne, synonyme de paysan libre.

de l'entretien de ses armes et de son armure, de sa cuisine, de son gîte chaque soir, du pansage de sa monture et du bon état de ses fers puis, cela fait, de se mettre chaque matin au pas du destrier et de marcher à ses côtés en direction de Jérusalem !

Parce qu'ils avaient beau dire, tous, Jérusalem c'était quand même un peu plus loin qu'Avignon, ou même que Nîmes ! Bien sûr, c'était la Ville sainte, celle qui abritait le tombeau du Christ, celle que de bons chrétiens avaient arrachée aux mains de païens – sarrasins et autres juifs – presque un demi-siècle plus tôt. Mais c'était le bout du monde pour un homme de dix-neuf ans qui n'avait même jamais été jusqu'à Arles ! Jérusalem, c'était très loin pour qui ne comprenait pas bien les mobiles qui poussaient le roi Louis VII et sa jeune épouse, Aliénor, à ceindre la croix du Christ et à prendre la route avec plus de cent mille hommes. Croisés auxquels allaient s'ajouter cent mille Allemands levés par l'empereur Conrad III ! Car lui aussi avait été saisi par la grâce et cet impérieux besoin d'aller jusqu'en Orient châtier les païens qui, assurait-on, avaient massacré en une nuit toute la population chrétienne de la ville d'Édesse. Mais Gilbert Latreille avait beau faire, il n'arrivait pas à éprouver une grande compassion pour tous ces inconnus martyrs qui vivaient dans une cité dont il n'avait que faire !

Lui, ce qu'il aimait ce n'était pas s'user les pieds sur les cailloux de la route de Jérusalem, c'était le travail de sa terre et tous les soins qu'elle exigeait chaque jour. C'était la vigne qu'il fallait cajoler, bêcher, butter, tailler. C'étaient les oliviers lourds de fruits, et c'étaient aussi les rudes journées de moisson, épuisantes mais si réconfortantes puisque, avec elles et leurs gerbes bien engrainées, renaissait chaque été l'assurance que la famille ne crierait pas famine. D'ailleurs, même lorsque les années étaient mauvaises et qu'une fois le partage fait entre le seigneur et le clergé la part restante était maigre, il y avait toujours la solution, pour se nourrir un peu moins mal, d'aller piéger les lapins, les merles et les grives. Car autant le seigneur se réservait sévèrement le gros gibier, le noble, autant il méprisait le reste.

C'était tout cela que Gilbert aimait. C'était aussi, et surtout, la jeune Bathilde, brune et svelte fille de seize ans, gracieuse comme une fauvette, aînée d'un des serfs du voisinage ; un homme qui aurait été trop heureux et très honoré d'accorder la main de sa fille à un vilain, à un homme libre, comme l'était Gilbert. Libre ? Ah ! oui, parlons-en ! Il avait dû faire son maigre balluchon, embrasser ses parents, ses frères et ses sœurs et rejoindre Guillaume de Montonet, seigneur de Montebou, qui, à l'âge de vingt-deux ans, rêvait de sauver son âme grâce à ce pèlerinage et, accessoirement, de se tailler un petit fief du côté de Nazareth ou de Bethléem.

Mais tout avait mal commencé, Gilbert s'en souvenait très bien. D'abord, sans doute parce qu'il voulait s'offrir la part du lion, l'empereur Conrad, au lieu d'attendre les Français, avait pris la route un bon mois avant eux. Mal lui en avait pris, puisque sitôt entré dans les territoires surveillés par les Turcs il avait subi les attaques incessantes et meurtrières de ces derniers. Il est vrai que ces gens-là, de fieffés païens eux aussi, s'étaient acoquinés avec les Grecs – gens faux et malfaisants à qui on ne pouvait faire nulle confiance – pour tailler des croupières à l'armée allemande. Lorsque les Français étaient arrivés, quelques semaines plus tard, les Turcs, excités par toutes les précédentes victoires sur les croisés, avaient fondu sur eux comme faucons sur un vol d'alouettes!

Quatre ans après, Gilbert frémissait encore au souvenir de ces perfides et terribles charges que menaient les Turcs dès que le terrain leur était propice. Ils attaquaient toujours dans les défilés au fond desquels serpentait la route de Jérusalem. Route poussiéreuse, écrasée de soleil, véritable étuve sur laquelle se traînaient les croisés épuisés par la marche et torturés par la soif. S'ensuivaient alors des engagements d'une violence inouïe. Brefs combats au cours desquels les Français, toujours surpris, tombaient comme des mouches.

C'est au cours d'un de ces terrifiants corps à corps – un de ceux qui précédèrent la véritable bataille rangée de Laodicée, entre Éphèse et Satalieh, qui verrait la déroute des chrétiens – que Gilbert avait occis ses deux premiers païens. Il était en train de somnoler en rêvassant à sa terre natale, bercé par le pas de l'âne étique qu'il s'était approprié non loin de Constantinople, lorsque les Turcs avaient attaqué en hurlant comme des déments. Pris dans un maelström de cimeterres et de piques, Gilbert avait eu juste le temps de se saisir de sa lourde hache d'armes dont il ne se séparait plus depuis les premières embuscades et s'était mis à frapper comme un vrai bûcheron. Il avait ainsi fendu, des cheveux aux dents, le crâne d'un premier agresseur, puis éventré presque aussitôt un deuxième homme.

– Par le saint sang de Dieu, tu n'as fait que ça toute ta vie! lui avait lancé plus tard Guillaume de Montonet en essuyant l'estafilade qu'une lame avait superficiellement tracée dans sa joue droite.

– Non. Mais chez nous, en hiver, j'ai toujours aimé faire le bois.

– Et je suis sûr qu'une tête de païen est moins dure qu'un cul de chêne ?

– Oh ! oui, beaucoup moins dure, avait distraitement approuvé Gilbert, repris par le souvenir des courtes et froides journées d'hiver lorsque son père, ses deux jeunes frères et lui partaient dans la vaste forêt du seigneur pour abattre le bois dont le meilleur irait au château et les restes chez eux.

Parce que, quoi qu'il fasse, même si le voyage était ponctué d'imprévus, et les sanglantes escarmouches en faisaient partie, Gilbert ne parvenait pas plus à oublier sa terre que la gracieuse silhouette de la petite Bathilde. Le souvenir de l'une et de l'autre l'assaillait chaque jour et attisait une colère qui ne le quittait pas.

Il était pourtant bien obligé de s'avouer que son voyage lui avait permis de voir et d'apprendre beaucoup. Ainsi était-il toujours admiratif en se souvenant des grands champs traversés dans l'est du royaume quand les croisés cheminaient en direction de Metz, avant de prendre la route de Ratisbonne. C'est alors qu'il avait vu ces étendues récemment gagnées sur la forêt grâce au travail que les cisterciens avaient fait entreprendre par leurs serfs et leurs vilains. Admiratif aussi, et presque ébloui lorsque, longeant un champ récemment moissonné et bien assoupli par quelques grosses pluies d'orage, il avait vu la première charrue.

Outil magnifique, beau à couper le souffle, tiré par quatre roncins harnachés du nouveau collier d'épaule et qui ouvrait le sol comme jamais il n'avait pensé que ce soit possible.

Stupéfait, il s'était arrêté pour admirer le travail produit par un si merveilleux engin. Rien de comparable avec l'araire derrière lequel il s'échinait dans les champs cailloutcux dc sa fcrmc. Ici, outrc un avant-train soutcnu par deux solides roues, il y avait ce coutre de fer qui fendait la terre, l'ouvrait, la préparait au passage du soc, en fer, lui aussi. Mais surtout – oh ! oui, surtout –, et là était toute la différence, toute la nouveauté, tout l'immense progrès, il y avait ce large versoir de frêne, un peu courbé à la flamme et sur lequel la terre fendue, puis soulevée, glissait mollement, se prélassait comme une couleuvre au soleil, se torsadait puis retombait, enfouissant en son propre sein le chaume et les herbes folles.

Et le labour qui s'étalait derrière n'avait rien de comparable avec le sol simplement gratté après un ou même deux passages d'araire. Labour magnifique, profond d'au moins cinq doigts, dans lequel, s'il l'avait pu, il aurait aimé lancer le grain à pleines poignées. Un grain qui devait se nicher là comme un enfançon dans le giron de sa mère, au chaud, à l'abri de tout, mais prêt à s'épanouir.

– Et alors ? Tu rêves ? lui avait demandé Guillaume de Montonet en revenant vers lui.

– Non, je regarde...

– Il faut bien reconnaître que c'est un très bel outil. J'en avais entendu parler, mais pas plus. C'est comme ce nouveau collier des chevaux, tu as vu la force que ça leur donne ? Ça aussi, on m'en a déjà parlé, mais je n'en avais jamais vu. Il est vrai que chez nous vous ne travaillez pas avec des chevaux, mais avec des vaches ! Bon, nous ne sommes pas là pour traîner, allez, en route ! Mais, tiens, avait plaisanté le seigneur de Montebou, quand nous reviendrons de Terre sainte, éternité assurée et fortune faite, j'achèterai quelques charrues pour mes terres ; promis, je t'en réserve une !

Depuis, sans y croire un instant, car la promesse était trop belle, Gilbert en rêvait. Comme il rêvait aussi de voir un jour, perché sur la colline qui surplombait la ferme, un de ces étonnants moulins à vent dont s'enorgueillissaient quelques riches domaines traversés en cours de route. À leur sujet, Guillaume de Montonet qui, là encore, connaissait l'existence de ces merveilles, avait grommelé quelques imprécations. Puis, comme Gilbert s'était permis de s'extasier de nouveau à la vue d'un autre de ces gracieux et si modernes édifices ailés, le seigneur de Montebou l'avait vertement rabroué :

– Tudieu ! Tu t'imagines que nous allons vous laisser à tous le droit de moudre à votre guise, et gratis ? Et que va devenir mon propre moulin à eau ? Et qui me paiera la taxe sur la mouture si n'importe quel rustre a les mêmes droits que moi ? Que le diable emporte ces machines à vent et leur inventeur ! Tout ça est juste bon à nous ruiner !

– C'est vrai, avait acquiescé Gilbert qui s'était bien gardé de dire le fond de sa pensée. À savoir qu'il ne voyait, lui, que des avantages à pouvoir se passer du moulin banal où chaque sac de grain était grevé de taxes ! Comme l'était d'ailleurs chaque miche de pain cuite au four, banal lui aussi, propriété du seigneur ! Alors si, grâce au vent, il pouvait au moins se passer du moulin, nul doute qu'il ne s'en priverait pas ! Et tant pis si le seigneur y perdait nombre de livres par an, l'ensemble de son domaine lui en rapportait suffisamment !

Mais il en allait du moulin comme de la charrue, tout n'était que rêves irréalisables. Cependant, quitte à rêver, et il ne s'en privait pas, pourquoi ne pas imaginer acclimater un jour dans sa ferme un ou deux de ces animaux fabuleux qui l'avaient tant effrayé lorsqu'il avait vu le premier troupeau.

De prime abord, c'étaient des monstres diaboliques,

dressés par les Sarrasins pour semer l'épouvante dans les troupes chrétiennes. Mais, vus de plus près, malgré leur taille, leur allure bizarre, leur mauvaise odeur et leurs cris gutturaux, les chameaux étaient de merveilleux animaux de trait, forts, infatigables, qui se nourrissaient de rien, buvaient quand ils y pensaient et surtout tiraient l'araire sans paraître s'en apercevoir. Mais de là à en ramener au pays...

En revanche, Gilbert n'oubliait pas et ne désespérait pas un jour de mettre en pratique quelques techniques de travail vues au cours de cette expédition qui n'avait que trop duré. D'abord la façon dont les païens savaient irriguer leurs champs grâce à une multitude de petites rigoles serpentant dans les lopins, avec, dans les plates-bandes, de minuscules et fragiles digues de terre, hautes comme la main, qui laissaient à l'eau, avant de déborder, le temps de s'infiltrer dans le sol. Il n'oubliait pas non plus les puits à balanciers, si pratiques pour remonter sans fatigue l'eau puisée au fond de citernes parfois profondes de plus de cinq toises [1] !

Et surtout, ayant longtemps vécu à côté de petits champs cernés de claies en feuilles de palmiers, il n'oubliait ni les façons culturales employées par les Sarrasins ni leurs cultures. Pourtant son étonnement, et même son mépris, avait été grand avant qu'il ne comprenne que les multiples travaux de sarclage auxquels s'astreignaient les paysans et qu'il jugeait stupides et superflus, car nulle mauvaise herbe n'envahissait le sol, étaient presque aussi efficaces qu'un bon arrosage. Et lui qui se souvenait des étés torrides subis sur sa ferme, où tout se ratatinait sous le feu du soleil, se promettait bien de tirer un jour parti de

1. Une toise : un mètre quatre-vingt-quatorze.

cette pratique. Enfin, autres découvertes, toutes ces cultures d'Orient qu'il aurait bien aimé voir un jour croître dans ses terres.

D'abord des petits melons, tendres et sucrés, à la chair orange et ferme, mais aussi des melons d'eau, énormes, juteux, rafraîchissants. Ensuite de délicieux concombres, eux aussi tellement délectables et désaltérants lors des journées caniculaires. De même avait-il été séduit par cette sorte d'ail – ou d'oignon, il hésitait – que les païens cultivaient non loin de Jérusalem, à Ashkalar, et que les chrétiens en place depuis la première croisade avaient baptisé échalogne [1]. À quoi s'ajoutaient des fruits exquis, comme l'orange et le citron, mais aussi, et c'était peut-être ceux qu'il préférait, ces charnus fruits du prunier de Damas [2].

Enfin l'avaient enthousiasmé ces grandes cannes ligneuses, baptisées roseau miellé [3] par les chrétiens, que les Sarrasins broyaient pour en extraire le jus, étrange et délicieux sirop qui se cristallisait et blanchissait au fil des jours et que les païens appelaient *sukkar*.

Cela étant, malgré toutes ces découvertes, et il comptait bien profiter de quelques-unes si Dieu lui accordait la grâce de revoir un jour sa terre, Gilbert restait d'humeur sombre. Mais comment, et surtout pourquoi sourire alors que tout avait été de mal en pis !

Décimée par les Turcs, la canicule, la soif, et pour certains le désespoir, l'armée des croisés avait fondu de mois en mois ; et c'était pitié de voir, au fil des jours, se défaire

---

1. Échalote.
2. Abricotier.
3. Canne à sucre.

les troupes, naguère si fières et solides, des plus grands du royaume, comme les comtes de Toulouse, de Blois, de Nevers, de Dreux et de Flandre ; sans parler des seigneurs de Coucy, de Lusignan, de tant d'autres encore...

Battue méchamment par les païens à Laodicée, l'armée chrétienne, cimeterre dans les reins, avait rejoint le port de Satalieh. Là s'était révélée toute la faiblesse du roi Louis qui, incapable d'embarquer l'ensemble de ses troupes pour rejoindre Antioche, s'était laissé aller à abandonner une partie de ses hommes à la haine des Turcs ; mieux valait ne pas songer au sort que les païens avaient réservé à ces malheureux.

Par chance, le groupe auquel appartenaient Guillaume de Montonet et Gilbert avait pu prendre place sur une nef. Malade comme une bête, fou de terreur à l'idée de la profondeur et de l'immensité d'eau sur laquelle tanguait le navire, Gilbert avait fait un voyage épouvantable, véritable descente aux enfers pour le terrien qu'il était ! C'est à bout de résistance qu'il avait enfin mis pied à terre à Seulécio et, de là, qu'il s'était traîné jusqu'à Antioche. De plus en plus souffrant et amaigri, il avait failli périr là, au bout du monde ; et n'eussent été les soins que lui avait fait donner Guillaume par un médecin du cru et les pichets de tisanes prescrites par un apothicaire, nul doute qu'il eût fini ses jours en Terre sainte.

D'Antioche, et sans que Gilbert comprenne pourquoi, une petite partie des hommes, dont il était, avait suivi le roi jusqu'à Jérusalem. Là encore, malgré la foi solide qui l'habitait, Gilbert n'avait pas ressenti cette exaltation qui animait tous les croisés pénétrant dans la Ville sainte ; lui, il était trop affaibli pour se réjouir et chanter la gloire de Dieu. Tout ce qu'il souhaitait, c'était dormir, manger, dormir encore, pour refaire ses forces.

Mais c'est à peine s'il avait eu le temps de reprendre quelque énergie que l'armée quittait Jérusalem, montant plein nord, vers Damas. Damas qu'occupaient quarante mille guerriers sarrasins bien décidés à ne pas s'en laisser conter par les infidèles !

Alors le vrai calvaire avait commencé pour Gilbert et surtout pour Guillaume de Montonet. Quand il revivait la mêlée fatale, Gilbert en tremblait encore, des années plus tard... Effroyable bataille dans les impénétrables jardins qui entouraient Damas. Des jardins d'où jaillissaient soudain les troupes ennemies, ivres de vengeance. C'est au cours de l'un de ces impitoyables combats que Guillaume de Montonet, seigneur de Montebou, pourtant rude et solide guerrier, avait reçu, en pleine face, ce terrible coup de cimeterre qui, l'ouvrant d'une tempe à l'autre, lui avait fracassé l'arête nasale et crevé les yeux. Grâce à Gilbert et à sa lourde hache d'armes, le Sarrasin n'avait pu achever sa victime et avait roulé dans la poussière, crâne éclaté.

Ensuite... Ensuite était venue l'horreur. L'un soutenant l'autre, les deux hommes avaient pu regagner l'arrière et là se joindre à une longue troupe d'estropiés qui se repliait vers Jérusalem. Ville que Gilbert aurait bien voulu quitter au plus tôt pour rejoindre Saint-Jean-d'Acre et, de là, les côtes de France ; et n'eussent-elles été que celles d'Italie, Gilbert en eût encore été ravi ! Las ! Dieu en avait décidé autrement, car l'infection s'était mise dans l'immonde plaie qui s'ouvrait dans la face de Guillaume. Pris en charge par quelques saints moines, dont le petit monastère se nichait de l'autre côté du mont des Oliviers, Guillaume avait commencé son long calvaire. Il avait duré des mois, puis des années. Car après la très longue cicatrisation de sa plaie, une fièvre maligne, qui n'en finissait pas, s'était abattue sur lui, le paralysant sur sa couche.

Alors, persuadé qu'il finirait ses jours là, dans cette ville pourtant sainte mais qu'il exécrait de plus en plus, Gilbert avait proposé ses services aux moines. Ainsi, chaque jour, une fois les soins donnés à son maître, il allait cultiver le jardin d'où la petite communauté tirait la plus grande partie de sa pitance. Là, et là seulement, il retrouvait un peu goût à la vie. Mais il ne se passait pas de jour sans que le souvenir de sa terre et de la petite Bathilde ne l'assaille et lui pousse même, parfois, quelques larmes au bord des cils. Et sa colère était toujours présente.

Maintenant, après quatre ans d'absence, l'un guidant le cheval de l'autre, deux hommes progressaient depuis deux jours en direction du château de Montebou.

Maigre, défiguré, aveugle mais vivant, Guillaume de Montonet tentait de se tenir droit sur sa monture, mais son cœur saignait. Pourtant, il le savait, il devait rendre grâces à Dieu d'être là à respirer cet air si chargé de parfums et de souvenirs du pays d'Arles. Trois ans ! Il lui avait fallu trois ans pour triompher de sa blessure et vaincre la maladie. Mais c'est encore un peu titubant et faible qu'il avait enfin pu embarquer à Saint-Jean-d'Acre sur un bateau marchand, chargé d'épices, de pistache, de sésame et d'indigo, qui faisait voile vers Marseille. Voyage éprouvant au cours duquel le pauvre Gilbert et lui-même avaient bien cru rendre l'âme. Mais désormais ils étaient chez eux, à un jour de marche du domaine.

– Alors, dis-moi, dis-moi ce que tu vois, répétait Guillaume dès que Gilbert cessait de décrire le paysage alentour.

– Eh bien, les paysans sont en pleine fenaison, vous ne sentez pas ?

– Si ! si ! et puis ?

– Ah ! Tenez, là-haut, j'aperçois un moulin à vent, il semble neuf, je sais bien que vous ne les aimez guère, mais...

– Qu'importe ! Continue ! Et là, où sommes-nous, j'entends les cigales ?

– Nous traversons un bosquet d'yeuses. Et, là-bas, j'aperçois une belle oliveraie, et plus loin, à ma dextre, une vigne magnifique...

– Et encore ?

– Ah ! Sur ces monts, je crois bien que les moines ont fait faire de grosses coupes de bois, sûr que tout ça va devenir de bonnes terres...

– Très bien. Dis, tu ne les as pas perdus au moins ?

– Quoi ? demanda Gilbert qui savait pourtant très bien de quoi parlait le seigneur.

Sur le bateau, pour ne pas succomber à ce désespoir que faisait naître la peur de l'eau et des vagues, il avait avoué à Guillaume qu'il rapportait au pays des graines de melons d'eau et de concombres ; des noyaux d'olives aussi car il avait remarqué que les variétés cultivées en Palestine n'étaient pas les mêmes que chez eux. Et enfin, outre quelques têtes d'échalogne, il rapportait aussi plusieurs poignées de noyaux de pruniers de Damas qui, espérait-il, trouveraient chez lui terre à leur convenance.

– Tes semences, tu les as ? oui ? insista Guillaume.

– Oui. Et vous, votre... votre trésor ? osa demander Gilbert.

– Bien entendu, tu sais bien qu'il ne me quittera plus jamais, dit Guillaume en tâtant sous sa chemise le médaillon pendu à son cou.

Il y tenait plus que tout au monde, car s'il avait donné ses yeux au Christ, souffert aussi pour lui trois ans de martyre et consacré quatre ans de sa vie à cette croisade, du moins revenait-il l'âme en paix. Car, dans ce petit médaillon, acquis à prix d'or peu avant qu'il ne prenne la mer, reposait une relique, une dent de l'apôtre Thomas, celui qui avait besoin de voir pour croire. Une dent que lui avait proposée un des saints hommes qui l'avaient soigné pendant trois ans, une sainte relique. Et parce qu'il avait une foi à transporter les montagnes, Guillaume ne doutait pas un instant qu'elle fût vraie, elle était son trésor.

– Dis-moi ce que tu vois, dis-moi où nous sommes, insista Guillaume quand, le lendemain, ils franchirent les limites du domaine.

– Nous entrons dans votre grande chênaie, celle où je venais faire votre bois, avec mon père et mes frères.

– Bon. Alors maintenant, grimpe sur la roche des choucas, tu sais laquelle ?

– Bien sûr.

– Grimpe, je veux voir, enfin... je veux sentir. Grimpe !

– Nous y sommes, dit peu après Gilbert.

Le château était là-bas, à une petite lieue, et, sur sa droite, nichée à flanc de colline, Gilbert devinait, noyée dans les yeuses et les oliviers, la masure de son père.

– Très bien, dit Guillaume après avoir longuement humé l'air chargé d'odeur de foin et de fleurs sauvages. Très bien, redit-il, mais que vas-tu faire maintenant ?

– Vous conduire jusqu'au château.

– Et après ?

– Courir chez moi, retrouver les miens...

– Et ensuite ?

– Ensuite ? hésita Gilbert qui, depuis longtemps maintenant, se doutait bien que la petite Bathilde n'avait pu l'attendre ; ensuite, reprit-il, je me mettrai au travail sur les terres de mon père, j'y sèmerai toutes mes graines, je creuserai aussi des puits et j'arroserai mes champs, comme ils le font là-bas.

– Très bien, dit Guillaume. Il parut réfléchir et hésiter alors que sa décision était prise depuis des années : Tu connais mes terres des Combettes ? demanda-t-il enfin.

– Bien sûr.

– Tu aimerais les cultiver ? En devenir le colon et, qui sait, un jour, me les racheter ?

– Oh ! oui..., souffla Gilbert qui se souvenait très bien que les terres en question étaient presque deux fois plus vastes et généreuses que celles de son père.

– Eh bien, c'est chose faite, dit Guillaume de Montonet. Et ne me remercie pas. Si je suis là, aujourd'hui, c'est grâce à toi. Maintenant, rentrons au château.

Comme le redoutait Gilbert, la petite Bathilde n'avait pu l'attendre. Mariée par son père depuis plus de trois ans, elle avait déjà eu deux enfants, dont un mort, et attendait le troisième pour Noël.

Mais là n'était pas la seule épreuve. Et c'est en sanglotant que sa mère, qu'il reconnut à peine mais c'était réciproque, lui narra tout.

D'abord, peu après son départ, son père avait pris un méchant chaud et froid, et avait succombé en moins d'une semaine. L'hiver suivant, très rigoureux, avait emporté sa grand-mère et le plus jeune de ses frères, celui qu'il n'avait pas eu le temps de connaître. Enfin, comble de malheur, une toux éreintante, qui leur faisait cracher le sang, avait fini par tuer son frère le plus proche et deux de ses sœurs. Alors, depuis, faute d'un bon entretien, l'état des terres n'était pas beau et les rendements s'en ressentaient beaucoup.

– Bien sûr, bien sûr..., murmura Gilbert assommé par toutes ces catastrophes. Puis il soupira, se remémora toutes ces années pendant lesquelles il avait chaque jour attendu ce retour, s'ébroua, se redressa.

– Je m'occuperai de tout, décida-t-il. Dès demain, je serai au travail, ici et sur les nouvelles terres que me confie notre seigneur Guillaume. Je ferai pousser des plantes que tu ne connais pas et aussi des arbres merveilleux ; les chrétiens les appellent pruniers de Damas, mais les Sarrasins les nomment *al-barqoûq*, ce qui veut dire fruit précoce, ils se plairont dans nos terres. Et je n'aurai plus peur que le soleil brûle tout car j'arroserai, comme ils savent le faire là-bas où leur soleil est encore plus violent que le nôtre. Et, un jour, oui, un jour, si Dieu me prête vie et assistance, j'achèterai une charrue et deux chevaux. Alors mes terres seront les plus belles et les plus riches du domaine et de toute la région. Et tous les gens parleront longtemps des terres du croisé. Oui, désormais, tel sera leur nom !

7

De la période médiévale que nous abordons maintenant, celle qui va jusqu'aux années 1350, on aimerait oublier tous les mauvais aspects et ne conserver que la beauté des cathédrales, des châteaux forts, des grands monastères. De même se plairait-on à espérer que l'essor de l'agriculture continuât sur sa lancée du XI*e siècle, éradiquant ainsi toute menace de famine.*

Mais ce serait trop simple. En fait, si les progrès techniques, le développement de nouvelles cultures ou élevages (et celui du ver à soie n'est pas le moindre), auxquels s'ajoutèrent, pour certaines catégories de cultivateurs, des changements dans leur statut et même dans leurs impositions, générèrent dans les campagnes une évolution non négligeable, les querelles politiques, les litiges de frontières, les guerres, les épidémies, les luttes d'influence et même, pour les gens du Midi, la croisade contre les Albigeois mirent très vite un frein à l'essor agricole.

Il était en bonne voie pourtant, car, grâce entre autres à la charrue, le principe même du travail du sol avait changé. Désormais, après un assolement devenu triennal (première année céréale d'hiver, deuxième année céréale de printemps, troisième année jachère), les champs, reposés en fin d'assolement et en vue de nouvelles semailles, avaient droit à plusieurs vrais labours avant d'être emblavés. De plus, la vulgarisation de la herse dans les travaux d'ameublissement du sol apporta, elle aussi, une précieuse amélioration dans la culture des céréales. Certes, toujours à cause d'un cheptel peu développé, le fumier faisait souvent défaut, mais le marnage et le chaulage tendaient à se généraliser. Aussi les rendements, déjà en progression au XIe siècle, grimpèrent dans certaines régions, et, sur quelques domaines, jusqu'à sept à huit pour un en froment et neuf à dix pour un en avoine! Pour l'époque c'était énorme et, il faut le dire, exceptionnel.

Tout aurait donc pu aller au mieux et dans la bonne direction, si les hommes, une fois de plus, n'étaient intervenus pour tout détruire.

Des hommes qui, il faut le rappeler, furent d'abord représentés par une femme, Aliénor d'Aquitaine, qui, pour notre malheur, estima qu'un Anglais était meilleur amant qu'un Français! Admettons, tout le monde a le droit à l'erreur. Passe donc une aussi lamentable faute de jugement et de goût! Passe encore que cette drôlesse aille jusqu'à abandonner son époux, Louis VII, roi de France au demeurant, et se jette dans les bras d'Henri Plantagenêt, roi d'Angleterre : jusque-là, c'était son problème! Mais il devint soudain le nôtre, et pour trois siècles, lorsqu'elle apporta en dot à son nouvel époux nos provinces de Guyenne, de Gascogne, du Poitou, de la Marche, du

Limousin, de l'Angoumois, de la Saintonge et du Périgord, bref, un immense morceau de France.

Et c'est bien à cause de cet impardonnable cadeau que se réinstalla chez nous, et jusqu'en 1453, le spectre de la guerre. Guerre à épisodes, bien entendu, qui se déclenchait, suivant l'humeur des souverains, pour six mois, pour deux ans, ou pour un siècle mais qui, toujours, et c'est cela qui nous intéresse, se déroulait dans les campagnes, donc au détriment des paysans.

Car pour eux, qu'elles soient amies ou ennemies, les troupes ne sont jamais les bienvenues. Les soldats, quels que soient leurs bannières ou le nom de celui qui les commande, roi ou chef de bande, c'est toujours un ramassis de pillards, de voleurs, de soudards, de bons à rien. Les armées, française ou anglaise, ce sont ces cohortes d'affamés qui se servent au hasard de leur avance, dont les hommes égorgent les troupeaux, pillent les réserves, traquent les femmes, et dont les chevaux vont paître dans le blé en herbe ! Et quand une bataille est perdue, ce sont, pour les vaincus, de nouveaux impôts qu'il faut créer ou augmenter, gabelle, maltôtes, fouages, dîmes, pour engager et payer des troupes neuves qui, demain, viendront à leur tour saccager les campagnes !

Enfin, si, par malheur, du côté de Poitiers, un roi français, Jean le Bon, tombe aux mains des Anglais, c'est tout le royaume qui en paie les conséquences, en l'occurrence une rançon de trois millions d'écus d'or !

Mais bien avant d'en arriver à cette calamité, qui n'était qu'au début d'un siècle de misère, la campagne française, depuis la fin du XIIIe *siècle, touchée par des conditions météorologiques détestables, souffrait, année après année, d'un déficit céréalier qui devint vite catastrophique ; à tel point que Philippe le Bel en vint à interdire toute exportation de céréales. Malgré cela, très vite, car les réserves d'alors étaient nulles, la famine, et avec elle son lot de misère et de mort, s'installa en France, et pour longtemps.*

Ce fut donc dans une France affaiblie par les guerres, la disette et la malnutrition que, arrivant d'Égypte et de Syrie et ravageant d'abord la Sicile, la Toscane et la Provence, la peste noire s'installa dès 1348. Parce que la médecine de l'époque était aussi désarmée devant ce fléau qu'elle l'était devant la lèpre ou toute autre maladie contagieuse, la peste sévit d'un bout à l'autre du pays pendant quatre ans ! À en croire les chroniqueurs de l'époque, certaines villes, mais aussi les bourgs et les villages, virent leur population diminuer des trois quarts. Et si les proportions ne furent sans doute pas aussi énormes partout – mais trente pour cent de décès est un chiffre retenu par beaucoup d'historiens ! –, il est quand même certain que la population rurale, de très loin la plus importante en ces temps, fut grièvement touchée et affaiblie. Aussi, faute de bras pour les travailler, beaucoup de terres retournèrent à la friche et aux broussailles ; et la famine redevint habituelle, inexorable, mortelle, comme toujours...

Mais les paysans n'étaient pourtant pas au bout de leurs supplices. À peine les rescapés de la grande peste avaient-ils eu le temps de se remettre au travail, et alors qu'ils étaient de plus en plus écrasés d'impôts, des bandes de brigands et de coupe-jarrets, issues des troupes anglaises, mais livrées à elles-mêmes et libres d'agir à leur guise pour se nourrir, instaurèrent, surtout en région parisienne, le pillage systématique de toute la campagne.

Alors, comme nulle voix ni surtout fléau d'armes ou épée ne se levèrent parmi les seigneurs français, pourtant censés protéger les paysans qui d'ailleurs les payaient pour cela, ces derniers, à bout de force, se crurent définitivement abandonnés des hommes, et aussi de Dieu...

La moisson des Jacques

Trop, c'était trop de malheur, de misère, de désespérance. À croire que Dieu lui-même avait abandonné les hommes et que ni lui, ni ses saints, ni personne ne viendraient désormais les aider à surmonter les épreuves et à reprendre goût à la vie. Une vie qui aurait pourtant pu être belle en ces premiers jours de juin 1358 tout inondés de soleil et tout pépiants de chants d'oiseaux. Même les moissons ne s'annonçaient pas trop mauvaises, moins mauvaises du moins que celles des années précédentes marquées par quelques hivers trop pluvieux suivis de printemps encore plus humides. Des années de disette et même, pour certains, de famine, car les blés d'automne avaient pourri, détruits par des trombes d'eau glacée. Et les céréales de printemps, semées dans un sol encore froid et boueux, avaient elles aussi moisi dans des proportions catastrophiques.

Alors, une fois de plus, la faim était venue, lancinante, atroce. La faim qui poussait à se nourrir de n'importe quoi, même du pire : cadavres d'animaux qu'il fallait disputer aux loups et aux corbeaux, racines souvent pourries, champignons douteux et petits fruits sauvages, acides comme du fiel, tous ces trompe-la-faim qui brûlaient l'estomac comme du plomb en fusion, mettaient les intestins en révolution et ne nourrissaient pas.

Aussi, pour une fois que le ciel s'était montré un peu plus clément, qu'on pouvait espérer des rendements allant peut-être jusqu'à quatre et demi pour un en froment et, si le beau temps durait, jusqu'à huit pour un en avoine, il avait fallu, une fois de plus, que les hommes s'en mêlent et transforment l'espoir en enfer.

Pourtant, tous les saints et saintes du paradis le savaient, et Dieu lui-même ne pouvait l'ignorer, en quarante et un ans d'existence Catherine Corbin avait déjà beaucoup subi, même l'insupportable. Alors, à l'idée que toutes les misères du monde étaient en passe de l'assaillir une fois de plus, Catherine sentait grandir en elle la tentation de ne plus se battre, de laisser faire le destin et d'attendre la fin d'une vie dont les épreuves l'écrasaient chaque jour davantage. Et, sans le sourire, les gambades et l'insouciance du petit Jean, que huit ans d'âge n'avaient pas encore trop durci, sans doute Catherine aurait-elle refusé ce nouveau combat contre le désespoir.

Mais Jean était là, beau et gentil comme son père, Robert, manouvrier ou berger, suivant les saisons, paysan le reste du temps pour cultiver, du mieux possible, leur petite ferme de neuf arpents et quinze perches d'honnêtes terres, sises à quelque quatre lieues au nord de Meaux et à deux milles [1] de Villeneuve-Saint-Sépulcre. Des terres que le premier époux de Catherine lui avait léguées à sa mort, dix ans plus tôt ; quelques champs, une petite vigne et une chaumine de torchis et de chaume.

Et c'était uniquement parce qu'il fallait qu'un jour le petit Jean hérite à son tour de ces quelques arpents, et sache les cultiver, que Catherine devait faire front ; et se battre, comme toujours. Se battre et attendre...

1. Un mille : mille six cent vingt mètres.

De son enfance sur la ferme paternelle, encore plus petite que celle qu'elle entendait bien léguer à son fils, Catherine conservait le souvenir poignant de ces années de disette au cours desquelles son père, comme d'ailleurs plus tard ses deux époux, allait louer ses bras dans les propriétés seigneuriales ou d'église de la région. Avec à peine six arpents de terre, il était impossible au pauvre homme de nourrir sa femme et les quatre enfants qui restaient sur les sept venus au monde. Car, malgré la petitesse de son bien et le piètre état de sa masure – Catherine, ses frères et sœurs et ses parents vivaient tous dans la même pièce –, tombaient les redevances : le cens, le champart, la taille, auxquels nul ne pouvait couper. Alors, pour éviter aux siens de mourir de faim, le chef de famille partait dans les grands domaines, moissonneur ou faneur d'occasion, bûcheron en hiver. Malgré cela, Catherine ne pouvait séparer de son enfance cette faim qui la réveillait au milieu de la nuit, lorsque, pour tout repas, sa mère n'avait pu poser sur la table qu'une bouillie d'avoine et quelques raves.

Mariée à seize ans avec Bernard, de dix ans son aîné, elle avait un peu moins souffert de la faim au début de leur mariage, car les terres de son époux, même après redevances, rapportaient un peu plus que celles de son père et devaient nourrir moins de bouches.

De plus, son premier mari était un bon cultivateur ; un homme qui soignait bien ses terres, respectant une année de jachère sur deux de culture et allant jusqu'à passer trois fois l'araire et deux fois la herse avant de semer. Un bon laboureur aussi, qui n'hésitait pas, lorsqu'il le pouvait, à aller chercher une charrette de vase dans les mares les plus proches pour soigner sa petite vigne. Elle était sa fierté et les plants de Morillon et de Savignien lui donnaient un honnête vin qu'il vendait aux riches marchands ou bourgeois de Villeneuve-Saint-Sépulcre. Catherine se souvenait comme son premier époux rêvait de planter un jour une treille en plants de Fromentel, grâce à quoi il aurait pu faire un vin blanc encore plus apprécié des riches. Mais il n'avait pas eu le temps, contraint, lui aussi, de se louer pour nourrir sa famille. Une famille qui, tous les deux ans ou presque, s'augmentait d'un enfant. En quinze ans, Catherine en avait eu six. Et si le Ciel, au fil des ans, ne lui en avait laissé que trois – peut-être pour mieux les lui reprendre plus tard –, la faim, toujours, avait sévi pour elle et pour les siens.

Maintenant, à quarante et un ans, alors qu'elle se sentait si vieille, si lasse et si proche de la mort, Catherine pressentait que la faim serait toujours sa compagne de route et que jamais elle ne goûterait à ce pain de froment, ce pain paraît-il si blanc et moelleux, que s'offraient les nobles et les bourgeois. Malgré cela, sans doute eût-elle ressenti moins de tristesse et souvent de désespoir si tout ne s'était accumulé pour la miner.

D'abord, outre les épreuves journalières et le travail éreintant des terres, s'étaient éteints, les uns après les autres, de maladie, de langueur ou d'accidents, trois de ses petits – deux filles et un garçon. Et, comme si tout cela ne suffisait pas, ne pesait pas assez, était venue la guerre contre les Anglais, ces maudits chiens. Ces fauves qui, dès le début, et après avoir menacé Paris sous la conduite de leur roi Édouard III, s'étaient répandus dans les campagnes environnantes, pillant, tuant, détruisant tout pour le plaisir. Une de ces bandes de soudards, laissée à elle-même et avide de carnage, s'était ainsi abattue sur Villeneuve Saint-Sépulcre et avait passé tous les hommes au fil de l'épée ; quant aux femmes...

Ce jour-là, tapie dans la forêt avec son mari et ses enfants et alors que flambait le bourg, à deux milles d'eux, Catherine avait compris que la faim, la maladie et la misère n'étaient pas les seules abominations de ce triste monde.

Mais, en cette année 1337, la guerre, hélas ! ne faisait que commencer. Avec elle, et comme si l'existence n'était déjà pas assez dure, devinrent habituelles les sanglantes expéditions que la soldatesque des deux parties lançait sur les campagnes. À ces mortelles pressions de troupes errantes s'ajoutèrent, pour les vilains, des charges financières souvent insoutenables. Ainsi vit le jour la gabelle, impôt sur le sel, produit pourtant indispensable, vital même, le seul qui permettait la conservation des quelques morceaux de viande que les paysans se réservaient pour l'hiver.

Puis, par malheur, comme si la guerre ne coûtait déjà pas assez cher, survint la terrible défaite de Crécy. Dès ce jour, alors qu'ils avaient déjà tendance à s'enfermer dans leur fief et à oublier que leur premier devoir était d'assurer la défense et la sécurité de leurs gens, les seigneurs devinrent de plus en plus sourds aux appels à l'aide qui montaient des campagnes. Mais, dans le même temps, les redevances se faisaient de plus en plus lourdes et oppressantes.

Pour Catherine et les siens, malgré un travail accru, la misère s'installa, devint quotidienne ; car même lorsque le chef de famille trouvait à se louer comme berger, les quelques sols qu'il rapportait fondaient comme neige au soleil, absorbés par les taxes et le coût de la vie.

Et la faim, comme les hordes de soudards et de brigands, régnait sur la campagne.

Les moissons de 1348 furent médiocres, comme celles des précédentes années. En juillet, alors que chaque chef de famille se demandait comment il allait nourrir les siens, d'inquiétantes rumeurs, colportées par les mendiants et les lépreux qui erraient de village en village, accrurent l'angoisse de tous, car à la guerre et à la famine endémique qui sévissaient semblait maintenant vouloir s'ajouter la terrifiante maladie qui, venant du Midi, frappait déjà vers Paris.

En août, pendant plusieurs nuits, une étincelante et mystérieuse boule de feu, bien plus grosse qu'une étoile, illumina tout le ciel de la région parisienne. Et tous virent dans cet astre inconnu l'annonce de malheurs imminents. Trois jours plus tard, en fin d'après-midi, alors qu'un orage grondait à l'ouest, lourd de nuées cuivrées, la nouvelle bondit de bourg en hameau, de foyer en foyer, pétrifiante : la peste noire était là ! Elle tuait déjà à Villeneuve-Saint-Sépulcre où, assuraient les messagers, dix personnes étaient mortes depuis l'aube.

Dès ce jour, la terreur sévit partout. Déferlant sur une population affaiblie par la faim, mais n'épargnant pas pour autant les nantis, l'épidémie s'installa, tuant à l'aveuglette. Foudroyant ici, en moins de trois jours, la mère de famille, là deux enfants sur trois, ici un curé, là une ribaude, partout hommes, femmes, enfants, jeunes et vieux, riches et pauvres, impitoyable.

Très vite frappée, car son mari succomba le premier, dès fin août, terrassé par les immondes bubons qui lui déformaient le bas-ventre et les aisselles, Catherine, folle d'épouvante, tenta quand même de se battre, de défendre ses petits, de lutter.

Comme l'eau bénite et les prières n'avaient pas suffi pour sauver son époux, elle essaya les décoctions de plantes vantées par tel ou tel, les fumigations de thym ou de laurier, les frictions au vinaigre. Ayant très vite appris que les maisons des pestiférés étaient aussitôt condamnées et que la population allait jusqu'à clouer portes et volets de ces maisons maudites, enfermant là cadavres, malades et bien-portants, elle se garda bien d'annoncer la mort de son conjoint. Il était tombé en se rendant à ses champs, alors qu'il tremblait de fièvre depuis deux jours. Déjà, le nombre de morts ne permettait plus de les ensevelir tous décemment et chrétiennement ; d'ailleurs, mis à part quelques saints moines débordés de travail, nul ne voulait toucher aux cadavres. Mais parce qu'elle refusait de le laisser aux loups et à la voracité des becs-droits charognards, pies et corbeaux, elle l'enterra en bordure de cette petite vigne qu'il aimait tant. Cette vigne qui, jamais, ne recevrait les plants de Fromentel qu'il voulait y planter.

Mais la mort poursuivait son massacre. En septembre, foudroyés comme leur père, périrent, en moins d'une semaine, ses trois derniers enfants : Jacques, douze ans, Marie, neuf ans, et Jehane, huit ans. À la nuit, subrepticement, cœur brisé et déjà certaine d'être la prochaine victime, Catherine enterra les trois petits corps au fond du jardinet qui entourait la masure. Puis elle rejoignit sa chaumine, balbutia ses prières et attendit la mort. Seule, prête à chaque instant à être secouée par les premiers frissons de fièvre et s'étonnant même de ne sentir aucun bubon aux aisselles et aux aines, elle patienta toute la nuit et le jour suivant. Mais le lendemain soir, parce que les trois moutons enfermés dans l'étable bêlaient à pleine gorge, de soif et de faim, elle n'y tint plus, s'ébroua et alla s'occuper d'eux et de l'ânesse qui n'en pouvait plus de braire.

Trois jours plus tard, alors que les averses d'automne avaient commencé, elle harnacha la bourrique, accrocha l'araire au palonnier et partit labourer. Au loin, partout, s'élevant de chaque clocher, tintait le glas comme pour rappeler que la peste noire assassinait toujours. Déjà, à Villeneuve-Saint-Sépulcre comme ailleurs, près de la moitié de la population avait péri. Et ce n'était pas fini...

Cependant, aidée par quelques voisins et voisines, autant touchés qu'elle dans leur famille, mais provisoirement rescapés comme elle et aussi angoissés, Catherine parvint à entretenir sa petite ferme. Mais parce que les champs manquaient de plus en plus de bras, les surfaces cultivées s'amenuisèrent. La friche s'installa un peu partout et, faute de travail et de soins suffisants, les terres redevinrent chiches; les rendements chutèrent. Malgré cela, et les redevances qui pleuvaient toujours, Catherine n'eut pas faim, même très mal cultivée la ferme suffit à la nourrir.

En décembre 1349, peut-être parce qu'un froid intense sévissait sur la région depuis plusieurs semaines, l'épidémie de peste s'estompa. Alors, jour après jour, dans le silence glacé, le son du glas devint plus rare. Et, quand quinze jours eurent passé sans que résonne le sinistre appel, les rescapés comprirent qu'ils étaient sauvés. Déferlèrent alors sur tout le pays une fantastique envie de vivre, un formidable besoin de se prouver qu'on avait vaincu la mort et que si certaines familles étaient diminuées des deux tiers, ou plus, les rescapés étaient là, prêts à montrer à tous et au Ciel lui-même qu'ils étaient vivants!

Dans sa chaumière isolée – les plus proches voisins étaient à un demi-mille de là –, Catherine ne participa point à l'allégresse générale. Au fond du jardinet et là-bas, au bord de la vigne, quatre tumulus n'en finissaient pas de lui rappeler chaque jour qu'elle était veuve, sans enfants, seule, désespérément seule.

C'est en allant quérir une charrette de fagots dans la forêt usagère dite « au bois du roi », celle où tous pouvaient récolter le bois mort et même couper quelques mauvaises essences comme le sureau ou le tremble, que Catherine rencontra Robert Corbin. Jeune, grand, solide, mais plus maigre qu'un pivert, il débitait à la cognée un chêne foudroyé et mort depuis au moins deux ans lorsque Catherine arriva. Vexée, car elle avait remarqué l'arbre depuis longtemps et espérait bien y prendre sa part, elle fronça les sourcils de dépit ; ce qui eut pour résultat de faire rire l'inconnu.

– Vous savez, sur un arbre pareil, quand il y en a pour un, il y en a pour deux, et même plus ! dit-il enfin. D'ailleurs, sans vouloir vous taquiner, je crois que vous n'arriverez jamais à bout de ce chêne toute seule, surtout avec votre petite serpette...

L'arbre couché était énorme et les branches de sa couronne étaient toutes plus grosses qu'un tronc d'homme.

– J'ai juste besoin de fagots, dit Catherine en haussant les épaules.

– Ah bon ! dit-il en tranchant d'un seul coup une branche plus grosse que le poignet.

Puis il ficha sa hache en plein tronc et la dévisagea sans vergogne et en souriant toujours. Elle en ressentit beaucoup d'agacement car elle se sentait laide, et surtout vieille ; elle avait trente-deux ans.

– Vous n'êtes pas de la région, dit-elle soudain, bien décidée à ne pas s'en laisser conter par l'inconnu.

– Non, avoua-t-il.

Et elle nota la tristesse qui passait dans son regard.

– D'où alors ? insista-t-elle tout en ramassant une brassée de branchettes.

– Je travaillais comme manouvrier, à côté de Meaux et un peu partout, jusqu'au jour où...

– Ah !..., murmura-t-elle, la peste ?

Il acquiesça avant d'ajouter :

– J'avais une femme, jeune, dix-sept ans, et deux beaux enfants et... et voilà...

– Je comprends, dit-elle.

Elle soupira et ajouta à son tour :

– J'avais un époux, et trois enfants et...

Elle haussa les épaules et se détourna, soudain gênée par le flot de larmes qui venait de la surprendre ; il y avait si longtemps qu'elle croyait ne plus pouvoir pleurer.

Elle ne broncha pas lorsqu'il lui caressa la joue du revers de la main.

Le soir même, parce qu'ils avaient l'un et l'autre tellement de chagrin à effacer, tellement d'horreurs à oublier, tellement de plaies à soigner, Robert et Catherine recommencèrent ensemble à vivre, et à aimer. À s'aimer follement, à pleins bras, à plein corps. À s'aimer pour tenter d'extirper d'eux-mêmes toutes les atrocités vécues, toutes les épreuves endurées et toute cette peur attisée par l'ombre de la peste. À s'aimer comme jamais Catherine n'avait pensé que cela soit possible. Il est vrai qu'elle se croyait vieille et qu'elle était pleine d'étonnement et d'émerveillement devant la fougue, l'appétit et la tendresse de Robert, de huit ans son cadet. Un homme jeune qui lui assurait et lui prouvait qu'elle était encore belle et désirable, et tellement vivante. Et elle qui croyait avoir dépassé l'âge de concevoir fut ivre de bonheur lorsqu'elle comprit, trois mois plus tard, que leur folie avait porté fruit.

Ils se marièrent au printemps 1350 et Jean naquit en septembre de la même année ; cet automne, Robert regagna plusieurs arpents de labours, abandonnés depuis deux ans. Cela fait, et bien fait, il repartit se louer comme bûcheron.

Maintenant, pour Catherine, et depuis plus d'une semaine, toute l'horreur du monde avait recommencé.

Pendant quelques années, grâce à Robert toujours aussi tendre, au petit Jean de plus en plus beau, et malgré la dureté de l'existence, de la guerre et de la terreur qu'elle entretenait dans les campagnes, Catherine avait été presque heureuse. Elle y était parvenue en dépit des impôts nouveaux, de plus en plus lourds, levés pour payer la rançon du roi Jean le Bon que sa défaite de Poitiers, en septembre 1356, avait livré aux mains des Anglais, ces immondes Goddons. Une rançon d'une telle importance que les rustres, pressurés de toutes parts et tous plus pauvres que Job, n'arrivaient même pas à imaginer. Ne disait-on pas que les Anglais réclamaient trois millions d'écus d'or ! Trois millions ! Alors bien sûr, s'appuyant sur une telle somme, les sbires du régent, le dauphin Charles, avaient beau jeu lorsqu'ils faisaient bastonner, emprisonner ou pendre les vilains et les serfs incapables de payer leurs impôts. Ainsi étaient nés le fouage, qui pénalisait chaque chef de famille ou chaque feu, ou encore les maltôtes qui taxaient tous les objets de consommation. Pourtant, malgré tout, année après année, Catherine avait réussi à offrir à son époux et à son fils un visage point trop marqué par la peur du lendemain. Jusqu'à ce 2 juin 1358 où tout avait basculé dans l'abomination, où tout avait recommencé comme au début de la guerre.

Depuis plusieurs mois déjà, les bruits les plus alarmistes et les plus fous couraient la campagne au sujet des cohortes de soudards qui terrorisaient le pays. Les pillards, livrés à eux-mêmes, affamés et mal payés par ceux qui les commandaient, se jetaient sur les bourgs et sur les fermes et ne laissaient derrière eux que ruines, désolation et cadavres. La terreur qu'ils engendraient était telle que chaque hameau, chaque village entretenait nuit et jour des guetteurs chargés d'annoncer l'approche des compagnies de tueurs, formées d'Anglais, de Navarrais, d'Aragonais ou de Brabançons. Dès l'alerte donnée, ce n'était que fuite précipitée vers les forêts ou dans de secrets abris souterrains que les paysans avaient creusés en plein champ et où ils s'entassaient comme des taupes apeurées.

Mais, trop souvent, nombre de vilains et de serfs, surpris dans leurs chaumières ou dans leurs terres, n'avaient pas le temps de fuir. Commençait alors l'enfer pour tous ces paysans incapables de se défendre, car sans armes, et trop peu nombreux face aux soudards.

Le pire – cela se répétait de plus en plus de masure en masure – était que nombre de nobles français, non contents de ne même pas secourir leurs gens, ceux qu'ils savaient pourtant si bien taxer, s'alliaient parfois aux compagnies d'assassins pour dévaster le pays et s'enrichir un peu plus.

Catherine ignorait si les quelque vingt ou trente brigands qui avaient envahi la ferme en cet après-midi du 2 juin étaient français, anglais ou navarrais. Peu lui importait. Et même si elle essayait à toute force de se convaincre que le Ciel avait quand même limité son épreuve en éloignant à la fois son fils et son mari, partis en forêt tailler quelques piquets pour la vigne (eussent-ils été présents qu'ils n'auraient pas vécu, prestement égorgés par les soudards), elle ne pouvait oublier les épouvantables moments de cet après-midi, si doux pourtant, si beau.

Elle ne pouvait oublier les ricanements des hommes la découvrant, cachée dans l'étable et toute transie de panique, leurs hurlements de rire, mais surtout leur violence, leurs mains, leurs haleines et le poids de leurs corps écrasant le sien.

Depuis, elle regrettait souvent qu'ils ne l'eussent point tuée en partant. Ils l'avaient laissée là, vivante, mais souillée à jamais, cassée. C'est ainsi qu'au soir Robert l'avait retrouvée.

Fou d'horreur et de rage, prêt à tuer, il avait hurlé sa haine au vent de la nuit. Plus tard, il lui avait expliqué qu'il n'était plus possible de vivre ainsi et que si les nobles et les gens d'armes, non contents de les écraser d'impôts, ne faisaient rien pour les protéger, il importait de se défendre seul. Se défendre comme le faisaient déjà des milliers de paysans du côté de Beauvais.

Il avait appris cette nouvelle le jour même, au bois, de la bouche d'un aide-garde qui surveillait les coupes royales. Un homme qui paraissait en savoir beaucoup puisqu'il avait assuré que même à Paris la révolte grondait, conduite par un marchand dont il avait oublié le nom.

– Et les nôtres, on les appelle des Jacques, à cause de ça, avait expliqué Robert en secouant sa petite veste courte, sa jaque, toute rapiécée. C'est un dénommé Guillaume, Callet je crois, qui les dirige et je vais les rejoindre. Et tous les nobles paieront pour ce qu'ils ont laissé faire aujourd'hui à ma femme ! Ils paieront aussi pour leur avidité, leur lâcheté et pour tout ce qu'ils nous volent !

C'est en vain qu'elle l'avait adjuré de ne pas la laisser, de ne pas l'abandonner, de penser à leur fils. Mais elle avait bien compris que l'abomination qu'elle venait de subir le gangrenait, lui aussi, que rien ne le retiendrait et que la vengeance était désormais son seul but.

Cognée sur l'épaule, Robert Corbin quitta sa femme et son fils au petit matin du 3 juin 1358. Dès le soir, il avait rejoint une des troupes des Jacques, armés de faux, de fourches, de haches et de fléaux qui, déjà, et depuis quelques jours, avaient pillé et brûlé toutes les demeures seigneuriales de la région. Derrière eux s'accumulaient les ruines et les cadavres.

Excités par cette folie que chaque meurtre supplémentaire attisait, n'ayant plus rien à perdre, n'épargnant rien, sauf les monastères et les églises, les Jacques, par bandes de milliers d'hommes, ravagèrent toute l'Ile-de-Francc, du Gâtinais au Beauvaisis

Chaque soir, Catherine, folle d'angoisse, incapable de rester seule dans sa chaumine, trop chargée de mauvais souvenirs et de rires de soudards, partait dormir avec le petit Jean dans la cabane que son premier époux avait dressée au bout de sa vigne. Là, pour tenter d'éviter les cauchemars qui, elle le savait, allaient surgir dès son premier sommeil, elle veillait, tout en caressant les cheveux blonds de son fils, endormi sur ses genoux.

Quand elle le vit, au matin du 12 juin, Catherine comprit qu'il était marqué à jamais ; dans son regard flamboyaient toute l'horreur et la tristesse du monde, et de l'enfer.

Sale, déguenillé, sanglant, pressant contre sa poitrine sa main droite blessée, pansée dans une loque, il resta à quelques coudées d'elle, gêné, hésitant à franchir les derniers pas qui les séparaient.

– Tu es revenu, soupira-t-elle enfin, mais tout en retenant Jean qui voulait courir à la rencontre de son père.

– Oui... Est-ce que tu sais... ?

– Oui.

– Comment ? demanda-t-il.

– Par notre voisine. Son homme était parti, lui aussi. Il est rentré avant-hier. Mais ses deux fils ont été pendus...

– Alors tu sais ?

– Oui, redit-elle.

– Tout ?

– Oui...

Elle savait, mais se refusait à croire que Robert, si tendre et souriant, si bon, ait pu, comme tous les autres, s'enfoncer dans l'abomination et s'y complaire. Elle ne voulait pas croire qu'il ait pu, comme des milliers de Jacques, se livrer à toutes les horreurs dont on accusait maintenant les paysans, ces rebelles que les nobles, se ressaisissant enfin, massacraient aveuglément depuis deux jours. Grâce à l'aide de quelques chevaliers et de leurs gens d'armes, ils avaient d'abord repris Meaux, cette cité brièvement envahie par plus de dix mille révoltés ; pas un n'avait échappé à la vengeance des maîtres. Il se disait aussi, dans le pays, que les vilains et les serfs étaient branchés en si grand nombre que les arbres craquaient sous le poids des pendus...

– Tu as... tu as tué ? demanda-t-elle enfin.

Il acquiesça, fit voir sa main blessée.

– Oui, beaucoup..., dit-il enfin. Mais pour me défendre et seulement des hommes en armes, pas de femmes, ni d'enfants...

Elle soupira, se força à poursuivre :

– Tu as pillé ?

– Oui, il fallait bien se nourrir ! Et puis, ils sont tellement riches !

– Tu as incendié ?

– Pas eu besoin, dit-il en haussant les épaules, c'était déjà fait par d'autres, qui aimaient ça...

– Tu as... ?

Elle hésita encore et il comprit qu'elle ne pourrait jamais prononcer le mot.

– Non, coupa-t-il alors, je n'ai violé personne. Tu me crois, j'espère ?

– Bien sûr, murmura-t-elle, mais je voulais te l'entendre dire.

Et elle libéra le petit Jean qui courut vers son père.

Robert Corbin se cacha pendant plus d'un mois, fuyant dès que scintillaient à l'horizon les armures des justiciers. Des hommes qui, par principe et par vengeance, brûlaient toutes les fermes dans lesquelles ils trouvaient un homme, ou un adolescent, qui étaient aussitôt pendus à l'arbre le plus proche, ou à la charpente de la masure.

Dormant dans les fossés ou au creux des buissons, secrètement nourri par Catherine, Robert se terra pendant des semaines, comme un blaireau harcelé par la meute.

Il ne se hasarda à quitter ses multiples cachettes que vers la mi-juillet, quand se calmèrent un peu les expéditions punitives. Il est vrai qu'elles avaient fait une telle saignée dans la population paysanne qu'une multitude de fermes étaient maintenant vides d'hommes, et pour longtemps. Partout, les foins non coupés commençaient à pourrir sur pied. Quant aux moissons, il allait être indispensable de les commencer, faute de quoi elles seraient vite perdues.

– Tu as tort, lui reprocha Catherine quand elle comprit qu'il voulait reprendre le travail ; s'ils te trouvent, ils te pendront.

– Je sais. Mais si nous ne faisons ni les foins ni les moissons, c'est toi et le petit qui mourrez de faim l'hiver prochain. Et ça, je ne veux jamais avoir à me le reprocher, jamais. Tu le sais, je n'ai pas rejoint les Jacques pour le plaisir de tuer, ou de piller, mais juste pour avoir un peu plus de justice, pour toi et le petit. Ça n'a servi à rien, au contraire même, car je crois que les maîtres seront maintenant encore plus durs avec nous, et pour longtemps. Non, ça n'a servi à rien de bon pour nous. Alors maintenant, j'en reviens à l'important et, pour nous, rien n'est plus important que cette moisson que nous allons commencer ensemble, dès demain.

8

Est-il besoin de le rappeler, même si la guerre dite de Cent Ans fut loin de totaliser cent années de batailles ininterrompues – beaucoup de trêves se prolongèrent pendant des lustres –, le climat d'insécurité déjà bien installé avant même le début « officiel » de la guerre (1337) s'enracina profondément dans nos campagnes.

D'abord parce que, en cas de vraies batailles rangées, les paysans étaient toujours les premières victimes puisqu'il fallait coûte que coûte faire table rase de tout ce qui appartenait à l'adversaire, récoltes et manants compris. Ensuite – nous l'avons vu précédemment – parce que, en périodes apparemment calmes, les troupes oisives vivaient sur le pays, et du mieux qu'elles le pouvaient, c'est-à-dire en pillant sans vergogne. Aussi, pendant plus d'un siècle après Crécy (1346) – c'est-à-dire presque quatre générations ! –, les habitants des régions frontalières, ou susceptibles d'être revendiquées ou défendues par les Anglais, ou encore celles qui, comme la Bourgogne, oscillaient d'un camp à l'autre suivant les opportunités, subirent soit l'occupation des troupes en guerre, soit les batailles ; ou encore, et c'était peut-être pis, le déferlement, voire l'installation à demeure, de tous les ribauds en rupture de ban. Individus livrés à eux-mêmes qui, suivant les années et les régions qu'ils dévastèrent, virent leurs bandes baptisées Grandes Compagnies, Routiers, Tard-Venus ou Écorcheurs...

Ce n'est pas du tout pour le plaisir d'évoquer les exactions perpétrées par ces soudards que je reparle d'eux. C'est pour insister sur l'insécurité permanente qui planait sur nos campagnes ; insécurité génératrice d'une terreur qui devint tellement insupportable que les cultivateurs abandonnant leurs champs, leurs masures et leurs villages se regroupèrent au sein des villes où, pensaient-ils, étant moins isolés ils seraient moins vulnérables. Aussi ne faut-il pas s'étonner – et c'est là où je voulais en venir – si, à la fin de la guerre de Cent Ans, la population paysanne, alors recensée en nombre de feux, avait diminué de moitié ! Si l'on tient compte du fait que certaines régions, pourtant moins touchées que d'autres par la guerre car plus éloignées des batailles, virent malgré tout leur population agricole diminuer de vingt-cinq pour cent, on mesure mieux à quel point les provinces les plus concernées par le conflit furent sinistrées.

Avec une telle perte de main-d'œuvre, il était impossible aux rescapés, toujours accrochés à leurs terres, de se battre efficacement contre la friche, cette vieille ennemie des paysans. Ce furent donc d'immenses étendues de labours qui, à travers tout le pays, se recouvrirent petit à petit de broussailles, puis, selon un cycle classique, de taillis et enfin de forêts. À tel point qu'un dicton populaire de cette époque assurait tout simplement : « Les bois sont venus en France avec les Anglais... ! »

Retour de la forêt donc, ou tout du moins de la friche un peu partout, ce qui, bien entendu, greva lourdement les récoltes. S'ensuivirent des famines qui, à leur tour, vinrent affaiblir encore un peu plus l'ensemble de la population. Et parce qu'un malheur n'arrive jamais seul et qu'il est toujours très difficile de bien travailler avec la faim au ventre, mais aussi dans la crainte de voir tout son travail d'une année détruit par une troupe en vadrouille, les rendements chutèrent dans des proportions considérables. À cause de quoi, ce fut toute la population qui pâtit de cette mémorable régression de l'agriculture.

Aussi, à ce sujet et sur cette époque, j'ai le sentiment qu'il importe de corriger un peu le vieux cliché si longuement ressassé par nos livres d'histoire depuis Jules Ferry. Cliché tendancieux qui nous dépeint complaisamment le méchant seigneur qui, seulement occupé par les plaisirs de la chasse, piétine et détruit sans scrupules les récoltes des manants. Il est bien certain que ce genre d'« amusement », relaté d'ailleurs par les chroniqueurs et sévèrement condamné par Louis XI, eut lieu. Mais de là à dire qu'il était systématique me semble outrancier, et surtout stupide. Car c'est faire totalement abstraction du fait que beaucoup de petits seigneurs de nos provinces, souvent ruinés eux aussi par la guerre, tiraient la plus grande partie de leurs revenus des terres qu'ils possédaient. Terres exploitées soit par des serfs ou des manouvriers, ou cédées en fermage sous forme de tenure[1]*, mais qui toutes, sans exception, devaient en fin d'année, par le jeu des redevances diverses, en nature ou en argent, leur rapporter de quoi vivre ! J'ai donc peine à croire – à moins de ne citer en exemple que les agissements de quelques crétins blasonnés – que la majorité des seigneurs aient poussé la bêtise jusqu'à aller saccager leurs propres récoltes, donc leurs futurs revenus : ils en avaient bien trop besoin !*

J'en veux pour preuve que tous ces propriétaires furent touchés de plein fouet par la pénurie de main-d'œuvre lorsque diminua, comme nous l'avons vu, l'ensemble de la population paysanne.

Jusque-là, soit par le travail des manouvriers et des gens de peine, embauchés suivant les travaux et les saisons, soit par celui des locataires des tenures, les terres, bon an mal an, étaient bien entretenues et de rapport. Mais il importe ici de préciser que la majorité de cette main-d'œuvre était alors recrutée dans les régions proches des domaines. Ainsi se louaient tous les ans des laboureurs, des faucheurs, des moissonneurs, des bergers, des bûcherons, bref, tous les bras nécessaires aux grands travaux des exploitations.

Puis vinrent les années où, non seulement les journaliers se firent de plus en plus rares, mais où même les cultivateurs aptes à prendre une tenure en charge devinrent introuvables. Aussi, pour les gros propriétaires – nobles, gens d'Église ou bourgeois aisés –, se posa le problème de la main-d'œuvre ; sans elle, ils étaient ruinés. Et le problème

1. Petite exploitation de dix à vingt hectares suivant les régions.

fut d'autant plus sérieux que plus les régions étaient riches, plus elles avaient été pillées et plus l'exode paysan y avait été important. Parallèlement, dans les régions les plus pauvres de France, donc les moins convoitées et par là même les moins ravagées, la population était souvent trop nombreuse à se partager les maigres récoltes d'un sol ingrat.

C'est ainsi qu'à partir des années 1450 et pendant environ cinquante ans commença un mouvement de migration qui vit les Bretons, les Périgourdins, les Limousins et Auvergnats quitter leurs hameaux et leurs paroisses et venir s'installer dans l'ensemble du Bassin parisien, la Picardie, le Nord et même le Bordelais.

Et les friches reculèrent partout, grâce à eux.

À seigneur pauvre, maigres manants

Plus le temps passait, plus Jacques de Villemard, seigneur de la Giraudière, rêvait d'être riche ! Pas autant que son voisin Philippe le Bon, surnommé le grand duc d'Occident tant ses richesses étaient immenses et dont le duché de Bourgogne commençait à quelques lieues du domaine de la Giraudière. On disait Philippe le Bon bien plus riche que le jeune roi Louis le onzième ! Mais il est vrai qu'avec ce dernier il n'était ni simple ni prudent de vouloir aborder un tel sujet ! De toute façon, Jacques de Villemard était un bien trop petit vassal pour se permettre une semblable indiscrétion.

Mais cela ne l'empêchait pas de penser qu'une honnête aisance était bien pratique pour régler moult problèmes d'intendance ! En fait, il se serait contenté du millième de ce que possédait son autre voisin, Charles, dit le Téméraire, comte de Charolais, fils de Philippe le Bon. Encore un chez qui les eaux du ciel pouvaient chuter comme hallebardes sans que les servantes soient obligées de placer des cuveaux sous la toiture éventrée. Ce qui n'était d'ailleurs pas suffisant pour empêcher le vieux manoir de la Giraudière, l'automne venu, de devenir aussi humide qu'une cave ! En hiver, il était plus froid qu'un tombeau et au printemps les tapisseries et les parquets moisissaient à qui mieux mieux ! Il n'y avait que par beaux et chauds jours d'été que la demeure retrouvait tout son charme.

Bâtie près de deux siècles plus tôt par les ancêtres paternels de Jacques de Villemard, détruite en partie par les Navarrais de Charles le Mauvais en 1358, puis reconstruite en 1360 après le traité de Brétigny, elle avait une fois de plus payé tribut à la guerre après Azincourt et le déferlement des soudards anglais dans la région.

Depuis, sommairement relevé et chichement entretenu par les père et grand-père de Jacques de Villemard, le manoir souffrait de vieillesse et surtout de la pauvreté chronique du seigneur de la Giraudière. Car s'il avait été un temps où ses aïeux avaient eu de quoi tenir leur rang, grâce aux redevances du domaine, la guerre, les épidémies et les famines répétées avaient vidé la campagne de ses bras. Fous de peur, vulnérables car isolés, les paysans avaient fui vers les gros bourgs et les villes, abandonnant tout, masures et champs. Beaucoup de terres laissées à l'abandon pendant des décennies étaient retournées à la friche, puis aux taillis, puis à la forêt.

La paix revenue, après un siècle, près de la moitié des vilains manquaient à l'appel. Quant aux terres, ce qui en restait était en si pitoyable état et si mal entretenu que les rendements avaient, par endroits, diminué de moitié !

Pas assez fortuné pour imiter ses amis et voisins qui, quelque dix à douze ans plus tôt, avaient entrepris de relever leurs possessions et de regagner les terres perdues, le père de Jacques s'était contenté de survivre grâce aux maigres redevances que lui donnaient ses gens, à la vente de quelques chênes, au charbon de bois issu de ses forêts, à une petite briqueterie, à un moulin et à un four. C'était peu. Très insuffisant en tout cas pour investir tout ce qui aurait permis de remettre le domaine en état.

Parce que, en fait, l'ensemble n'était pas négligeable, tant s'en fallait ! Le problème était que, si la totalité des biens du seigneur de la Giraudière représentait dans les sept cents arpents de labours et de prés, environ deux cents arpents de forêt, et un étang d'une vingtaine d'arpents, presque la moitié était inculte. L'ensemble était en si mauvais état que le nombre des tenures, qui aurait dû s'élever à vingt-cinq ou trente et occuper pas loin de cent manants adultes, n'était que de quatorze et n'employait qu'une vingtaine de laboureurs ! Pas étonnant dans ces conditions si les redevances encaissées étaient juste suffisantes pour permettre à Jacques de Villemard, à sa jeune épouse Blanche et à leurs quelques serviteurs de ne pas mourir de faim. Mais de là à pouvoir refaire toute la toiture du manoir !

Quant aux vilains qui cultivaient les fermes encore dignes de ce nom, ils vivotaient tant bien que mal et ne manquaient jamais de rendre grâces au seigneur de la Giraudière de les laisser braconner à leur guise, à condition que ce soit avec discrétion. Pour eux, la chance voulait que, contrairement à ses pairs, Jacques de Villemard ne soit point passionné de chasse ; seule, par grands froids, celle au loup lui procurait quelque plaisir. Mais l'autre l'intéressait peu et il s'était même beaucoup amusé lorsque, peu après son avènement, le roi Louis avait failli faire lever une révolte, non chez les rustres, interdits de chasse sauf exception, mais chez l'ensemble des nobles. Le jeune roi n'avait-il pas eu cette idée saugrenue, pour ne pas dire folle – ou encore d'un calcul pervers ! –, de vouloir se réserver pour lui seul et sur tout le pays le droit de chasse ? C'était une attaque patente contre la noblesse qui se sentait dépossédée d'un droit légitime, ancestral, pour ne pas dire divin !

Il s'était d'ailleurs trouvé nombre de nobles, et des plus grandes maisons, pour rappeler respectueusement au roi les inviolables principes de la seigneurie, à savoir : « Le seigneur enferme ses manants, comme sous portes et gonds, du ciel à la terre [...] Tout est à lui, forêt chenue, oiseau dans l'air, poisson dans l'eau, bête au buisson, l'onde qui coule, la cloche dont le son roule au loin [...] »

Louis avait donc feint d'oublier sa lubie, se contentant de rappeler aux protestataires que son but n'était pas de les priver de forcer le cerf ou la bête noire, mais plutôt de les obliger à respecter un peu plus les terres et les récoltes des vilains, que les chasseurs, disait-il, piétinaient sans vergogne.

Argument fallacieux aux yeux des nobles, car tous prétendaient que leur passion permettait avant tout de limiter la prolifération d'un gibier se nourrissant de préférence dans les champs de céréales. De plus, s'il leur arrivait parfois de traverser un carreau de blé, ils en étaient les premières victimes puisque ce blé était presque toujours le leur !

Mais il en allait du droit de chasse comme du reste. Dans le fond, le seul but poursuivi par le monarque était de faire entrer un peu plus d'argent dans le trésor royal. Et de même qu'il s'était violemment opposé à ce que les évêques bretons paient des impôts à Rome sans qu'il y ait droit de regard, de même avait-il sans doute espéré tirer quelques taxes supplémentaires en s'assurant le monopole de la chasse. Cet homme-là n'en était pas à une manœuvre près dès qu'il s'agissait d'emplir les coffres du royaume !

De toutes ces histoires, qu'elles fussent de chasse ou autres, Jacques de Villemard n'avait cure. Lui, le seul problème qui l'intéressait était de trouver au plus vite quelque argent. Faute de quoi, il voyait venir le temps où la disette le contraindrait à vendre une partie de son domaine à ses voisins, nobles comme lui, ou, pis encore, et ses ancêtres s'en retourneraient dans leur caveau, à quelques riches bourgeois de Gien, d'Argent-sur-Sauldre ou de Sully-sur-Loire : la honte !

De plus, que ferait-il ensuite ? Et surtout, que léguerait-il un jour à son fils ? Un manoir en ruine avec, pour tout bien, le souvenir d'un fief dépecé, morcelé, perdu ? Non, c'était impossible ! Il fallait un jour que son fils aîné héritât et recueillît les terres, les bois, l'étang et les manants qu'il avait lui-même reçus des mains de son père. Car il en était certain, la petite Blanche, belle et douce, épousée l'année précédente, ne pouvait porter qu'un mâle dans ses flancs si tendres, dont il était si friand, qui s'épaississaient de semaine en semaine. Un mâle, oui, à qui il faudrait bien un jour donner l'éducation qui lui était due, celle du futur seigneur de la Giraudière.

Mais en attendant, encore fallait-il que sa mère, non seulement ne meure pas de faim, mais qu'elle ait, de surcroît, belle et bonne nourriture à satiété pour être bientôt une excellente nourrice !

Enfin, Jacques de Villemard en faisait une question de principe, il ne voulait surtout pas que son beau-père en vienne un jour à lui reprocher d'avoir épousé sa fille et d'être incapable de la bien traiter ! Jacques n'oubliait pas à quel point le vieil homme et son épouse – une femme rêche et sévère à qui, Dieu soit loué, Blanche ne ressemblait en rien – avaient été satisfaits de trouver un parti pour leur cadette et ce, sans avoir dot à fournir ! Ils en eussent d'ailleurs été bien incapables car eux aussi, ruinés par la guerre, couraient après les livres tournois comme chat borgne derrière souriceau, sans grand résultat !

Mais Jacques de Villemard les connaissait bien et décelait de plus en plus souvent quelques filets d'acidité dans les réflexions qu'ils susurraient lors de leurs visites. C'était agaçant ! Pour cela comme pour le reste, il devenait indispensable de trouver une solution.

– Je suis certaine que père a raison, pourquoi ne faites-vous point comme lui ? demanda Blanche à qui son époux venait, pendant le repas et une fois de plus, de parler de leurs problèmes financiers.

Jacques de Villemard réprima son agacement, jeta au chien la carcasse de poulet qu'il venait de curer et vida son gobelet de vin. Par Dieu, ce n'était pas pour entendre vanter les mérites de son beau-père qu'il avait abordé avec son épouse le sujet qui le tracassait, à savoir comment sortir le domaine du marasme dans lequel il s'enfonçait.

– Et que fait-il de si merveilleux votre père ? demanda-t il néanmoins.

– Eh bien, d'après ce que m'a dit mère, que j'ai vue hier, comme vous le savez, Gauthier, oui l'intendant de père, l'a enfin décidé à entreprendre ce qu'ont déjà fait beaucoup de voisins.

– Gauthier ! Gauthier ! grommela Jacques, il est quasi sénile et tout perclus de douleurs ! De plus, je me suis toujours demandé ce qui l'attachait à votre famille, sûrement pas le salaire que votre père ne lui donne d'ailleurs pas ! Enfin, qu'importe, qu'est-ce qu'il a encore inventé, votre Gauthier ?

– Lui ? Rien. Tout au plus a-t-il suggéré à père d'imiter nos voisins, redit Blanche en nettoyant leur écuelle commune avec un croûton de pain.

– Je vois. Mais si vous parlez de faire venir des manouvriers d'ailleurs, je suis au courant, dit Jacques en piquant une aile de poulet à la pointe de son couteau. D'abord l'idée n'est pas nouvelle, poursuivit-il, et ensuite, comment votre père, dont, veuillez m'excuser de vous le rappeler, la fortune est aussi légère que la nôtre, va-t-il payer ces nouveaux arrivants ?

Comme il venait de le dire, Jacques de Villemard connaissait le système qu'avaient employé, quelques années plus tôt, certains seigneurs pour remettre en état leur domaine. Manquant de main-d'œuvre et n'en trouvant point dans la région, ils avaient embauché des volontaires dans les provinces pauvres du Sud. Ainsi étaient montés, du Limousin, des Cévennes et de l'Auvergne, nombre de bons laboureurs, à la charrue ou à bras, mais aussi des faucheurs, des bergers et même des manants à tout faire. Grâce à ces gens-là, que l'on disait travailleurs, robustes et peu exigeants, quelques domaines avaient retrouvé leur richesse d'antan.

Mais il n'en restait pas moins que, pour peu gourmands que soient ces rustres, il fallait quand même les nourrir, les loger et même les payer à l'arpent de terre labourée, fauchée ou défrichée ; et le tout finissait par faire de belles sommes !

– Alors, insista Jacques, votre père, comment les paie-t-il, tous ces gueux ?

– C'est bien là que notre bon Gauthier est beaucoup moins sénile que vous ne le dites, s'amusa Blanche. Et son sourire, une fois de plus, émerveilla son époux et lui rendit sa bonne humeur. Oui, ajouta-t-elle, je crois que Gauthier a trouvé le bon moyen. En fait, en accord complet avec les manouvriers, père ne les paiera pas, ou dix fois moins que de coutume.

– Vous vous moquez ?

– Non, non ! C'est très simple, au lieu d'avoir à sortir moult livres tournois chaque semaine, père se contentera de proposer des tenures à ceux qui en voudront. De plus, à condition que ces volontaires défrichent et remettent les terres en état et y construisent leur logis, père diminuera des deux tiers et pendant quelques années toutes les redevances dues. Et comme, de toute façon, un tiers c'est toujours plus que rien du tout...

– Tudieu ! La belle trouvaille ! s'exclama Jacques après quelques instants de réflexion. Il se versa un nouveau gobelet de vin, regarda sa jeune épouse : Dites, à tout hasard, vous auriez d'autres idées comme celle-là ?

– Elle n'est pas de moi, mais de Gauthier, sourit-elle avant d'ajouter d'un ton badin : Mais je crois quand même en avoir une, bien à moi...

– Dites ?

– Si j'étais vous, j'irais, dès tantôt, voir notre vieux Gauthier. C'est lui qui s'est chargé de faire recruter, en Limousin et en Bretagne je crois, les quelque douze ou quinze hommes que père a décidé de faire venir et d'installer comme je vous ai dit. Alors, pourquoi ne pas charger les mêmes émissaires d'en recruter autant pour nous et dans les mêmes conditions. J'entends par là que tout contrat devra passer devant notaire, car il ne faudrait pas, une fois les terres propres, que les manants réclament plus que leur dû...

– Je savais bien que je faisais le meilleur choix du monde en vous épousant, assura Jacques en se levant. Vrai, vous êtes, et de loin, non seulement la plus aimable et tendre des épouses, mais aussi, et ce n'est pas rien, la plus avisée et la meilleure des conseillères. Je vais, de ce pas, voir ce bon Gauthier. Et je ne manquerai pas de saluer de votre part vos père et mère et de leur dire tout ce que je vous dois !

Lancé à la fin de l'automne 1464, le recrutement organisé par Gauthier commença à porter fruit au milieu du printemps suivant. Dès l'hiver, les quatre hommes qu'il avait envoyés vers les provinces choisies avaient déjà embauché la majorité des paysans nécessaires, soit quatre manants bretons, trois Périgourdins et huit Limousins. Et si un seul arriva début janvier, c'est que les autres avaient des engagements à tenir sur leur lieu de travail.

Le sort voulut que Pierre Auzillac, sa femme et ses trois fils arrivent au manoir au soir de la naissance de Jeanne, fille aînée de Jacques et de Blanche de Villemard. L'accouchement avait été très pénible, délicat et long de plus de deux jours ; difficile à un point tel que Jacques s'était cent fois vu veuf ! Aussi, apprenant que l'accoucheuse avait enfin réussi à libérer sa femme, que celle-ci était épuisée mais vivante, l'ombre de déception qui l'avait effleuré à l'annonce du sexe de l'enfant s'était aussitôt dissipée. Blanche était sauve, c'était l'essentiel. De plus, elle n'avait que dix-sept ans et donc tout le temps de donner jour à l'héritier du nom !

Alors, malgré le froid terrible qui planait sur la région et un glacial vent d'est qui poussait la neige jusque sous les portes du manoir, le jeune père était d'excellente humeur lorsque Pierre Auzillac se présenta avec sa famille. D'une humeur si joyeuse qu'il vit cette arrivée comme un bon présage et qu'au lieu de recevoir les nouveaux venus sous le porche et au froid il les invita à entrer dans la cuisine. Là, grâce au feu de chêne et de charme qui ronflait dans la cheminée, la température était douce.

L'entrevue fut brève mais courtoise et, si rien de concret ne fut décidé ce soir-là, Jacques de Villemard poussa la bienveillance jusqu'à autoriser Pierre Auzillac à s'installer provisoirement dans l'écurie du domaine, à condition bien sûr de ne pas y faire le moindre feu !

– Mais tu verras, assura-t-il, l'endroit est confortable car les huit chevaux qui sont là dégagent une chaleur sans pareille.

– Oui, oui, balbutia Pierre Auzillac après quelques instants.

Habitué à son patois natal, il avait d'énormes difficultés à comprendre les propos du seigneur, lequel, trouvait-il, parlait un jargon épouvantable avec un accent qui ne l'était pas moins !

– Tu as compris ? Pas de feu, insista Jacques en désignant la grande cheminée. Alors quoi, réponds ! Tu as l'air d'une fileuse ne sachant que faire d'une quenouillée ! Pas de feu !

– C'est ça, pas de feu, redit Pierre en comprenant enfin et certain de toute façon de passer une nuit bien meilleure que la précédente. La veille au soir, malgré un froid qui faisait éclater les arbres, il n'avait trouvé qu'une mauvaise hutte de bûcheron pour s'abriter avec sa famille. Alors, une écurie bien close, c'était du luxe !

Il ne fallut que quelques semaines à Jacques de Villemard pour se convaincre de la parfaite honnêteté et aussi des inestimables compétences de Pierre Auzillac ; il lui fit donc très vite toute confiance et, sa vie durant, ne le regretta jamais.

Natif d'un village de montagne situé aux confins du Limousin et de l'Auvergne, Pierre Auzillac avait, très jeune, quitté la tenure où végétaient ses parents, pour se placer comme manouvrier dans les grands domaines de la région et d'au-delà. Homme libre, mais sans terre, il avait tour à tour pratiqué toutes les tâches liées au travail du sol. Aussi, dès l'âge de vingt ans, passait-il déjà pour un remarquable laboureur, un fin moissonneur, un solide défricheur et un bon bûcheron. Comme, dans sa prime jeunesse, il avait gardé vaches et brebis dans les bruyères du plateau limousin, sa connaissance des bêtes était aussi bonne que celle du labour. Tout autant capable de travailler à la bêche, à l'araire ou à la charrue, il s'était vite fait une réputation d'excellent manouvrier.

Ainsi, au fil des ans et après avoir pris femme – une petite Cantalienne de la région d'Aurillac à qui il avait fait trois fils en moins de quatre ans –, il avait pu, grâce au pécule amassé, s'acheter une masure de deux pièces entourée d'un jardinet d'un demi-arpent. Et sans doute eût-il poursuivi là sa vie jusqu'à son terme si, approchant de la quarantaine et las de courir les routes, ne lui étaient venus l'idée et le désir d'être son propre maître. C'était audacieux car, dans la région, il était exceptionnel que les nobles acceptent de vendre quelques parcelles aux manants. Lorsqu'ils s'y résignaient, toujours poussés par le besoin, c'était à prix fort, donc réservé aux riches commerçants ou artisans. Or, même si les économies amassées par Pierre au cours des années étaient loin d'être négligeables, elles étaient quand même insuffisantes pour acquérir à la fois une dizaine d'arpents de terre, une charrue, une herse, deux vaches de travail et, pourquoi pas, une truie et trois ou quatre brebis. Il commençait à douter de jamais réaliser son rêve lorsque lui étaient venues aux oreilles les propositions que faisait un homme du Nord, à savoir l'envoyé du vieux Gauthier.

Certes, on ne lui offrait pas de devenir propriétaire, mais le bail proposé, transmissible à ses fils, lui assurait jusqu'à la fin de ses jours une sécurité et une stabilité auxquelles il aspirait après tant d'années de labeur aux quatre coins de la province.

Pierre Auzillac et sa femme n'avaient pas hésité et, après avoir monnayé à un prix honnête leur masure et ses pauvres meubles, le jardin et les quelques volailles qui y picoraient, ils avaient pris la route du Nord avec leurs trois fils dont deux, de seize et quinze ans, étaient en âge de bien travailler ; quant au cadet, à treize ans, il était apte à aider ses frères.

Balluchon à l'épaule, mais aussi bêches, houes, faux et haches, ils avaient d'abord rejoint Aubusson. De là, par étapes de six à sept lieues par jour, suivant l'état des routes, ils étaient montés vers Bourges, puis Gien. Prudent, et redoutant toujours quelque mauvaise rencontre, Pierre se gardait bien de marcher de nuit et veillait à trouver abri avant le soir. C'est ainsi qu'ils avaient enfin atteint le domaine de la Giraudière, après quinze jours de marche.

L'accueil de Jacques de Villemard avait plu à Pierre. Et ses propositions, faites le lendemain, l'avaient enchanté, même s'il avait feint de trouver le marché sévère et les conditions difficiles ; il savait d'expérience qu'il n'est jamais bon, ni prudent, de paraître satisfait.

Placé à la tête d'une tenure de quelque trente arpents, dont vingt de friche et de taillis, cinq de mauvais labours et le reste de bois – mais, par Dieu, il entendait bien en faire d'honnêtes terres un jour ! –, bénéficiant d'un bail en bonne et due forme, peu chargé en redevances et autres partages en nature, Pierre Auzillac était un homme heureux, même s'il s'en cachait !

En fait, depuis maintenant quatre mois qu'il était là, pas un jour n'avait passé sans qu'il se réjouisse de son choix. Pas un jour n'avait passé non plus sans que ses fils, sa femme et lui ne gagnent sur les ronces et les broussailles un carreau de bonne terre. Une glèbe onctueuse qu'il prenait un grand bonheur à labourer – après en avoir extrait souches, pierres et racines – grâce à cette magnifique charrue qu'il avait achetée dès son arrivée. Un outil superbe, moderne, au soc et versoir de métal, que tiraient deux fortes vaches ; l'ensemble avait beaucoup entamé son pécule, mais il ne regrettait rien.

Seule petite ombre au tableau, mais qui n'avait rien à voir avec la terre, le logement que leur avait attribué le seigneur de la Giraudière était une ruine. Il y pleuvait encore plus que dans le manoir ! Mais l'hiver était loin et, d'ici là, Pierre se faisait fort de remédier à cet état de choses.

Pour l'instant, seuls comptaient tous ces arpents qu'on lui avait confiés. Il était bien décidé à les mettre à son goût et bientôt aptes à recevoir leur charge de froment, d'avoine et d'orge. Mais aussi de seigle, ce blé de Pologne comme l'appelait Jacques de Villemard dont le domaine de la Giraudière était en train de renaître grâce aux manants venus de Bretagne, du Périgord et du Limousin.

En fait, depuis maintenant quatre mois qu'il était là pas un jour [illegible] qu'il [illegible] de son [illegible] [illegible] avait passé [illegible] pas sans [illegible] ses [illegible] ferme et [illegible] sur les [illegible] et les [illegible] au carreau de bonheur [illegible] [illegible] tombe [illegible] [illegible] [illegible] après en avoir [illegible] [illegible] [illegible] grâce à cela, [illegible] qu'il y avait [illegible] son [illegible] [illegible] semble, moderne, au soc et [illegible] de métal que traînent deux [illegible] [illegible], avait beaucoup [illegible] son [illegible] de [illegible] [illegible].

[illegible] petit [illegible] [illegible] n'avait rien à voir avec [illegible] [illegible] lointain [illegible] [illegible] Giraud [illegible] [illegible] encore plus que [illegible] [illegible] Mais [illegible] était loin et [illegible] [illegible] loin de [illegible] [illegible] de choses.

Pour l'instant, seuls comptaient tous ces [illegible] qu'on lui avait confiés. Il était bien décidé [illegible] [illegible] [illegible] [illegible] [illegible] et [illegible]. Mais aussi de [illegible] de Pologne comme l'appelait Jacques de Valleraut dont le domaine de la [illegible] était en train de rendre [illegible] [illegible] [illegible] de [illegible] du Périgord et du Limousin.

9

Commencée une quinzaine d'années avant le règne de Louis XI, la renaissance de l'agriculture se poursuivit pendant plusieurs décennies. Grâce à quoi, les campagnes se repeuplant, les régions se remirent à vivre. Il s'ensuivit, outre une reprise en main de toutes les terres abandonnées, une sorte de résurrection des bourgs et des villages donc, par là même, un développement du commerce et de l'artisanat. Artisanat qui, il est important de le noter, ne bénéficia pas uniquement à la seule catégorie sociale des marchands ; il préfigurait, à son échelle, le double emploi de certains paysans-ouvriers de la fin du XX*e siècle.*

En effet s'instaura dans beaucoup de régions, surtout les plus pauvres, le système qui consistait, pour les gros négociants, à proposer, pour les mois d'hiver, des travaux de tissage à domicile à tous les paysans en quête de revenus supplémentaires. Car il est bien vrai que les plus modestes, même s'ils étaient parfois propriétaires d'un lopin, étaient dans la recherche permanente des quelques piécettes qui leur permettaient, cahin-caha, de survivre et de nourrir leur famille. À tel point que ce fut toujours en ce siècle d'après-guerre de Cent Ans et d'avant les guerres de Religion (sans même parler de celles que se livrèrent François Ier et Charles Quint !) et toujours pour récupérer un peu plus de terre, donc un peu plus de revenus, que les cultivateurs se lancèrent dans des défriches très souvent incontrôlées donc préjudiciables à l'environnement. Il en résulta de véritables catastrophes : glissements de terrains, inondations en chaîne, maisons emportées, bourgs et villages submergés.

Il est vrai que le système de défriche de l'époque se faisait d'abord et très souvent par le feu qui, comme chacun le sait, laisse un sol très sensible à l'érosion. Comme, le plus souvent, beaucoup de forêts, et pas toujours celles qui étaient susceptibles d'être défrichées, servaient, à longueur d'année, à faire pâturer les troupeaux, le sol, là encore dépouillé de toute la petite végétation – celle qui retient l'eau en surface et module son ruissellement –, partait à chaque grosse pluie.

Les pouvoirs, royaux ou régionaux, furent donc contraints d'établir des lois et des règlements partout où cela se révéla nécessaire pour limiter les dégâts.

C'est pendant cette période de croissance quasi générale de l'agriculture – mais surtout bénéfique aux gros propriétaires, donc aux seigneurs – que se développa en France une nouvelle culture. Et pas des moindres, car elle est d'une très bonne valeur nutritive et se contente pourtant des sols les plus maigres : le blé noir, ou sarrasin.

À son sujet, la légende voudrait que, vu son nom, cette renouée nous ait été rapportée par quelque croisé, retour de Terre sainte. En fait, originaire d'Asie centrale et de

Sibérie, elle ne fut introduite chez nous qu'au début du XVe *siècle, grâce aux échanges commerciaux ouverts entre la France et les pays riverains de la mer Noire. Quant à son nom, il n'est dû qu'à la similitude de couleur – brun foncé – entre ses graines et les Sarrasins si souvent combattus jadis.*

Mais là n'est pas l'essentiel; ce qui compte fut que cette nouvelle plante, avant même toutes celles qui nous vinrent des Amériques, participa très activement à nourrir une population sur qui pesait toujours la menace de la famine. Car même si l'agriculture était en progression à la fin du XVe *siècle, l'Europe tout entière entra dans cette période que les spécialistes appellent le petit âge glaciaire. Cycle redouté de tous les paysans, avec ses années de froid intense, de printemps pourris, d'étés pluvieux et d'automnes glaciaux, qui s'étendit, pour le malheur de tous, de 1580 jusqu'au milieu du* XIXe *siècle! Mais avant d'en arriver aux années 1580 et aux problèmes climatiques que je viens d'évoquer, le monde paysan, dès 1555-1560, s'engagea, et pour près d'un siècle et demi, dans une nouvelle ère de déclin.*

J'avoue ici avoir quelques scrupules, tant je sais l'avoir déjà écrit, que la guerre fut en grande partie responsable de cette régression dramatique vécue par tous. Car une fois de plus, même si le ciel s'en mêla pour expédier aux hommes (avant même le petit âge glaciaire!) des années catastrophiques pour l'agriculture (grande sécheresse de 1557 et terrible hiver de 1565), les guerres, dites de Religion, avec tout leur lot d'horreurs, de massacres et d'insécurité, s'installèrent en France dès 1562. Guerres d'autant plus monstrueuses et impardonnables qu'elles se faisaient au nom d'une certaine idée de la foi et de sa pratique. Foi et pratique qui, pour ceux qui les défendaient de part et d'autre, étaient tenues pour les seules véritables, les seules justes. Les seules susceptibles de conduire immanquablement dans l'éternel repos du Seigneur.

Bien entendu, comme toujours, y compris trois siècles et demi plus tôt dans la croisade contre les Albigeois qui fut avant tout un règlement de comptes – pour ne pas dire de comtes ! – entre le Nord et le Sud, la lutte contre la Réforme releva souvent, pour ne pas dire toujours, beaucoup plus de la politique que de la théologie. Parce que, à découvrir à quel point les rois, reines, régents et nobles de cette époque étaient loin de vivre dans la sainteté et la stricte application des Évangiles, on est en droit de se poser des questions quant à leur foi... Le moins malhonnête en la matière étant sans conteste Henri IV qui régla clairement, ou cyniquement, la situation lorsqu'il comprit qu'il était temps de le faire.

Mais, dans le fond, qu'elles aient été d'inspiration politique ou alibi religieux ne changea rien au sort de tous les paysans qui, un peu partout dans les campagnes – principalement dans le Béarn et les Cévennes –, tendirent l'oreille aux propos de prédicateurs itinérants et les trouvèrent sans doute moins insupportables que les prêches officiels des curés de leurs paroisses. Mon propos n'est pas d'essayer de savoir qui, des catholiques ou des protestants, étaient le plus près

– ou le moins loin – de la vérité, bien malin qui pourrait le dire. Tout ce qu'on peut constater, c'est que, une fois de plus, la guerre, civile celle-là, donc la pire, ravagea toutes les régions accusées d'abriter soit des mauvais sujets soupçonnés de ne point vivre dans la ligne fixée par Rome et par le roi, soit des sujets tout aussi mauvais parce que catholiques !

De toute façon, là encore, Dieu étant censé trier le bon grain de l'ivraie, point n'était besoin de réfléchir longtemps avant de trucider, qui des huguenots, qui des papistes ! La misère et la disette s'installèrent alors à un point tel que – et pour ne citer qu'un exemple – l'hectolitre de blé, qui ne coûtait que onze livres en Angleterre, monta chez nous jusqu'à soixante et une livres ! Et bienheureux, mais rarissimes, ceux qui avaient de quoi manger du pain à ce prix-là...

Pendant ce temps, alors que, suivant les années, telle ou telle partie de la France, saignée à blanc, était vidée de ses forces, un homme vivait tranquille au fin fond du Vivarais.

Et il cultivait son jardin, appliquant ainsi, bien avant Candide, le sage conseil de ce vieil athée de Voltaire.

L'homme du Pradel

Depuis plus de trente ans qu'il était à son service et même s'il le tenait pour un pingre, un radoteur et un vieillard de plus en plus atrabilaire, Guillaume Capelle n'envisageait pas de quitter son maître.

D'abord il était trop tard, il n'avait plus l'âge de refaire sa vie ailleurs que dans le domaine du Pradel où, somme toute, il était si bien. Ensuite parce qu'il devait trop au vieil homme. Moralement s'entend, car ce n'étaient pas les maigres émoluments qu'il recevait qui pouvaient l'inciter à une quelconque reconnaissance ! Certes, et c'était déjà exceptionnel – et son maître le lui avait seriné pendant des décennies –, il avait le gîte, le couvert, l'assurance du lendemain et surtout la protection d'un homme très important puisque ami du roi ! En fait, comme le lui avait maintes fois répété le vieil homme : « Tu es entre mes mains comme un enfant entre celles du Très-Haut ! » Que demander de plus ?

Cette rhétorique mise à part et même s'il était vrai que sa position était enviable en bien des points, Guillaume Capelle devait souvent se faire violence pour rester impavide devant les récriminations et les radotages du vieillard. Mais comment se rebeller contre un homme qui, non content de vous avoir sauvé la vie, vous a traité comme un de ses sept enfants ? Comment mordre la main d'un bienfaiteur qui, après vous avoir recueilli, soigné, vêtu, logé et nourri, vous a sorti de votre condition d'origine au point de vous enseigner d'abord à lire, à écrire et à compter, vous a ensuite transmis ses découvertes et son art en matière d'agronomie et vous a presque mis sur un pied d'égalité avec Jacques Barnier, le fidèle et dévoué intendant du domaine du Pradel ?

Certes, Guillaume Capelle se serait souvent passé des attentions de son bienfaiteur, surtout lorsque celui-ci, vingt ans plus tôt, l'avait en quelque sorte mis en demeure d'épouser Clotilde, anguleuse et austère pucelle, fille d'un de ses domestiques, sous le fallacieux prétexte qu'il avait l'âge de prendre femme et que celle-ci était en tout point conforme au modèle prôné par feu le grand Jean Calvin ! Éminent réformiste que son maître connaissait personnellement et dont il louait les immenses mérites et la foi rigoureuse !

À l'époque, Guillaume, quoique lui aussi d'origine et d'éducation protestantes, se faisait une tout autre idée de l'idéal féminin et eût, de loin, préféré une chaude, accorte et enjouée compagne – fût-elle papiste ! – à la froide et sévère fille de Dieu qu'on lui avait choisie !

Vingt ans après, il frémissait encore au souvenir des tristes nuits au cours desquelles il avait tenté, même pas d'embraser – à l'impossible nul n'est tenu ! –, mais tout au plus d'attiédir un peu sa glaciale épouse. Mais Clotilde était aussi rebelle à ses initiatives qu'une dalle de granit à un soc de charrue ! Alors, puisque grâce à son maître il était en passe de devenir érudit dans la science du sol, il avait vite compris que sa conjointe, telle une terre ingrate, acide et caillouteuse, serait toujours insensible à ses soins et à ses attentions. Il était donc vain, comme avec certains terrains, de la vouloir travailler ; dans un cas comme dans l'autre, c'était perdre son temps et ses forces !

Aussi, parce que les voies du Seigneur sont impénétrables et ses décisions sans appel, ne s'était-il point insurgé – ni d'ailleurs beaucoup attristé – lorsque Dieu, deux ans après leur mariage, stérile au demeurant, avait rappelé Clotilde auprès de lui. Alanguie par une sans doute pieuse mais mortelle consomption, elle était partie comme elle avait vécu, sans passion ni bruit.

Ensuite, malgré les pressantes suggestions de son maître, qui voyait dans son état de jeune et solide veuf un tremplin à la turpitude et à la débauche, Guillaume avait refusé de reprendre épouse. Et il espérait bien que Dieu, dans sa mansuétude, lui pardonnerait de donner à d'autres jeunettes tous les tendres et ardents témoignages dont Clotilde n'avait jamais voulu. Il veillait seulement à ce que son protecteur ignore tout. Diacre de l'église protestante de Berg, Olivier de Serres ne badinait pas plus avec la morale calviniste qu'avec les mauvais agriculteurs. Les manquements à l'une et l'impéritie des autres étaient une offense au Créateur !

Mais c'était bien à cause de cette pesante rigueur, de cette austérité sans cesse louée, que Guillaume, l'âge aidant, se sentait de plus en plus souvent pris d'une envie de ruer dans les brancards. De dire, une fois pour toutes au grand homme, qu'autant ses leçons d'agronomie étaient passionnantes, autant sa théologie réformée était pesante, et surtout sinistre !

Malgré cela, jamais il n'avait franchi le pas, retenu au dernier moment, juste avant de proférer quelques propos blessants et définitifs, par le fulgurant et terrible souvenir de cette journée au cours de laquelle toute son existence avait basculé.

Fils aîné de Jean et d'Henriette Capelle, métayers de dame Marguerite d'Arcons, au lieu-dit « les Fonts trouvés » à une demi-lieue de Privas, Guillaume avait neuf ans en cette année 1574. Déjà, depuis des années, à en croire ses parents et aussi le pasteur, toutes les abominations dues à la guerre que se livraient catholiques et protestants avaient ruiné la région et sans doute le royaume.

Depuis deux ans se transmettait aussi, de chaumière en chaumière, le nom de tous ceux qui avaient payé de leur vie – souvent après d'épouvantables tortures – leur attachement à l'Église réformée. Car nul ne l'ignorait, si le 24 août 1572, jour de la Saint-Barthélemy, avait vu le massacre des protestants parisiens, la folie meurtrière des catholiques avait fait tache d'huile en province. Et l'horreur ne planait pas que dans les villes.

Dans tout le pays exsangue, déjà frappé par quelques hivers terribles, donc par la famine, les paysans sans cesse assaillis et pillés par les troupes des deux parties succombaient tout autant sous les assauts de la misère que sous le fil des épées et les balles des arquebuses. En Vivarais comme ailleurs régnait une peur permanente, sans cesse attisée par l'annonce de quelques nouveaux massacres.

Toute la prime enfance de Guillaume avait ainsi baigné dans la crainte latente de voir un jour apparaître des hommes en armes à l'orée du bois, là où débouchait le sentier qui grimpait jusqu'à la métairie. Cette angoisse était partagée par son père puisque, aussi loin que remontaient ses souvenirs, lui revenait cette recommandation du chef de famille :

– Tu es l'aîné, alors s'il nous arrive du mal, à ta mère et à moi, à cause de notre foi, et si tu te retrouves seul avec tes frères et sœurs, pars, marche vers le sud jusqu'à Mirabel.

De là, fais-toi indiquer le chemin du Pradel et va jusqu'à ce domaine. Tu y trouveras dame d'Arcons, la propriétaire de notre métairie. Fais-toi connaître, explique-lui tout, je suis sûr qu'elle ne te laissera pas dans la peine, elle est de notre Église. De plus, c'est une femme de cœur qui ne m'a jamais mis le couteau sous la gorge lors du partage des récoltes.

Après plus de trente-cinq ans de recul et même s'il était moins pieux que ne l'avaient été ses parents, Guillaume pensait toujours que l'Esprit avait réellement visité son père en cette année 1574 alors que les troupes du duc de Montpensier, qui assiégeaient Privas, écumaient toute la région. En effet, dans sa mémoire, pas un jour de cette terrible année ne s'était écoulé sans que son père lui refasse ses recommandations, comme si le pauvre homme pressentait son destin. Mais, si tel avait été le cas, sans doute avait-il sous-estimé l'épreuve imposée par le Seigneur ce matin-là... Tout s'était déroulé si vite et avec une telle violence !

Assis à l'orée du bois de châtaigniers qui surplombait leur masure, Guillaume gardait les trois vaches et les cinq brebis de la famille lorsqu'il avait vu, à moins de cent toises de lui, les hommes qui gravissaient le sentier conduisant à la ferme. Dieu seul savait pourquoi le hurlement qu'il s'apprêtait à pousser pour alerter sa mère, ses deux jeunes frères et sa petite sœur qu'il savait dans la maison s'était éteint sur ses lèvres. De même ne se souvenait-il pas pourquoi, au lieu de courir pour rejoindre les siens, il s'était prestement hissé jusqu'à la couronne du plus proche châtaignier. Caché au milieu des énormes branches, il avait regardé les hommes d'armes atteindre sa maison natale et surtout vu, avec horreur, que son père était là, garrotté, entouré par les soldats...

Quant à la suite, il était rare qu'un jour se passe sans qu'il soit obligé de chasser les images gravées à vie dans sa mémoire et qui, toujours, tentaient de resurgir.

Souvenirs atroces de son père, d'abord battu par la racaille puis soudain lardé de coups de rapière et poussé dans la chaumière d'où, déjà, s'élevaient les plaintes de sa mère, de ses frères et de sa petite sœur. Souvenirs indélébiles des cris qui montaient jusqu'à lui, comme était vite montée l'épaisse fumée que dégageaient l'étable et la maison incendiées d'où, toujours, fusaient des gémissements, de plus en plus étouffés, bientôt couverts par les rires des tueurs, puis par le grondement des flammes.

Ensuite... Ensuite, quand tout n'était plus que ruines fumantes et que la troupe des papistes était allée porter le mal ailleurs, lui étaient revenus les propos de son père. Alors, sans hésiter, sans même redescendre jusqu'à la ferme où, il le voyait, tout avait brûlé, il s'était élancé plein sud, vers cet asile promis par son père.

Il avait couru, couru comme jamais, jusqu'à la nuit, d'une traite. Au soir, contraint de s'arrêter car privé du repère que lui donnait le soleil, il redoutait de se perdre, il s'était tapi, déjà tout grelottant, à l'abri d'un gros rocher. Là, malgré la faim qui lui torturait l'estomac, la peur et des sanglots qui n'en finissaient pas, il s'était endormi.

Éveillé dès l'aube, moulu par le trajet de la veille et de plus en plus affamé, il avait néanmoins repris sa course, sa fuite vers le domaine du Pradel.

Au soir, brisé et titubant, c'est en répétant à mi-voix, comme un laissez-passer, le nom de dame Marguerite d'Arcons, qu'il s'était présenté devant le castel où, d'après son père, on devait l'accueillir. Mais il était alors tellement épuisé que, par la suite, il avait eu du mal à se souvenir de son premier contact avec son sauveur. Tout au plus revoyait-il un homme à barbichette penché sur lui et qui le secouait de la main, mais surtout du pied et qui lançait :

– Mais que veux-tu à mon épouse, hein, petit pouilleux ? Qui t'envoie ? Réponds ou je t'étrille !

Et lui de redire :

– Dame Marguerite d'Arcons, c'est mon père, Bertrand Capelle, son métayer, qui m'a dit de venir... Dame Marguerite, elle t'aidera...

Et si, dans sa mémoire, la suite était nébuleuse, un fait demeurait : comme promis par son père, il avait trouvé aide et assistance au domaine du Pradel.

Aussi, même s'il trouvait souvent que son maître était bougon, tatillon et un peu cagot, et s'il jugeait sévèrement la façon dont il profitait des troubles dus à la guerre pour vendre son blé à des prix insensés et la manière, non moins condamnable, dont il traitait son personnel, le payant le moins possible et l'accablant de travail, il ne pouvait l'abandonner, il lui devait la vie.

Il devait aussi au seigneur du Pradel une telle somme de connaissances, gratuitement acquises, qu'il savait bien que son existence serait toujours trop courte pour le remercier autant qu'il le méritait.

Bien sûr, le problème était que le vieil homme avait maintenant tendance à se répéter, à rabâcher tout ce que Guillaume avait appris depuis des lustres. C'était agaçant, mais cela n'entachait en rien les premiers et merveilleux souvenirs que Guillaume avait du domaine du Pradel. Car même s'il était alors très jeune, lui avait tout de suite sauté aux yeux l'incommensurable différence qu'il y avait entre les maigres terres naguère exploitées par son père et les champs plantureux de cette ferme dont Olivier de Serres avait fait un modèle.

Sans doute était-ce parce que son sauveur avait noté l'intérêt que l'enfant portait à la terre qu'il l'avait patiemment – et parfois durement – instruit. Ainsi, au cours des ans, Guillaume était devenu une sorte de confident et de secrétaire ; une espèce d'homme à tout faire aussi à qui l'agronome pouvait tout autant demander de transcrire ses réflexions sur le développement et la culture de la garance – dont il avait importé les graines de Flandre – que d'expérimenter une nouvelle taille sur les poiriers ou les pommiers du verger.

Mais avant tout, et c'était un total bouleversement, une révélation, M. de Serres lui avait appris l'art de la vraie culture moderne. Au domaine du Pradel, le mot de jachère était banni depuis des années, et c'était bien grâce à cela que les terres avaient si belle allure et que les rendements étaient si élevés, le froment atteignait jusqu'à onze pour un !

– Vois-tu, petit, lui avait dit l'agronome, une récolte, quelle qu'elle soit, fatigue toujours la terre. C'est normal, elle a puisé en elle de quoi germer, croître, grandir, mûrir. De tout temps, on a cru qu'il fallait la laisser reposer une, voire deux ou trois années après une moisson. Si tu n'étais pas si ignare, mais il est vrai alors que tu ne serais pas paysan, et si tu lisais le latin, tu saurais que des hommes comme Caton ou Columelle, sans oublier Pline l'Ancien, dit aussi le naturaliste, ont découvert tout cela bien avant moi. Bref, après la jachère, on a pensé qu'il fallait enrichir la terre, grâce au fumier, à la marne, à la chaux ; c'est bien, mais insuffisant. Moi, j'ai trouvé beaucoup mieux ! Vois-tu, après une année, disons en froment, et un bon et profond labour à la charrue – l'araire ne fait que gratter ! –, je fais semer de la prairie artificielle, luzerne, trèfle, sainfoin, ou encore des betteraves. Tu connais les betteraves ? Non, bien sûr ! C'est une grosse racine qui nous vient d'Allemagne où elle est cultivée depuis longtemps. Alors, moi aussi, je la cultive. Et, vois-tu, il est une variété à racine rouge et comestible qui, une fois cuite, laisse échapper une sorte de sirop douceâtre dont je me suis toujours demandé s'il ne serait pas possible d'en extraire une sorte de sucre... Mais là n'est pas mon propos, je te parlais d'assolement. Oui, grâce à cette rotation des cultures, non seulement la terre se repose, mais elle se revivifie. Surtout si après quelques récoltes de trèfle, de sainfoin ou de luzerne on veille à bien enfouir ces plantes quand elles sont en herbe. Alors là, crois-moi, la céréale qui viendra derrière fera des jaloux !

Outre le principe de l'assolement, indispensable au dire de son maître, Guillaume avait aussi découvert une multitude de plantes dont il ignorait jusque-là l'existence. Des plantes étranges venues du bout du monde. Après des années de recul et maintenant qu'il avait tant appris, c'était avec attendrissement – et peut-être un peu de nostalgie – que Guillaume se souvenait des enseignements de son maître, de ses propos au sujet de telles et telles nouvelles productions.

– Tiens, petit, regarde cette merveille qui nous vient du Nouveau Monde. Tu sais ce que c'est le Nouveau Monde ? Non, bien sûr, comme tout paysan tu cultives autant la sottise que les raves, mais il est vrai que c'est ainsi que le Très-Haut vous a créés. Enfin, tu m'as l'air un peu moins bête que les autres, alors je t'apprendrai, ou j'essaierai... Oui, regarde cette magnifique plante, on appelle ça du blé d'Inde ou du blé d'Espagne, ou encore du maïs. C'est bon pour la volaille et les bestiaux. Mais il paraît que là-bas, dans les Amériques, les indigènes s'en nourrissent. Tu me diras que ces gens-là sont des païens qui dévorent n'importe quoi, ou n'importe qui, mais enfin... Il est vrai que d'autres mangent ça aussi, oui, ces pommes de terre que je cultive car leurs fleurs enjolivent merveilleusement mes parterres. Eh bien, les sauvages les mangent, dit-on ; pour moi, ils ont des estomacs de porcs ! Et pourtant, je me suis laissé dire que du côté de Séville, en Espagne, on cultive la pomme de terre pour le même usage ! Mais il est vrai que ce sont des moines qui font ça et, avec ces gens-là, on peut s'attendre au pire ! Il n'empêche, si j'avais pu, je crois que j'aurais bien aimé moi aussi découvrir le Nouveau Monde. Oui, j'aurais bien aimé être celui qui a rapporté toutes ces merveilleuses plantes !

– Comme le blé de Tartarie ? avait un jour demandé Guillaume.

Mais non, petit sot ! Puisqu'on le dit de Tartarie, c'est qu'il n'est pas d'Amérique, faut-il que tu sois bête ! Le blé noir, ou sarrasin, nous vient de Mongolie et de Turquie, tout le monde sait ça !

– Et les haricots ? avait encore osé Guillaume.

– Les haricots, oui. Et aussi les truffes du Canada[1], les citrouilles et les courges, le tabac, les pommes du Pérou[2] qui sont si décoratives et qui, paraît-il, sont comestibles elles aussi, mais j'en doute. Et tu as aussi, qui nous vient d'au-delà les mers, cette si belle fleur qu'adorent les abeilles et qu'on appelle soleil des jardins, ou tournesol, et qui enjolive elle aussi tous mes massifs. Et tu sais à quel

1. Topinambours.
2. Tomates.

point je veux qu'ils soient beaux, comme tout en ce domaine et comme le sera bientôt mon autre œuvre...

C'est ainsi que Guillaume avait compris que si son maître travaillait avec acharnement au développement de l'agriculture, à la culture des plantes nouvelles et à la mise en valeur des terres, il voyait aussi beaucoup plus loin, beaucoup plus haut ! Car déjà, en ces temps où Guillaume avait encore tant à apprendre, son protecteur était en train d'écrire, depuis des années, avec toute l'application dont il était capable, une maîtresse œuvre, fruit de toutes ses découvertes, de ses expériences multiples, de ses observations. Une œuvre qui, un jour, mais il l'ignorait alors, ferait le bonheur du roi Henri IV, passionné lecteur du *Théâtre d'agriculture et mesnage des champs* d'Olivier de Serres.

Dans les années 1595, alors que Guillaume, dans la force de l'âge, avait su se rendre presque aussi indispensable sur le domaine que son ami Jacques Barnier, l'intendant en titre, son maître lui avait souvent fait prendre des notes relatives aux expériences culturales. Il lui avait même fait rechercher quelques détails dans le livre d'agronomie, écrit trente ans plus tôt par Charles Estienne et Jean Liébault.

– Mais tu verras, lui assurait-il alors, mon ouvrage sera beaucoup plus complet que le leur, et mieux écrit surtout ! Moi, je veux que tout soit dit, et bien dit, sur ce que doit être une vraie ferme moderne et de rapport. D'abord, je parlerai de la maison. Je la veux confortable, bien aérée, bien éclairée, bien chauffée. J'entends celle des maîtres, naturellement, les manouvriers et autres besogneux n'ont pas besoin de confort, ça les rendrait encore plus paresseux qu'ils ne le sont ! Et puis, quel plaisir auraient-ils à aller travailler dehors s'ils étaient trop bien chez eux ! Et cesse de tordre le nez quand je dis ça ! Dans son immense sagesse, Dieu a créé des maîtres et des serviteurs, il importe donc que les maîtres emploient ceux-ci autant qu'ils doivent l'être ! Et tu sais que j'ai raison !

Non, Guillaume n'approuvait pas du tout ce genre de propos et d'autant moins qu'il savait bien que son maître ne perdait jamais une occasion de les mettre en application ; pour lui, moins cher était payée la main-d'œuvre, plus elle lui rapportait ! Mais, caché au fond de la mémoire de Guillaume, vivait toujours le souvenir de ses père et mère, pauvres métayers qui, pour ne pas mourir de faim, ne savaient que trimer chaque jour que Dieu faisait, mais il préférait se taire. D'ailleurs son maître poursuivait son monologue :

– Dans ce livre, je veux aussi traiter de tout ce qui touche à la vigne et au vin, au cidre et, bien entendu, à la bière. N'oublie jamais que c'est moi qui ai introduit en France ce houblon que les Anglais voulaient garder pour eux seuls ! Je parlerai aussi du bétail, des pâturages, naturels et artificiels, de toutes les céréales, du jardin qui doit être aussi chargé en légumes divers qu'en fleurs, pour le régal de l'œil. Je n'oublierai pas la basse-cour, ni le verger. Et, naturellement, je traiterai du mûrier et du ver à soie, tu sais tout le bien que je pense de son élevage.

Plus de quinze ans après cette confidence, Guillaume ne pouvait s'empêcher de penser que, sur ce point-là aussi, son maître avait vu juste. Mais sans doute n'avait-il même jamais osé espérer que toutes ses découvertes sur le mûrier et le ver à soie lui attireraient un jour non seulement l'estime, mais aussi l'amitié du roi Henri. Un roi qui, contre l'avis de son ministre Sully, qui combattait les manufactures de luxe, leur préférant des productions plus essentielles au peuple, avait décidé de lancer le pays tout entier dans la culture du mûrier et l'élevage du ver à soie.

Grâce à quoi, espérait-il, la France n'aurait plus à acheter à l'Italie les stocks considérables de soie, brute ou façonnée, qui lui coûtaient chaque année entre douze et dix-huit millions d'écus, une fortune !

C'est ainsi que, dès 1600, et alors que venait juste d'être édité le *Théâtre d'agriculture*, Guillaume avait vu partir son maître pour Paris, mandé une nouvelle fois par le roi.

Il avait vu revenir un homme ébloui, comblé. Un homme à qui le roi venait de demander d'installer des magnaneries partout où cela était possible dans le royaume. Et, pour commencer, de faire expédier, au plus vite, vingt mille pieds de mûriers qui allaient être plantés un peu partout dans Paris, mais principalement aux Tuileries.

Depuis cette heure de gloire, Olivier de Serres ne tarissait pas d'éloges envers ce roi qui avait eu l'intelligence de comprendre que l'agriculture de la France pouvait hisser le pays au premier rang des producteurs d'Europe.

– Et nous le serons bientôt, tu verras, nous le serons, assurait le vieil homme à Guillaume qui, connaissant le refrain, en attendait l'invariable chute : Oui, nous serons bientôt les premiers, un peu grâce à moi d'ailleurs...

Alors, parce que au fil des ans il avait pris de l'audace, et sans doute aussi parce que c'était devenu un jeu entre eux, Guillaume glissait toujours :

– Grâce à vous, oui, mais aussi grâce au grand Sully...

Il savait très bien que M. de Serres avait eu jadis des mots avec le ministre, toujours à cause des vers à soie, et aussi de l'amitié réelle que lui portait le roi. Mais Guillaume n'ignorait surtout pas que son maître n'arrivait pas à lui pardonner de lui avoir soufflé une phrase qu'il aurait tant aimé trouver et lancer avant lui : « Labourage et pâturage sont les deux mamelles de la France, les vraies mines d'or et trésors du Pérou ! »

Ça, pour son maître, c'était la méchante épine au milieu des roses !

Le temps était magnifique et la température très douce en cette fin d'après-midi du 15 mai. Aussi, appuyé sur la solide épaule de Guillaume et marchant à petits pas dans les allées de son jardin, M. de Serres était heureux.

Le ciel était clément pour toutes les cultures et la dernière pluie d'orage, abondante mais non violente, était venue à point pour arroser tous les légumes et toutes les fleurs, nimbées d'abeilles, qui poussaient là, dans les plates-bandes que sarclaient quelques manouvriers. Quant aux céréales et aux foins, ils poussaient dru et promettaient beaucoup. Tout allait bien.

– Dis-moi, demanda le vieillard en s'arrêtant et en se tournant vers Guillaume, est-ce que je t'ai dit que c'était moi qui avais introduit la garance en France ?

Guillaume acquiesça poliment, il savait ça depuis plus de trente ans ! Il savait ça, et tout le reste que ne cessait de lui rappeler son maître. Lequel se croyait aussi toujours tenu de lui redire qu'il fallait traiter fermement et peu payer, quitte à en changer souvent, les gens qui avaient l'honneur de travailler pour vous. Tous ces radotages ennuyaient de plus en plus Guillaume qui, pourtant, se taisait.

– Et, si un jour tu as des terres à toi, n'oublie jamais tout ce que je t'ai appris. N'oublie pas, hein ?

– Certes, certes, soupira Guillaume en dissimulant son agacement, car il ne voyait pas par quel miracle il pourrait un jour devenir propriétaire d'une ferme, même petite ; c'était une acquisition que ses très faibles moyens financiers lui interdisaient.

Et est-ce que tu sais ce que notre bon roi m'a confié la dernière fois que je l'ai vu ? poursuivit le vieillard.

– Mais oui..., murmura distraitement Guillaume car son attention venait d'être attirée par un gamin qui courait vers eux en criant.

La nouvelle qu'il leur lança leur éclata en plein cœur, les laissa pantois, assommés, et si tristes !

Le roi était mort, assassiné la veille d'un méchant coup de couteau.

– C'est pas vrai, c'est pas vrai, balbutia le vieillard en s'accrochant au bras de Guillaume, pas lui, pas notre bon roi.

Et il était soudain si pitoyable, avec son visage tout ridé ruisselant de larmes, et si pâle, si tremblant, que Guillaume prit peur. Alors, le soutenant, il le guida jusqu'à un banc, le fit asseoir. Là, comme il l'aurait fait pour un enfant, oubliant toute forme de respect, il s'assit à ses côtés et lui tapota doucement les mains, pour le calmer, le consoler.

Plus tard, Guillaume ne sut dire combien de temps avait duré leur halte sur ce petit banc, dressé devant un bassin où folâtraient de grosses carpes entre les fleurs de nénuphars. Tout au plus se souvint-il que la nuit n'était pas loin lorsqu'il avait enfin décidé son maître à rentrer à la maison.

– Il va faire frais, vous allez prendre du mal. Et puis, n'oubliez pas, demain, vous vouliez faire le tour des terres avec moi.

– C'est vrai. Et nous le ferons, avait alors soupiré le vieil homme après s'être mouché. Nous le ferons, en souvenir de notre bon roi. Notre roi qui, comme moi, aimait la terre, sa terre de France. Aujourd'hui elle est ingrate, demain elle sera belle.

10

Si étonnant que cela puisse paraître et malgré tout ce que son Théâtre d'agriculture *aurait apporté à l'ensemble du pays, l'œuvre d'Olivier de Serres (mort en 1619) tomba dans l'oubli. Et ce, malgré les dix-neuf rééditions de son traité qui, jusqu'en 1675, vinrent démontrer à quel point il était possible de faire évoluer une agriculture qui en avait grand besoin. De même ne passèrent point à la postérité deux autres de ses ouvrages :* La Cueillette de la soye par la nourriture des vers qui la font, *publié en 1599, et* La Seconde Richesse du mûrier blanc, *édité en 1603.*

Mais il est vrai qu'on peut tenter d'expliquer cet ostracisme si l'on se souvient que la tolérance religieuse imposée par Henri IV ne survécut guère à sa mort. La preuve, dix ans après que ce monarque tolérant eut succombé au couteau d'un illuminé, l'obsession meurtrière des papistes reprit le dessus et la chasse aux huguenots redevint permanente. Chasse qui s'attaquait même à la mémoire et à l'œuvre d'un homme puisque, deux ans après la mort d'Olivier de Serres, le duc de Montmorency, en expédition anticalviniste dans le Vivarais, pilla le domaine du Pradel (vraie ferme modèle au dire des chroniqueurs et de Daniel de Serres, fils aîné d'Olivier), et fit aussi disparaître toutes les tombes des protestants ; ce qui explique sans doute pourquoi celle de notre agronome resta toujours introuvable. Comme tout cela était sans doute insuffisant et que les guerres de Religion persistaient sous Louis XIII – et on était encore loin des dragonnades de son fils ! –, le duc de Ventadour, lui aussi de passage dans la région, en mai 1628 et en quête de quelques expéditions punitives, décida de raser totalement le domaine du Pradel. Ce qui fut promptement fait avec l'aide du canon et des troupes d'un M. de Marsilhac.

Devant une telle somme de bêtise, laquelle était sans doute aussi de mise chez les gens du peuple, on comprend mieux pourquoi les découvertes et les démonstrations novatrices et bénéfiques d'Olivier de Serres n'avaient aucune chance de passer à la postérité ; le sectarisme de l'époque – on en a connu d'autres depuis ! – ne pouvait tolérer les leçons d'agronomie, fussent-elles géniales, d'un adepte d'une religion condamnée. Silence donc sur Olivier de Serres, et pour deux siècles !

Pourtant, toujours au sujet du seigneur du Pradel, il est permis de penser que, même s'il n'eût point été calviniste, ses préceptes auraient pour autant survécu au règne de Louis XIV. Car le moins qu'on puisse dire est que, à la cour, les conversations ne roulaient sûrement pas sur l'art et la manière d'augmenter un peu les rendements, ne serait-ce que pour limiter les famines qui frappaient périodiquement le royaume. Il est vrai que les courtisans, à l'image du monarque, étaient tellement prétentieux et égocentriques que l'idée même d'améliorer le sort de leurs gens ne leur venait pas à l'esprit. On ne peut pas à la fois faire des courbettes et des ronds de jambe et s'inquiéter de l'existence de tous les anonymes chargés des labours et des moissons, ou alors, à quoi bon être titré et riche !

Tout au plus, à propos des manants, se rappelle-t-on leur existence lorsque, en cas de guerre – et elles occupèrent quelque cinquante ans du règne de Louis XIV –, on expédie les troupes vers les campagnes en vue d'y réquisitionner, ou d'y voler, la nourriture des hommes et des chevaux.

Tout au plus s'agace-t-on et décide-t-on de prendre des mesures lorsque, un peu partout dans les provinces, des paysans – croquant ici, va-nu-pieds là, Lustucrus ailleurs –, excédés, ruinés, à bout de force, s'insurgent, s'arment et rossent ou étripent quelques collecteurs d'impôts ou intendants !

Et on pousse des cris d'orfraie pour mieux vilipender les écrits quasiment séditieux d'un La Bruyère brossant un tableau sinistre de la campagne française et des « animaux » qui y vivent...

Bien entendu, tous les nobles n'étaient pas à Versailles, car tous n'avaient pas les moyens de s'offrir le train de vie indispensable pour briller un peu à l'ombre du Roi-Soleil. Et sans doute ceux-là, qui ne quittèrent pas leur région et qui étaient chaque jour témoins de la misère paysanne – à tel point que certains prirent la tête des troupes en révolte –, se réjouirent de la promotion de Colbert et de toutes les réformes qu'il lança.

Comprenant que la majorité des paysans étaient littéralement écrasés par le poids des dettes (redevances et impôts non payés), il prit des mesures, soit pour les atténuer, soit même pour en effacer certaines. De même, c'est grâce à lui que commença un vaste et ambitieux programme de développement de l'élevage. Élevage qui, en cette fin du XVIIe *siècle, était encore peu prisé par la majorité des paysans. C'est aussi lui qui veilla à la réorganisation des haras, qui patronna la création des Ponts et Chaussées et l'organisation des Eaux et Forêts.*

Malheureusement, espérant éradiquer la famine endémique qui sévissait toujours et qui, pensait-il, était le fait d'une exportation de blé de plus en plus massive car plus rémunératrice que la vente dans le pays, il interdit cette pratique et limita même la circulation du grain en France. Ce qui eut pour effet immédiat de casser les cours et de détourner les paysans d'une culture devenue peu rentable. Il est vrai qu'avec des rendements moyens qui étaient souvent retombés à six pour un, les laboureurs rechignaient à mettre la main à la charrue.

Cela amena, en 1675, une famine encore plus terrible que toutes les précédentes; elle n'était pas la dernière, loin de là... Et, parce que la croissance d'une récolte dépend des caprices du ciel, que les hivers étaient de plus en plus assassins, surtout celui de 1694, et les étés toujours aussi pourris, la disette s'installa et ne quitta plus le pays de 1698 à 1715 !

Mais qu'on se rassure, cela n'empêcha nullement de veiller à ce que les serres de Versailles, installées suivant les plans du jardinier en chef, Jean de La Quintinie, soient toujours bien chauffées et en parfait état, aptes à produire, en toute saison, les fruits et légumes que le roi aimait.

Le curé de Saint-Égide

Transi de froid malgré le feu qui craquetait devant ses jambes, Yves Legoff ne parvenait pas à maîtriser les frissons qui le secouaient.

D'une main tremblante, toute déformée par l'arthrite et aux doigts gonflés par les engelures, il posa une autre bûchette dans le foyer et tendit ses paumes vers les flammes. Même s'il risquait de manquer de bois pour charger le feu pendant la nuit, il fallait au moins que le brasier devienne plus important qu'il ne l'était pour l'instant. Car Yves Legoff devait absolument se réchauffer pour que son corps émerge enfin du pernicieux engourdissement qui était en train de le paralyser. Faute de quoi, il le savait d'expérience, il ne servirait à rien de se mettre au lit pour y chercher quelques heures de sommeil et d'oubli, le froid serait le plus fort et le tiendrait éveillé et toujours aussi grelottant.

De plus, avant de se glisser sous les couvertures mitées de sa couche, il lui serait impossible, tant ses doigts étaient gourds, de s'astreindre à la tâche qu'il tenait coûte que coûte à remplir chaque soir : écrire en quelques lignes, confiées à son journal personnel, les événements de la journée et, quand besoin était, relater sur le registre paroissial les baptêmes, les mariages, les décès. Et il était fier de n'avoir jamais failli à cette pratique depuis les trente-trois ans, quatre mois et douze jours qu'il était devenu le curé de cette misérable paroisse Saint-Égide, du village de La Grébière, aux confins du Berry, dans une des régions les plus désolées du royaume : la Brenne.

Ici, même en année normale, celle qui permettait juste aux paysans de faire patienter les intendants et les huissiers en leur réglant le quart ou le huitième de ce qu'ils réclamaient depuis longtemps au nom du seigneur et du roi, la misère était quotidienne. Car, à la famine et à la pauvreté quasi permanentes qui planaient sur le pays, s'ajoutaient toutes les maladies dues à un climat débilitant, humide hiver comme été, lourd de brouillard et de miasmes, mortel.

Ici, hommes, femmes et enfants avaient tous le teint jaune des fiévreux et l'allure pitoyable de gens atteints par une cachexie chronique et fatale. Et lorsque, par malheur, comme si la famine latente et les maladies ne suffisaient pas à emplir le cimetière, le ciel envoyait aux hommes l'hiver le plus froid et le plus long qui soit, la mort devenait permanente, banale même.

C'était toujours à cause d'elle, d'ailleurs, qu'en cette glaciale soirée du 12 février 1709 l'abbé Legoff tentait de se réchauffer un peu. Suffisamment du moins pour tremper sa plume dans l'encrier qu'il prenait soin de laisser proche du foyer, pour que l'encre ne gêle pas. Ensuite, il inscrirait sur le registre paroissial le nom de celui qui ne verrait jamais fleurir ce printemps que tous attendaient. Mais au lieu de calligraphier : Mort de maladie (ou d'accident ou de vieillesse), il écrirait : Mort de froid et de faim.

Il savait surtout que, en ce soir où le gel devenait de plus en plus mordant, son écriture, déjà naturellement tremblée depuis des années, le serait encore plus. À cause du froid sans doute qui paralysait ses doigts de vieillard, mais aussi de l'émotion et de l'immense détresse qui s'étaient abattues sur lui deux heures plus tôt, lorsqu'il avait fermé les yeux du seul véritable ami qu'il ait eu depuis qu'il était arrivé au village de La Grébière, un soir d'octobre 1675. Un village où, en bonne logique, le Breton qu'il était, curé de la petite paroisse Sainte-Anne, à côté de Kerretz en basse Bretagne, n'aurait jamais dû venir. Mais la vie, les événements, la politique et l'Église elle-même en avaient décidé autrement. Aussi, le déjà pauvre, mais encore jeune prêtre qu'il était alors, n'avait plus eu qu'à obéir et à prendre le chemin de cet exil vers lequel on l'envoyait, avec interdiction de jamais remettre les pieds dans sa Cornouaille natale.

Guénolé et Madeleine Legoff, métayers de leur état sur une ferme d'à peine sept arpents, à une demi-lieue de Kergaleden, n'avaient pas demandé son avis à leur fils aîné pour le pousser vers la prêtrise. Ils avaient six autres enfants à nourrir auxquels s'ajoutaient les deux grand-mères de la famille.

Aussi, lorsque le curé de leur village, après avoir fait d'Yves un enfant de chœur très convenable, leur avait proposé de le pousser jusqu'à la tonsure, c'est débordant de reconnaissance qu'ils avaient accepté cette offre ; à leurs yeux, elle était une véritable promotion. Elle les vengeait aussi un peu de cette humiliation, vécue cinq ans plus tôt, lorsque, étouffés par des dettes insurmontables, ils avaient été contraints de céder leurs terres pour solder des arriérés de taille réclamés tous les ans et chaque fois repoussés. Jusqu'au jour où l'huissier du receveur, las de se présenter en vain pour encaisser son dû, avait exigé la saisie des biens. Ainsi avait été mise en vente la modeste ferme que Guénolé tenait de son père, laboureur de son état qui, quelque trente ans plus tôt, à force de travail et d'économies avait pu acheter une masure, une étable et les sept arpents de terre et de pacages qui les entouraient.

Le comble de la tristesse et de la honte, pour Guénolé, avait été d'apprendre que l'acheteur n'était autre que le receveur de la région, homme haï de tous puisque tenu pour responsable du volume des impôts ! Ruiné, dépouillé de tout puisque même ses meubles et son maigre cheptel avaient été vendus, Guénolé, comme nombre de ses confrères, se préparait à fuir vers la ville, en espérant y trouver un semblant de travail, lorsque le nouveau propriétaire de sa ferme lui avait proposé d'en devenir le métayer. Pratique courante dont usaient beaucoup de profiteurs qui, non contents d'acquérir des terres à vil prix, faisaient en sorte de s'attacher ceux qui, les connaissant de tout temps, étaient à même de les travailler au mieux.

C'est ce qu'avaient fait Guénolé et sa femme après s'être de nouveau endettés pour racheter quelques petits outils, un vieil araire, une ânesse, deux brebis et un minimum de meubles.

Né en 1638, l'abbé Legoff gardait surtout de son enfance le souvenir de la misère et de la faim permanente dans lesquelles vivait sa famille. Déjà, sans que nul ne sache pourquoi, les hivers devenaient plus froids, plus longs et rigoureux d'année en année. Même les rares vieillards du village, les plus résistants, dont certains avaient souvenir des hivers 1585 et 1604, toujours cités en exemple, assuraient qu'ils avaient été presque cléments par rapport à ceux qui sévissaient désormais.

Aussi, faute de froment et de seigle qui gelaient de plus en plus souvent, privant ainsi les populations de leur aliment de base, le pain, fallait-il se rabattre sur d'infâmes brouets d'avoine et de blé noir, des racines de carottes et de salsifis sauvages, des baies d'églantiers, des faines ; et les alises et les arbouses devenaient presque un luxe ! Pis encore, pour tenter d'apaiser leur faim, les paysans s'essayaient à la fabrication d'une sorte de galette faite d'une infime part de farine d'orge, de glands torréfiés et moulus, d'un peu de farine de sarrasin et d'une grosse proportion de racines de fougères bouillies. Mais le tout était tellement lourd et indigeste que beaucoup d'affamés ne supportaient pas l'ingestion de ce faux pain et mouraient de dysenterie ou d'empoisonnement en quelques jours.

C'était pendant ces années de misère que le jeune Legoff avait quitté la ferme pour rejoindre le séminaire. Et son départ, loin d'attrister ses parents, les avait réjouis ; ils avaient désormais une bouche de moins à nourrir.

Ordonné après la formation et les retraites désormais exigées et auxquelles nombre de vieux prêtres encore en exercice n'avaient pas eu accès, l'abbé Legoff avait été nommé curé de la petite église Sainte-Anne, non loin de Kerretz. Une église aussi misérable et pauvre que les chaumières des alentours et dans laquelle il pleuvait. Malgré cela, chef spirituel d'une communauté de paysans au milieu desquels il se sentait à l'aise, en dépit de leur pauvreté, donc de leur incapacité à le bien nourrir, l'abbé Legoff n'était pas malheureux, même s'il se savait totalement oublié par sa hiérarchie.

De plus, parce qu'il était resté très attaché à sa terre bretonne, il n'hésitait pas, la belle saison venue, à revenir parfois sur sa ferme natale pour aider ses parents, l'espace d'un après-midi, à rentrer les foins ou à moissonner le blé noir. Et sans doute sa vie se fût-elle ainsi écoulée, sans plus de bruit ni d'originalité, s'il n'avait été un jour contraint de prendre parti pour les siens. D'intervenir pour tous ces paysans dont il se sentait si proche et que la misère et l'exaspération venaient de pousser à la révolte en ce printemps 1675.

Tout était parti d'une rumeur. Le roi, non content de faire peser sur toutes les fermes l'emprise de plus en plus insupportable de ses impôts, se préparait, avec la complicité de Colbert, à instaurer la gabelle en Bretagne. La province en avait été exemptée jusque-là, à la plus grande satisfaction de tous ; mais voilà que le surintendant, en qui pourtant les paysans avaient confiance, prenait le parti de l'iniquité et de l'oppression. Pourtant, c'était le même homme, et beaucoup l'avaient alors porté aux nues, qui, naguère, pour aider le pays affaibli à se relever de la guerre de Trente Ans et de la Fronde, avait lancé un vaste programme de réformes. Comprenant que beaucoup de paysans étaient incapables de régler les tailles souvent impayées depuis des années et qui s'accumulaient, il les avait effacées. Dans le même temps, il avait veillé à ce que la taille courante soit diminuée. Et parce qu'il savait à quel point les paysans étaient lourdement endettés, il avait exigé que le taux des emprunts qu'ils étaient contraints de faire passe de cinq et demi pour cent à cinq pour cent. De même avait-il interdit aux percepteurs de saisir tout le bétail en cas de non-paiement de la taille ; ainsi chaque ferme devait au moins pouvoir garder une vache, deux chèvres et trois brebis.

En apprenant ces décisions, l'abbé Legoff n'avait pu s'empêcher de regretter qu'elles n'aient pas été prises plus tôt pour sauver la ferme paternelle !

À toutes ces innovations bénéfiques pour les paysans,

Colbert avait ajouté bien d'autres mesures, toutes aussi saines. Outre des primes aux éleveurs, il avait encouragé l'ensemble de l'élevage du royaume en important de nouvelles races bovines de Suisse, des ovins d'Angleterre, des Flandres et d'Espagne. Il avait aussi réorganisé les haras et pris de judicieuses ordonnances pour gérer les eaux et forêts.

Seule erreur, que beaucoup lui reprochaient, il avait limité et réglementé la circulation des grains vers l'étranger et même en France. Cela avait aussitôt fait chuter les cours.

Et voilà qu'en cette année 1675 apparaissait en Bretagne le spectre de la gabelle ! Mais ce n'était pas tout, hélas ! À cette nouvelle forme d'impôt, l'État, toujours à la recherche d'argent frais, venait d'ajouter des taxes sur le tabac, sur la vaisselle d'étain, celle dont usaient les paysans, et enfin sur tous les papiers administratifs, ceux-là mêmes que les huissiers expédiaient si souvent aux agriculteurs endettés, et ils l'étaient presque tous !

Alors, sans que personne puisse dire exactement qui avait lancé la révolte, elle avait grossi en quelques jours. Partie de Rennes en avril, elle avait gagné Guingamp fin mai. Puis, faisant tache d'huile, elle avait pris une telle ampleur que, dès juillet, vingt mille révoltés en armes faisaient la loi de Concarneau à Douarnenez. Et les croquants qui conduisaient cette nouvelle fronde étaient tellement sûrs d'eux, forts de toutes les paroisses qui s'étaient rangées à leurs côtés, qu'ils avaient même fait coucher sur le papier, par quelque tabellion réquisitionné, une sorte d'ultimatum adressé aux États de Bretagne.

À la lecture du document, l'abbé Legoff avait aussitôt compris à quel point les insurgés manquaient du plus élémentaire bon sens. Ce qu'ils demandaient était irréalisable car dangereusement révolutionnaire, donc inacceptable par le pouvoir.

Les pauvres gueux n'allaient-ils pas jusqu'à exiger que les filles nobles puissent épouser des roturiers qui seraient, de ce fait, aussitôt anoblis ? Pêle-mêle, parmi toutes leurs revendications (dont il était impossible de dire laquelle était la plus utopiste, pour ne pas dire la plus folle), venaient la suppression de la dîme et du salaire aux curés, la redistribution de l'argent des impôts pour que tous puissent acquérir du tabac, lequel serait d'obtention aussi simple que le pain bénit distribué en fin de messe ! À ces outrances s'ajoutaient l'interdiction du papier timbré, la fixation immuable du prix de la pinte de vin bue au cabaret, la liberté de faire moudre son blé au moulin de son choix, la fermeture de la chasse du 1er mars à la mi-septembre, la destruction des colombiers et le droit de tuer les pigeons surpris aux champs. Quant à la justice, il était entendu qu'elle serait désormais rendue gratuitement par des élus du peuple !

Enfin, et c'était le summum du grotesque pour un homme comme l'abbé Legoff qui savait ce que gabelle voulait vraiment dire, les pauvres bougres, confondant cet impôt avec une bête aussi malfaisante que dangereuse, recommandaient à tous de « ... tirer sur elle comme un chien enragé et de ne lui fournir ni à manger, ni aucune commodité ».

Aussi, contrairement à plusieurs de ses confrères qui s'étaient ouvertement rangés parmi les mutins, l'abbé Legoff avait tenté, à l'échelle de sa paroisse, de remettre un brin de raison dans cette folie collective. Car s'il comprenait très bien ce qui motivait cette révolte, il lui était impossible d'en approuver les outrances ; déjà commençaient les pillages, les vols, les meurtres...

Soudain, en août, l'impitoyable et terrifiante réponse royale était tombée. Forte de dix mille hommes aguerris, pour qui chaque masure, chaque village était ouvert à toutes les exactions possibles – et les pires étaient recommandées –, la répression s'était étendue sur la basse Bretagne. Très vite, les pendus, les écartelés, les roués, les convois de futurs galériens et aussi les églises au clocher rasé sur ordre étaient venus rappeler partout ce qu'il en coûtait de bafouer l'autorité royale.

C'est alors que l'abbé Legoff avait été contraint de prendre parti pour tenter de sauver de la potence ou de la roue plusieurs de ses paroissiens ; et il avait même été jusqu'à cacher dans son presbytère deux de ses cousins, recherchés par la troupe.

Dénoncé peu après et alors qu'un calme mortel planait maintenant sur la Cornouaille, c'est sans aucune illusion qu'il avait rejoint Quimper, convoqué par son évêque. Là, son sort avait été réglé en moins d'un quart d'heure par un prélat qui, pour l'occasion, avait provisoirement abandonné le coquet castel qu'il possédait en Anjou et où il résidait habituellement.

– Il m'est revenu aux oreilles que, comme tant d'autres Bretons, tu t'étais rebellé contre le roi, l'avait tancé l'évêque tout en jouant avec son améthyste. On aurait pu t'exécuter et je n'aurais pas pris le deuil, ou t'expédier à la Bastille comme certains de tes confrères... Mais il faut croire que tu ne vaux ni la corde pour te pendre, ni la paillasse d'un prisonnier ! Cela dit, comme il n'est pas tolérable qu'un aussi mauvais sujet que toi reste dans mon évêché, j'ai pris la décision, en accord avec les autorités et avec un de mes bons amis archevêque, de t'expédier là où tu ne pourras nuire à personne. Tu rejoindras donc, dès demain, ta nouvelle paroisse au fin fond du Berry. Et si, d'aventure tu remets un jour les pieds chez nous, je ne ferai rien, cette fois-là, pour m'opposer à ta pendaison !

Le lendemain, balluchon sur l'épaule, l'abbé Legoff avait pris à pied le chemin de l'exil. Trop pauvre, il n'avait même pas de quoi payer une place dans la diligence.

L'abbé Legoff frissonna une nouvelle fois et essuya d'un revers de main les larmes que la douloureuse toux, qui l'agressait si souvent depuis des mois, venait de pousser sous ses paupières. Tout essoufflé par la quinte rauque qui, une fois de plus, l'avait laissé sans force, il rassembla d'une main tremblante les brandons qui venaient de rouler entre ses pieds. Puis, parce qu'il avait encore trop froid, il posa une nouvelle bûche au milieu du foyer.

Cette fois, il en était sûr, malgré le vent glacial qui soufflait dehors en chuintant sur la neige, il ne couperait pas à ressortir pour aller chercher une brassée de bois. Faute de quoi, le feu mourrait avant le milieu de la nuit et la température de la pièce, pourtant déjà très basse, chuterait encore.

« J'irai avant d'écrire, ça me réchauffera », décida-t-il en s'acagnardant encore un peu plus au coin de l'âtre. Déjà se réveillaient ses lointains souvenirs.

De son installation dans sa nouvelle paroisse lui revenait surtout l'immense difficulté qu'il avait eue à communiquer avec ses nouvelles ouailles. À leurs yeux, et parce que prêtre, il était fatalement du côté du seigneur qui les exploitait, le baron de Masdranges, homme qui, possédant plus de huit mille arpents, était le maître incontesté de la contrée. Ensuite, habitué à parler son breton natal, il avait eu beaucoup de difficultés à comprendre le dialecte du pays. Mais il n'en avait pas voulu à ses paroissiens, conscient d'être un intrus, un étranger, voire un nanti, même s'il était presque aussi misérable qu'eux. Car lui qui pensait que les terres de sa Cornouaille figuraient parmi les plus ingrates du royaume avait vite compris qu'il y avait bien plus pauvre encore. Tous les paysans de la région en apportaient la preuve, qui s'échinaient à longueur d'année pour tenter de tirer quelques récoltes d'un sol acide, stérile, marécageux qui, bon an mal an, produisait à peine quatre grains de méteil ou de seigle pour un de semé ! Même le chanvre et le lin qu'ils tentaient de cultiver et qu'ils tissaient eux-mêmes l'hiver venu, espérant en tirer quelques sous, étaient souvent si chétifs et clairsemés qu'il était inutile de les récolter ! Même les bestiaux étaient encore plus décharnés que ceux de Bretagne. Étonné par la totale absence de moutons, l'abbé Legoff avait fini par déduire que les ovins ne pouvaient survivre dans ce pays couvert de marécages, où grouillaient la vermine et les sangsues et où bourdonnaient des nuées de moustiques porteurs de fièvres.

Quant aux rares troupeaux de vaches et de chèvres qui cherchaient pitance dans les carex, les joncs ou les jachères qui, souvent, duraient plus de trois ans, ils étaient tous étiques et scrofuleux. Alors, pour habitué qu'il ait été dans sa vie à supporter la misère et la famine, l'abbé Legoff avait deviné que le pire restait encore à venir.

« Enfin, soupira-t-il, heureusement que j'ai connu Jean, car sans lui... »

Il se souvenait de leur rencontre comme si elle avait eu lieu la veille. C'était au printemps 1676. Il y avait déjà plus de six mois qu'il était arrivé à La Grébière, mais encore rares étaient les paroissiens qui lui témoignaient une quelconque sympathie. Certes, ils faisaient appel à lui pour les baptêmes, les mariages et surtout les enterrements et lui donnaient en échange de quoi ne pas mourir de faim, mais ça n'allait pas plus loin. D'ailleurs, la petite école ouverte par son prédécesseur – à la demande des autorités, tant royales qu'ecclésiastiques –, et qu'il était censé animer, n'accueillait que trois élèves sur la cinquantaine qu'elle aurait pu recevoir ; trois garçons souffreteux, beaucoup trop chétifs pour être d'une quelconque utilité à la ferme.

Aussi avait-il été étonné, en ce soir de mai, alors qu'il était occupé à planter quelques choux dans le jardinet du presbytère, de voir un inconnu d'une quarantaine d'années, qui l'observait par-dessus la haie fermant le terrain.

– C'est vous le nouveau curé ? avait lancé l'homme.

L'étonnement de l'abbé s'était accru, car si le nouveau venu avait l'accent du pays, il parlait néanmoins un français compréhensible.

– Oui, c'est moi.

– Eh bien, moi, je suis votre voisin, avait expliqué l'homme avec un coup de pouce en direction d'une proche masure que l'abbé avait toujours vue fermée.

Alors, parce que c'était le premier paroissien qui paraissait avoir envie d'engager la conversation avec lui, l'abbé avait posé sa houe, s'était approché de la haie et avait tendu la main à l'inconnu.

– Je m'appelle Jean Ballereau, colporteur, lui avait dit l'homme, je viens quasiment de faire le tour de France ; ça fait plus de huit mois que je suis parti. Les autres ne vous ont pas parlé de moi ?

– Oh ! les autres, les autres... Ils ne me parlent pas plus qu'il ne faut, ils ne m'aiment guère, je crois...

– Mais si ! Croyez pas ça ! Ils vous aiment bien, mais ils n'osent pas le dire, et ils n'oseront jamais. Ils sont comme ça, par ici : pas méchants, mais pas causants avec les étrangers. Et puis méfiants. Faut les comprendre, ils ont toujours peur qu'on vienne leur prendre le peu qu'ils ont...

– Bien sûr. Mais alors, vous n'êtes donc pas d'ici puisque vous me parlez ?

– Si fait ! Mon père était journalier, sujet et aux ordres du baron de Masdranges, comme tous les gens de votre paroisse et même de celles d'à côté ! Journalier, oui, et aussi pauvre que tous les autres. Et moi, j'étais l'aîné de six.

– Je comprends.

– Alors, à quatorze ans, j'ai suivi le premier colporteur qui passait là. Son âne venait de crever et il n'avait plus rien pour tirer sa carriole, je m'y suis attelé... Et, un jour, c'est lui qui est mort, l'était vieux et malade. J'ai pris la suite et ça fait plus de vingt-cinq ans que je cours les chemins et la campagne. Et croyez-moi, j'en ai vu du pays et j'en ai appris des choses ! Tenez, j'ai même suivi les armées du roi en campagne. De loin, bien sûr, pas fou le Ballereau ! Il n'empêche, en 67, j'étais dans les Flandres et en 68 en Franche-Comté. Faut pas le dire, mais je vendais un peu de tabac de contrebande à la troupe... Et aussi un peu d'eau-de-vie...

– Vous connaissez la Bretagne ?

– Bien entendu. J'y suis passé l'été dernier, juste après la révolte ; les pauvres bougres de là-bas en étaient encore tout transis, faut dire, c'était pas beau...

– Non, c'était pas beau, avait soupiré l'abbé Legoff.

Et il avait passé le bras par-dessus la haie et serré l'épaule de l'homme.

Dès ce jour, Jean Ballereau était devenu son ami et, très

souvent, son soutien. Pourtant, il lui arrivait de s'absenter plus de six mois, et l'abbé Legoff mesurait alors toute l'étendue de sa solitude. Car s'il était peut-être vrai que ses paroissiens l'aimaient bien, ils le lui cachaient avec autant de soin qu'ils dissimulaient les quelques piécettes qu'ils gagnaient en grattant leurs terres.

Aussi, les retours du colpoteur étaient une véritable fête car, avec lui, l'abbé avait quelqu'un à qui parler. Quelqu'un qui, passant de ville en ville, lui apportait les dernières nouvelles, les derniers potins. Quelqu'un enfin qui avait, disait-il, toujours un almanach ou une gazette de trop, dont héritait l'abbé. C'est ainsi que, grâce à Jean Ballereau, colporteur de son état, jusqu'à ce que ses forces le trahissent cinq ans plus tôt, l'abbé Legoff avait pu survivre dans le village de La Grébière pendant trente-trois ans, quatre mois et douze jours, sans devenir fou...

Maintenant, Jean était mort, de froid, de faim, de misère. Mort comme tant d'autres paroissiens en cet épouvantable hiver 1709 qui n'en finissait pas de tuer. Un hiver encore plus terrible que celui de 94 et qui, après avoir gelé toutes les céréales semées à l'automne et décimé sans discernement les chrétiens et les bêtes, faisait même éclater les chênes et les pins de la forêt voisine. Un hiver qui venait de tuer Jean Ballereau, le seul ami que l'abbé Legoff ait compté dans son exil.

L'abbé soupira, se frictionna les mains et le torse et se leva. Déjà le feu faiblissait, car les bûches de saule qu'il y mettait ne tenaient guère à la flamme.

– Allons, que ça plaise ou non, il faut que j'aille jusqu'à la remise, murmura-t-il en endossant sa vieille cape.

Il savait que le froid allait le surprendre, mais il fut malgré tout saisi dès qu'il ouvrit la porte. Dehors, une lune éclatante illuminait comme en plein jour la campagne enneigée et, non loin, vers la forêt, quelques loups affamés hurlaient au ciel, en de longs et sinistres sanglots.

L'abbé sortit, avança dans la neige craquante ; il faisait encore plus froid qu'il ne l'avait redouté.

Le gel le foudroya au milieu du jardin. Bras en croix, il chuta dans la neige.

11

Même s'il est un peu vexant, pour un Français, de devoir le reconnaître, au XVIII*e siècle, l'Angleterre ne se contentait pas d'être la première puissance maritime du monde, elle était aussi le pays qui savait ce qu'agronomie veut dire. Et qui, non contente de le savoir, mettait en application toutes les découvertes de ses propres agronomes. Mais, puisque nous en sommes à l'autocritique, la même qui nous a permis de mesurer le peu de cas que nous faisions des travaux d'Olivier de Serres, autant dire tout de suite que, de leur côté, nos voisins n'avaient pas attendu le* XVIII*e siècle pour transformer en pratique les théories de leurs chercheurs.*

La preuve : dès le XIII*e siècle, un dénommé Walter de Henley publia un traité d'agronomie dans lequel, par la simple observation d'expériences bien conduites dans plusieurs parcelles, il démontra, entre autres, à quel point une graine avait tendance à s'affaiblir lorsqu'on en semait les produits plusieurs années de suite dans le même champ. Aussi recommandait-il, pour limiter la dégénérescence des grains, d'acheter tous les ans des semences et non de puiser dans les récoltes de l'année.*

Ce fut aussi lui qui participa à la mise au point d'un

assolement triennal bien conçu et qui prôna l'utilisation des amendements et du fumier. Quant aux labours, il ne les concevait que faits à la charrue! Mais tout ça, c'était en Angleterre...

Certes, on ne peut oublier que nous avions en France d'autres agronomes qu'Olivier de Serres et que des hommes comme Caton et Columelle avaient, en leur temps, apporté leur savoir et leurs expériences au développement de l'agriculture. De même, au XVIIe *siècle, plusieurs spécialistes du jardin et du verger, mais aussi des fleurs : Nicolas de Bonnefond, Le Gendre, La Chesnée Monstereuil, La Quintinie et d'autres, œuvrèrent dans le bon sens et apportèrent leur lot de découvertes et de techniques. Quant à Estienne et Liébault, presque contemporains d'Olivier de Serres, leur recueil d'agronomie, au titre évocateur de* La Maison rustique, *resta, jusqu'au* XIXe *siècle, un modèle pour beaucoup.*

Il n'empêche que, dès le début du XVIIIe *siècle, ce fut bien en s'inspirant de la façon dont les fermiers anglais géraient leurs fermes et soignaient leurs terres que certains de nos gentilshommes campagnards, mais aussi des roturiers aisés, se prirent de passion pour ce que les agronomes d'alors baptisèrent l'« agriculture nouvelle » ou le « nouveau système ».*

Mettant en pratique les théories de l'Anglais Jethro Tull, mais aussi celles des physiocrates – dont nous reparlerons –, ils tentèrent d'instaurer chez nous une forme d'agriculture beaucoup moins archaïque que celle en vigueur. Encourageant, comme jadis Olivier de Serres, ce que Tull remettait au goût du jour, à savoir les cultures de plantes fourragères, de prairies artificielles, l'abandon total de la jachère au bénéfice de l'assolement triennal, les fumures, les labours multiples et profonds, ils furent aussi les premiers à tester sur leurs terres les nouvelles machines agricoles, ancêtres de nos semoirs, de nos moissonneuses, de nos batteuses.

Cela dit, il serait faux de croire que beaucoup de fermes expérimentales firent florès chez nous. Il n'en fut rien, dans un premier temps. Et j'aurais même tendance à penser que les paysans des environs jugèrent d'abord d'un œil critique – et sûrement goguenard aussi ! – les fantaisies novatrices de tous ces messieurs aux mains trop blanches.

Même si les expériences des tenants de la nouvelle agriculture restèrent isolées et rares, il faut noter que, dès les années 1750, et pour deux décennies, l'ensemble de notre agriculture qui stagnait jusque-là (j'en veux pour preuve qu'une nouvelle grande famine marqua l'année 1725) amorça une sorte de reprise. On peut penser qu'elle fut peut-être stimulée par les modernistes.

Il faut aussi savoir que, partout où le climat le permettait, se mettaient en place de nouvelles cultures : maïs, tabac. De même, la pomme de terre (pour la seule alimentation animale, ne l'oublions pas !) gagnait peu à peu du terrain, ainsi que les betteraves. Mais ce qu'il importe également de souligner c'est que, en totale opposition avec la mentalité snob des courtisans du grand siècle, pour qui les mots paysans et terre relevaient quasiment de la pire grossièreté, certains contemporains de Louis XV se révélèrent moins prétentieux et pincés. J'en veux pour preuve que, même si l'on est en droit de penser que les physiocrates étaient d'aimables utopistes (ils considéraient que l'agriculture était, au monde, la seule vraie source de richesses et qu'il fallait donc la hisser au premier rang), tous ces hommes étaient d'une classe sociale élevée et beaucoup plus proches du pouvoir et des courants philosophiques de l'époque que du paysan de base, fût-il leur voisin.

Pourtant, malgré cette immense différence d'éducation et de condition et même, je le répète, si leur théorie qui défendait l'« ordre naturel », la suprématie de l'agriculture et la totale liberté économique peut nous sembler farfelue et surtout irréaliste, ce sont bien des adeptes de la physiocratie qui donnèrent, au bon moment, le coup de pouce dont l'agriculture avait grand besoin.

Sans entrer plus en avant dans la démonstration, je signalerai néanmoins que c'est en s'inspirant des thèses des physiocrates qu'un homme comme Henri Bertin – ministre chargé des questions agricoles et contrôleur général des Finances de 1759 à 1774 – patronna l'ouverture des premières écoles vétérinaires – à Lyon et à Alfort – et favorisa la création des sociétés d'agriculture. Ne lui devrait-on que cette dernière réalisation (dix-neuf sociétés s'ouvrirent entre 1760 et 1786), ce serait déjà beaucoup. Car à l'époque et par l'intermédiaire de leurs adhérents – gentilshommes et bourgeois, sans oublier quelques membres du clergé –, c'est à un véritable travail de vulgarisation agricole que se livrèrent les sociétés. Vulgarisation qui, comme ce fut long-

temps le cas, ne commença sûrement à être prise au sérieux par les paysans que lorsqu'ils purent juger, de visu et au fil des années, le bien-fondé des théories proposées et les résultats concrets obtenus grâce à elles.

Or, ce n'est un secret pour personne : ni la terre ni ceux qui la travaillent n'aiment la précipitation. Ce fut donc à pas mesurés que l'agriculture sortit de sa léthargie.

Les gentilshommes novateurs

Si l'atroce douleur qui lui dévorait les orteils, surtout les gros, ne l'avait tant torturé depuis deux jours, jamais Jean-Georges de Sainval, vicomte de L'Hermitanie, n'aurait supporté le manège de la jeune soubrette qui virevoltait autour de son lit en tortillant de la croupe.

Il suffisait d'ailleurs de lire dans le regard pétillant de cette petite gueuse pour comprendre à quel point elle se délectait de la situation. Habituée depuis six mois à être troussée sans vergogne et aussitôt possédée, dès que l'envie en venait à son maître, elle n'allait certes pas le plaindre de le voir à ce point paralysé par une aussi belle crise de goutte !

Dans le fond, il y avait une justice et il était bien normal que le maître de céans, tout-puissant sur les quelque deux cent cinquante métayers et domestiques qui cultivaient les mille arpents de son domaine, paie ses turpitudes.

Car tout vicomte qu'il soit, il n'en était pas moins homme, et la petite Manon, fille d'un de ses journaliers et servante au château, était bien placée pour le savoir ; il l'avait déflorée six mois plus tôt et la poursuivait depuis de ses assiduités, à temps et à contretemps !

Heureusement qu'elle n'était pas la seule jeunette à son service et qu'il appréciait beaucoup la diversité. Sans cela, Manon n'aurait même pas eu le temps de se reposer, astreinte à toutes les tâches domestiques qui lui incombaient et aux heures de libertinage qu'il lui imposait.

« Et quand bien même la goutte le tiendrait au lit pendant tout l'hiver, personne ne s'en plaindrait ! » pensa-t-elle en enlevant délicatement l'édredon, car, malgré cette fin octobre 1765 douce comme un soir de mai, le vicomte se plaignait toujours d'avoir froid aux jambes.

– Tu m'as fait mal ! Petite cruche ! protesta-t-il.

– Mais non, mais non, ce n'est rien, minauda-t-elle en secouant l'édredon devant la fenêtre.

Puis elle revint près du malade, reposa la couette sur les jambes douloureuses, rouges et gonflées, et s'étonna de ne sentir aucune main possessive remonter sous son jupon. Il fallait vraiment que le vicomte soit très atteint pour que ses pensées lubriques – et il n'en manquait pas ! – soient à ce point paralysées.

– Pourquoi ris-tu ? grogna-t-il en grimaçant, car le poids des plumes avivait à lui seul sa douleur.

– Je ne ris pas ! assura-t-elle en s'éloignant un peu du lit car elle redoutait malgré tout de s'y voir culbutée.

– Donne-moi à boire, dit-il.

– Vous voulez un peu de bouillon de poule ? Il en reste de midi, je l'ai vu qui mijote aux cuisines.

– Va au diable avec ta soupe ! Tu m'as déjà vu boire de ce breuvage en plein après-midi ? Et pourquoi pas du lait, tant que tu y es ! Donne-moi le flacon de cognac, là, oui, et un verre !

– Le docteur a dit..., essaya-t-elle.

– Le Dr Parney ? Ah ! ça lui va bien à ce vieux soudard de me donner des leçons ! Il boit comme une gargouille !

– Peut-être, mais il n'a pas la goutte, lui ! lança-t-elle.

– Passe-moi ce flacon ! ordonna-t-il, et cesse de me faire la leçon !

Elle haussa les épaules et s'exécuta.

– Au fait, dit-il après avoir avalé un premier verre, il m'a bien dit, hier matin, qu'il reviendrait ce tantôt ?

– Mais oui.

– Alors il devrait être là ! Moi je souffre le martyre et, tiens, je te parie que, par ce beau temps, il est parti traquer quelques lièvres. Et je devrais être avec lui à courir la campagne ! s'insurgea soudain le vicomte. Ah ! maudite goutte ! Allons, ressers-moi à boire et surtout cesse de te moquer de moi en souriant comme ça ! Souviens-toi : je ne serai pas toujours immobilisé ! Bientôt, tu m'aideras à rattraper le temps perdu...

Les femmes, surtout les très jeunes, la bonne cuisine – il raffolait du gibier faisandé et des viandes très épicées –, les grands vins, surtout ceux de Porto, les vieux cognacs – un sien cousin propriétaire à Châteaubernard en élevait un d'exceptionnel – et enfin la chasse, qu'il pratiquait soit au fusil soit à courre, n'étaient pas les seuls plaisirs du vicomte Jean-Georges de Sainval. L'agriculture aussi le passionnait.

Il n'avait pas attendu la lecture du *Tableau économique* du Dr Quesnay, médecin du roi et fondateur de la physiocratie, pour se sentir attiré par l'agronomie et pour penser que l'agriculture était la seule source de richesse au monde. De même affirmait-il que les principaux dispensateurs des biens émanant de l'agriculture étaient les propriétaires fonciers, puisque c'étaient eux qui géraient le mieux les trésors du sol en encourageant les exploitants – métayers, manouvriers, bref paysans – à mieux travailler !

Pourtant, rien ne l'avait préparé à cette attirance pour la terre et à cette vie provinciale qui était la sienne depuis le décès de son père, vingt-cinq ans plus tôt. En effet, et jusqu'à l'âge de vingt-sept ans, ce n'était pas en Angoumois et sur son domaine de L'Hermitanie que Jean-Georges de Sainval avait vécu. C'était dans la vaste et luxueuse demeure paternelle, rue de Tournelle, à Paris. Et autant il méconnaissait et méprisait alors tout ce qui touchait à l'agriculture, autant il appréciait déjà, et sans retenue, les tendrons et les soupers fins.

Son père, veuf depuis dix ans, frappé d'apoplexie au cours d'une partie de cartes qui l'avait, une fois de plus, dépouillé au-delà du raisonnable, lui avait laissé en héritage un nom et un titre ; mais surtout une foultitude de créanciers qui n'avaient même pas attendu sa mise en bière pour venir réclamer leur dû.

La vente de l'hôtel particulier et aussi de quelques fermes en Picardie qui lui venaient de sa mère avait permis au jeune vicomte de solder toutes les dettes paternelles et même de sauver un modeste capital. Mais son revenu était très insuffisant pour vivre à Paris, du moins à la façon dont l'entendait Jean-Georges de Sainval.

De plus, dès qu'avait été connue sa nouvelle situation, tous ses compagnons de bamboche s'étaient aussitôt détournés ; il n'était plus fréquentable. Quant aux filles dont il s'entourait, il n'avait pas attendu ce jour pour savoir qu'elles n'étaient câlines et expertes qu'en fonction des louis qu'il leur laissait.

C'est alors qu'il avait décidé de s'installer sur le domaine de L'Hermitanie où son père et lui avaient l'habitude de descendre, cinq ou six fois l'an, pour courir le cerf et le sanglier. Bien entretenues par un vieux régisseur relativement honnête, les terres rapportaient, bon an mal an, de quoi vivre sans soucis, à condition toutefois de tirer un trait sur les dépenses et les frasques parisiennes. Par chance, le jeune vicomte aimait la chasse mais aussi la lecture et, comme le gibier était abondant et la bibliothèque bien garnie, il s'était vite adapté à sa nouvelle existence. Maître incontesté des gens qui travaillaient ses terres, il n'avait jamais eu de mal, en puisant dans son personnel féminin, à garnir son lit lorsque l'envie lui venait d'y mettre quelque jeunette. Enfin, en cas de pénurie, Angoulême n'était pas loin où officiait pour les nantis de la région – nobles ou riches bourgeois – une certaine dame Marguerite dont les jeunes et accortes protégées ne péchaient pas par excès de pudibonderie...

Un seul regret lui était venu lorsque, fouillant dans quelques papiers de famille, il s'était aperçu que les mille arpents de son domaine n'étaient que le faible reliquat des quelque douze mille arpents qu'il totalisait soixante ans plus tôt. C'est un peu gêné par ses pressantes questions que Pierre, son vieux régisseur, lui avait appris que son grand-père avait même failli vendre la totalité du domaine, château compris, pour tenir son rang à Versailles ; et comme lui aussi était joueur et amateur de belles femmes...

– Si je comprends bien, les parties de whist ont failli me mettre sur la paille, avait-il grommelé. Enfin, il paraît que j'ai tous les vices mais, Dieu soit loué, je n'ai pas celui du jeu ! Tout de même, douze mille arpents, quel beau parcours de chasse !

À l'époque, il professait le plus parfait mépris pour l'agriculture. À ses yeux, elle ne concernait que les gueux qui la pratiquaient et n'avait d'intérêt que pour les redevances qu'elle lui apportait. Sa rencontre avec François Aymard-Parney, ancien chirurgien-major aux armées, avait fait évoluer son jugement.

Grièvement blessé par l'explosion d'un caisson de gargousses lors du siège de Mantoue, en 1735, alors qu'il était en train de pratiquer une double amputation des jambes, François-Aymard Parney avait été jugé perdu par ceux qui l'avaient secouru après l'explosion.

Criblé et brûlé de toutes parts, il avait malgré tout survécu après l'ablation de l'œil gauche, d'une partie de la joue et l'obstruction, à grand renfort de charpie, du trou béant qui s'ouvrait dans ses côtes. Mais, désormais incapable de rafistoler les malheureux troupiers, éclopés au service du Bien-Aimé pour des causes dont ils n'avaient que faire – et la guerre pour la succession de Pologne en était une! –, il était revenu dans son Angoumois natal.

Là, en un vieux manoir et sur des terres de famille qui jouxtaient d'un côté celles du vicomte de Sainval et de l'autre les berges de la Charente, il s'était peu à peu remis de ses blessures. Pour ne pas périr d'ennui et parce que les deux cents arpents qui entouraient sa demeure lui étaient apparus très mal entretenus par les manants qui s'y échinaient, il s'était lancé dans l'étude de l'agronomie.

Fort de tout ce que ses diverses campagnes en Allemagne et en Italie lui avaient permis de constater, à savoir que l'agriculture n'était pas pratiquée partout de la même façon, il s'était d'abord sérieusement documenté sur la culture moderne. Celle qui recommandait des labours profonds et multiples, l'apport de fumier et d'amendements et la rotation des cultures. Lecteur assidu d'Olivier de Serres, dont la majorité des préceptes étaient toujours inconnus du plus grand nombre, mais aussi des écrits de l'Anglais Jethro Tull, spécialiste de la régénération des sols et de la nourriture des plantes et qui était en train de donner à l'agriculture de son pays une impulsion sans précédent, il avait ensuite tenté, à l'échelle de ses terres, de sortir ses métayers et domestiques de l'empirisme borné dans lequel ils se complaisaient. Mais la tâche s'était révélée plus rude qu'il ne l'avait craint, car ses gens étaient peu enclins à prendre le moindre risque en se hasardant dans de nouvelles productions et en changeant leurs façons culturales ancestrales. Peut-être même se serait-il lassé si le hasard ne lui avait fait rencontrer, un soir à Angoulême, Jean-Georges de Sainval qui, comme lui, était venu chercher un peu de réconfort auprès des protégées de Mme Marguerite.

Les deux hommes avaient vite sympathisé. D'abord parce que leurs terres étaient mitoyennes, ensuite parce qu'ils partageaient l'un et l'autre la même passion pour le célibat, la chasse, la bonne chère, les alcools fins et les filles dodues et délurées.

De plus, le vicomte avait rapidement compris que les terres du chirurgien faisaient partie de ces milliers d'arpents jadis vendus par son grand-père à des roturiers ; ça créait des liens. C'est petit à petit et après quelques parties, qu'elles soient fines ou de chasse, que François-Aymard avait converti Jean-Georges de Sainval à son goût pour l'agronomie. Depuis, c'est ensemble qu'ils avaient tenté de faire évoluer l'agriculture de leurs fermes respectives. Membres l'un et l'autre de la Société d'agriculture de Limoges, deuxième à s'ouvrir en France dès 1759, ils s'essayaient à l'agriculture nouvelle qui professait, entre autres, le défrichement, mais aussi la saine gestion des forêts, la mise en valeur des terres marécageuses, l'utilisation d'outils modernes et aussi l'introduction de cultures jusque-là dédaignées comme la pomme de terre et la betterave. Grâce à quoi, les rendements obtenus sur leurs terres étaient tous supérieurs à ceux atteints dans la région. Le froment montait jusqu'à huit pour un et les vaches donnaient jusqu'à sept litres de lait par jour !

Cela étant, même si les deux hommes s'entendaient au mieux, leurs relations étaient parfois piquantes. L'un avait quelques penchants pour la physiocratie, mais dans la mesure où elle prônait la légitimité du « désir de jouir » et aussi de l' « ordre naturel » donc, pour le vicomte, de tous les privilèges qui en découlaient et dont il entendait bien continuer à profiter jusqu'à la fin de ses jours, grâce à son titre et à sa position sociale. L'autre était libéral mais, l'âge aidant, de plus en plus sceptique aussi devant ce qu'il appelait les naïvetés, l'aveuglement et les contradictions de son ami. Il est vrai que le vicomte, adepte de Jean-Jacques Rousseau, poussait le paradoxe jusqu'à souhaiter une rapide évolution de l'agriculture tout en condamnant l'éducation que certains voulaient donner aux paysans.

À ces différends d'ordre intellectuel s'ajoutaient aussi des divergences beaucoup plus terre à terre. Ainsi, contrairement aux positions de la Société d'agriculture, mais surtout à celles de l'ancien chirurgien, qui en avait vu des champs en Allemagne et en Italie et qui en pressentait toute l'importance, Jean-Georges de Sainval se refusait obstinément à trouver une quelconque valeur à ce tubercule infâme qui avait nom pomme de terre. Il en interdisait même la culture à ses paysans !

De même, autant il approuvait une grande partie des réformes et des réalisations entreprises par Turgot, authentique physiocrate, lui, et intendant du Limousin, donc d'une petite partie de l'Angoumois, depuis 1761, autant il avait vu rouge lorsque celui-ci avait fait supprimer le principe des corvées. Il y avait là, aux yeux du vicomte, une intolérable atteinte aux droits ancestraux. Parce que, franchement, où allait-on si l'on ne pouvait exiger des manants qu'ils se pliassent aux multiples travaux d'intérêt général, ou autres, pour lesquels ils étaient naturellement faits ! Autant leur reconnaître les mêmes droits qu'à la noblesse ! Cette erreur mise à part, il reconnaissait volontiers que l'intendant œuvrait au mieux pour la province. Déjà, grâce à lui, nombre de chemins et de routes avaient été ouverts ou améliorés, ce qui simplifiait beaucoup tous les déplacements et le transport des récoltes. Quant à l'école vétérinaire de Limoges, dont on parlait de plus en plus, elle ne pouvait être que bénéfique pour tous les troupeaux de la région.

Mais ces quelques sujets de discussion entre le vicomte et l'ancien chirurgien ne les empêchaient pas de s'entendre au mieux. Ils ne passaient jamais plus d'une semaine sans se voir, n'était-ce que pour le seul plaisir de se porter la contradiction tout en fumant quelques pipes et en vidant force bouteilles.

– Alors pendant que je souffre le martyre, vous, vous courez la campagne derrière quelque lièvre, à moins que ce ne soit derrière quelque pucelle ! lança le vicomte dès que son compagnon entra dans la chambre.

Depuis qu'il avait abandonné sa charge de chirurgien-major, François-Aymard Parney ne pratiquait qu'exceptionnellement la médecine. Seuls quelques vieux amis avaient droit à ses soins : « Mais ne m'en demandez pas trop, leur disait-il toujours, moi, j'ai juste appris à tailler, couper, scier et recoudre, pas plus ! » C'était faux et ses connaissances médicales lui auraient permis, s'il l'avait voulu, de se faire une belle clientèle dans toute la région. Mais, soucieux de sa liberté, il s'était toujours refusé à prendre en charge des malades dont ses confrères patentés s'occupaient très bien ; et comme surtout ne manquaient pas les guérisseurs, rebouteux et autres charlatans notoires, il avait jugé superflu de poursuivre une carrière médicale, sauf pour les intimes.

– Alors, ces lièvres ? insista le vicomte.

– Je n'étais ni à la chasse ni à la bagatelle, assura le chirurgien en haussant les épaules. Et comment va cette goutte ?

– Elle me torture ! Et vos maudites drogues ne valent rien ! Heureusement que j'ai ça ! dit le vicomte en désignant le flacon de cognac.

– Je ne jurerais pas que ce soit la meilleure médication pour venir à bout de votre mal, mais bon, si ça vous soulage... Enfin, regardons ces pieds, dit le chirurgien en enlevant l'édredon qui recouvrait les jambes du vicomte. Ça évolue, ça évolue ! assura-t-il après avoir jeté un coup d'œil sur les orteils violacés. Tiens, petite, dit-il en se tournant vers Manon, va chercher un seau d'eau chaude, j'y ferai infuser quelques simples et ce sera excellent pour un bain de pieds. Ensuite nous mettrons cet onguent, dit-il au vicomte ; en attendant, je vais vous faire une bonne saignée, ça ne peut que vous faire du bien. Mais, cornedieu ! cessez de gémir comme une pucelle, c'est indécent !

– Je voudrais vous y voir !

– C'est ça, c'est ça, dit le chirurgien en se versant un doigt de cognac.

Il l'avala d'un trait puis fourragea dans sa trousse et en sortit sa lancette :

– Tenez ça sous votre bras, dit-il au vicomte en lui tendant une cuvette, et arrêtez de geindre, on jurerait maintenant une femme en gésine ! Non, je n'étais ni à la chasse ni à la gueuse, redit-il après avoir incisé la veine d'un preste coup de lame, ne grimacez pas, vous n'avez rien senti ! Voilà, laissons couler. Oui, mon cher, si vous pensiez à autre chose qu'à vos petits malheurs, vous vous seriez souvenu de ce que je vous ai dit hier matin. Il nous restait encore une bonne journée de travail avant que le sol soit prêt, ce qui fut fait cet après-midi.

– Ah ! oui, murmura le vicomte, c'est vrai, j'ai oublié. Alors, ça fonctionne vraiment bien ? Hein ? C'est bien ?

– Mieux que ça, assura le chirurgien, et, croyez-moi, quand nos gens sauront mieux s'en servir, ce sera une merveille. Oui, nous allons faire des jaloux dans toute la région ! Mais, à l'avenir, il faudra que je veille quand même à ce que le labour soit mieux hersé, mieux émietté, plus fin, avant d'y faire entrer cette mécanique. Mais vraiment, j'ai hâte que vous soyez debout pour venir voir ça de plus près et en fonctionnement, quel progrès ! Et surtout quelle économie de semence !

Le vicomte acquiesça. Même s'il était un brin dépité de n'avoir pu assister au premier essai, il était maintenant heureux de savoir que la machine commandée, et qu'ils avaient achetée en commun, répondait à leurs espoirs. Il était même très fier d'avoir été celui qui, pour une fois, avait eu plus d'audace que son voisin et ami. Car c'était lui, Jean-Georges de Sainval, qui avait emporté la décision, au nom de la nouvelle agriculture.

C'est en lisant un des bulletins que lui envoyait la Société d'agriculture de Limoges, qu'il avait découvert que certains grands propriétaires anglais usaient, depuis des années, d'une machine à semer les graines. Mis au point par Jethro Tull, qui ne s'était pas contenté d'écrire des précis d'agronomie, le semoir mécanique révolutionnait totalement le principe de l'emblavage. Tiré par un cheval, ou par une paire de vaches, l'engin, sorte de tombereau dans lequel on versait des sacs de grains, comportait un système qui, non content d'ouvrir le sol, grâce à trois coutres, dosait d'abord la semence dans un cylindre à alvéoles incité à tourner par les roues, puis la déposait au fond des raies où elle était ensuite recouverte.

Ainsi, ce que des générations d'hommes avaient

pratiqué pendant des millénaires était désormais confié à une machine. Et tout tendait à prouver que d'autres engins, tout aussi importants, allaient bientôt bouleverser le travail du sol.

– Alors, ça fonctionne bien ? insista-t-il.

– Merveilleusement, vous verrez ça sous peu. Mais je peux d'ores et déjà vous assurer que vous avez eu raison de me pousser à cet achat. Au fait, demanda le chirurgien en arrêtant l'hémorragie, vous ai-je expliqué, hier, que j'avais enfin élucidé l'empoisonnement de ce pauvre Petitjean et d'une partie de sa famille ?

– Non, mais je vous ai déjà dit ce que je pensais de cette triste affaire ! Elle me conforte dans ce que tout le monde sait depuis longtemps, dit le vicomte en haussant les épaules.

– Par pitié ! Ne soyez pas aussi bête et borné que ce benêt de Petitjean ! Ce qu'on pardonne à un rustre comme lui ne saurait l'être à un homme comme vous, convaincu que les progrès de l'agriculture ne passeront pas uniquement par les soins aux sols et aux cultures mais aussi par les machines, et votre semoir en est la preuve ! Alors écoutez-moi, pour une fois ! dit le chirurgien en jetant une grosse poignée de plantes sèches dans le seau que venait d'apporter Manon.

Il attendit qu'elle ait quitté la pièce avant de poursuivre :

– Oui, vous vous souvenez qu'en juin dernier la sœur de Petitjean a proclamé partout que son frère, sa belle-sœur et trois de ses neveux s'étaient empoisonnés après avoir mangé des pommes de terre ! Depuis, c'est tout juste si mes métayers ont bien voulu arracher celles que j'avais fait planter cette année. Et j'ai dû batailler ferme pour qu'ils les donnent à leurs porcs ! Mais je ne suis pas certain qu'ils voudront en cultiver l'an prochain! Voilà lc bcau résultat de l'obscurantisme!

– Il ne s'agit pas d'obscurantisme! protesta le vicomte. Je ne suis d'ailleurs pas le seul à penser et à dire que ce tubercule est porteur de maladie! Et je ne suis pas loin de partager le point de vue de ceux qui disent, et certains de vos confrères l'affirment aussi, que votre satanée pomme de terre donne la lèpre! Allons, ne me parlez plus de ça!

– Si fait! Et vous m'écouterez jusqu'au bout! Tenez, trempez vos pieds là-dedans, ça les soulagera, mais quel dommage que je n'aie rien de semblable pour vous débarbouiller le cerveau! Oui, cette histoire d'empoisonnement m'avait beaucoup dépité. Parce que, tudieu, comme je vous l'ai dit cent fois, je ne suis pas mort, moi, lorsque j'ai goûté aux pommes de terre quand j'étais aux armées en Allemagne!

– Je sais, je sais, dit le vicomte en s'asseyant au bord du lit et en plongeant prudemment les pieds dans l'eau. Il grimaça car elle était très chaude et poursuivit : Mais à ce sujet, vous m'avez aussi toujours dit que c'était un mets grossier, lourd, farineux, indigeste, pour ne pas dire infâme, bref juste bon pour les cochons, ou pour les Allemands, ce qui revient au même!

– Je vous l'accorde, mais là n'est pas le problème, c'est très nourrissant et c'est la seule chose qui m'importe. Voyez, j'étais encore étudiant en 1725, lors de la grande famine, celle qui a tellement éprouvé le pays. Eh bien, elle n'aurait pas eu lieu si nous avions eu des réserves de pommes de terre, non, elle n'aurait pas eu lieu! Mais bon, c'est du passé. Moi, ce que je voulais savoir c'est comment cet âne de Petitjean s'était empoisonné et j'ai enfin compris! Et je vous dispense de rire bêtement quand j'affirme ça! En fait, il suffisait de demander à sa sœur. Ce n'est pas en mangeant des tubercules, qui sont inoffensifs, que sa famille et lui ont été pris de vomissements et de douleurs. Et cessez de ricaner quand je dis ça ! C'est tout simplement parce que son épouse a eu l'idée saugrenue de faire sa soupe avec les fruits des pommes de terre ! Oui, oui, vous voyez très bien de quoi je parle. Croyant bien faire – et après tout qui lui a jamais dit que c'était un poison violent ? –, cette pauvre femme ignorante a ramassé ces jolies petites pommes qui ressemblent aux tomates vertes et qui s'épanouissent sur les pousses aériennes. Ensuite, elle a fait bouillir tout ça avec ses navets, ses choux, ses fèves, sa farinade et une couenne. Et vogue la galère ! Mais c'est ainsi, et pas autrement, qu'elle a empoisonné toute sa famille ! Et voilà aussi comment, par bêtise, on fait peur à nos gens. Alors, j'ai tort quand je dis qu'il faut instruire tous nos paysans ? Parce que je finirai par croire qu'on veut absolument les tenir dans l'ignorance, dans la misère et dans la disette !

– Libre à vous de défendre et de professer cette explication oiseuse, dit le vicomte en se massant délicatement les mollets. Sa douleur s'était un peu estompée et il se sentait d'humeur moins chagrine. Mais quant à moi, poursuivit-il, jamais vous ne me ferez manger de pommes de terre. Et j'irai plus loin, mon ami, et pour vous répondre en tout : pas plus que je ne crois nécessaire de rendre nos métayers plus instruits qu'ils ne le sont, car à mon avis ils en savent toujours trop, pas plus je ne vois un quelconque avenir à votre tubercule de malheur, sauf, peut-être, pour nourrir les bêtes, et encore ! Et, pourtant, vous savez très bien que je m'intéresse à toutes les nouvelles cultures, le tabac, le maïs, les courges, tant que vous voudrez, les pommes de terre, non ! Tenez, aidez-moi à faire quelques pas, je sens que ça va mieux. Et puis vous allez rester souper avec moi, je meurs de faim et de soif. Mais promettez-moi de ne plus jamais me rebattre les oreilles avec vos ridicules pommes de terre.

– N'y comptez pas, s'amusa le chirurgien en l'aidant à se lever. Et tenez, je prends même un pari, un jour, je suis sûr que nous y goûterons ensemble. Et peut-être même que nous les trouverons délicieuses !

12

Il y a un peu plus de deux siècles, c'est-à-dire à la veille de la Révolution, la France comptait environ vingt-huit millions d'habitants, dont vingt-deux millions de paysans. Et si leur situation, par rapport aux propriétaires du sol – noblesse, clergé, gros bourgeois –, avait beaucoup évolué, comparée à celle des siècles précédents, il n'en reste pas moins que malgré leur nombre, considérable, ils ne possédaient en propre que cinquante pour cent de la surface cultivée.

Si l'on ajoute à cela qu'au sein même de la paysannerie s'étaient déjà établies des sortes de castes (une minorité de grosses exploitations – plus de cinquante hectares –, un pourcentage non négligeable de fermes moyennes et une écrasante majorité de petites, ou toutes petites), on comprend sans peine que les plus nombreux des agriculteurs, même s'ils étaient propriétaires de leur masure et de quelques champs, n'étaient jamais qu'à la tête d'un « domaine » dont la surface, suivant les régions, n'atteignait même pas trois hectares! Ainsi, par exemple, soixante-dix pour cent des fermes d'Auvergne ne dépassaient pas un hectare! En Limousin, cinquante pour cent des propriétaires cultivaient moins de deux hectares. Et même si dans d'autres régions de France la surface des exploitations était un peu moins ridicule, la quasi-totalité des petits – et même moyens – cultivateurs était contrainte soit à travailler à la journée, ou à la tâche, chez les plus gros – paysans ou autres –, soit à louer les terres vacantes. Comme le principe du métayage était alors le partage des revenus par moitié avec le propriétaire, on se doute que tous ces laboureurs ne roulaient pas sur l'or ! Ce qui ne les empêchait pas d'être taillables et corvéables.

Taillables, ils le restèrent jusqu'à ce que la Révolution abolisse cette forme d'imposition. Corvéables, ils ne le furent théoriquement plus – ou moins ? – pour la corvée royale, grâce à Turgot qui, par une circulaire du 6 mai 1775, invita tous les intendants à suspendre les corvées en nature (invitation ratifiée en janvier 1776 par un édit).

Il est vrai que Turgot, à la suite de quelques décisions maladroites, avait beaucoup à se faire pardonner et devait surtout calmer les esprits qui s'échauffaient de plus en plus dans l'ensemble du royaume. Des émeutiers n'avaient-ils pas eu l'audace de venir jusque dans la cour de Versailles – et avant d'aller piller les boulangeries parisiennes – sommer Louis XVI, à un mois de son sacre, de mettre de l'ordre dans le commerce des grains ? Quant aux mises à sac des réserves de blé en province, elles se multipliaient de jour en jour.

Cette mini-guerre, dite des Farines, avait pour responsable une des lubies des physiocrates que Turgot avait cru bon de mettre en application : à savoir la pleine liberté dans le commerce du grain. Le résultat ne s'était pas fait attendre car les marchands, pas fous, avaient aussitôt vidé leurs stocks pour aller vendre leur blé là où on le leur payait le plus cher, dans les régions où on en manquait le plus! Aussi, en quelques mois, avec la faim et la pénurie de grains, étaient revenus les soulèvements populaires.

Du côté des paysans, surtout des plus petits, ça n'allait guère mieux qu'en ville, puisque, dès 1770, on note un accroissement de l'exode rural en direction des cités. Dire que les transfuges y gagnèrent est une affirmation que je me garderai bien d'avancer. Toujours est-il que les migrants vinrent grossir un flot de mécontents qui n'avait nul besoin de troupes fraîches pour être déjà dangereux et inquiétant. Il suffit d'ailleurs de lire les historiens pour comprendre très vite que la marche vers la Révolution était inéluctable dès l'instant où se concrétisa, un peu partout dans les campagnes, cette espèce de prise de conscience qui fit découvrir, au plus grand nombre, à quel point le régime féodal, qui pesait toujours sur la majorité des paysans, était périmé, injuste; n'oublions pas que le servage existait toujours dans certaines régions et sous l'autorité de quelques seigneurs! Car il n'est quand même pas fortuit que, dans les années précédant 1789, nombre de paysans aient – prudemment ou vivement suivant les cas – réclamé la suppression des droits seigneuriaux: taille, champart, banalité; c'est-à-dire, je le rappelle, en ce qui concerne ce dernier droit, obligation pour un manant de se servir exclusivement, moyennant paiement, du moulin, du four, du pressoir seigneuriaux. Tous ces paysans n'en étaient pas encore à réclamer l'égalité pour tous devant l'impôt, mais ça n'allait pas tarder!

D'ailleurs, comme toujours lorsqu'il s'agit de la terre et des agriculteurs, le ciel lui-même sembla se mettre de la partie pour accélérer le processus révolutionnaire. Déjà, depuis 1788, des émeutes grondaient dans le pays, un jour à Rennes, une autre fois à Pau ou à Grenoble; et toujours, en arrière-plan, flottait la peur de la disette. Comme l'histoire aime bien faire des clins d'œil, on est en droit de se demander s'il ne faut pas en voir un, et un beau, dans l'exceptionnelle averse de grêle qui détruisit toutes les récoltes dans une grande partie de la France, mais surtout au nord de la Loire – région déjà céréalière. Elle eut lieu le 13 juillet 1788 et ne fut sûrement pas étrangère à ce dramatique manque de pain qui, dans les mois suivants, généra un peu partout des émeutes de plus en plus difficiles à maîtriser.

Alors, comme toujours en périodes troubles, les campagnes virent renaître l'insécurité due aux brigandages, aux rapines et à tous ces mendiants – voyous ou honnêtes, comment savoir? – qui erraient de village en village à la recherche d'un quignon de pain noir.

Puis vint enfin, toujours poussée par les émeutiers qui, dans toute la France, pillaient maintenant les greniers et les boulangeries et attaquaient les convois de grains, la convocation des états généraux au cours desquels même les paysans eurent le droit de présenter leurs cahiers de doléances; ce qu'ils firent.

Je reste un brin perplexe quant à ce que dirent vraiment, pour eux et à leur place, les bourgeois ou les marchands qui furent chargés de transmettre leurs revendications. Mais comme la majorité des paysans ne savaient ni lire ni écrire et que tous, suivant leur région, ne s'exprimaient que dans leur patois natal, il fallait bien que quelqu'un parle pour eux. Cela fut-il bien fait ? Ça reste à débattre...

Toujours est-il que ces délégués n'obtinrent rien et qu'il fallut attendre deux mois, la prise d'une Bastille quasiment vide que suivit, dans les campagnes, le sanglant déferlement de la Grande Peur, pour que, enfin, dans la nuit du 4 août, disparaissent, avec les privilèges, les droits féodaux ; ils existaient depuis près de huit siècles.

La classe 13

Chaque fois qu'il les apercevait, s'engageant dans le chemin qui conduisait jusqu'à sa ferme, Benjamin Jobert se réjouissait de n'avoir eu que six filles ! Pourtant, ce n'était pas faute d'avoir espéré, trente ans plus tôt et pendant des années, que Marie-Françoise, son épouse, daignerait enfin lui faire un fils, un héritier, celui à qui il pourrait un jour céder ce domaine de Basse-Plaine dont il était si fier.

Car n'en déplaise aux jaloux et aux médisants, et ils ne manquaient pas, c'était bien lui, Benjamin Jobert, ancien laboureur, fils de Raymond Jobert, laboureur et métayer, qui avait fait de la ferme de Basse-Plaine ce qu'elle était devenue : magnifique !

C'était bien lui qui, après avoir hérité de son père une chaumine de deux pièces, sombre et sale comme une soue, et qu'entouraient alors quatre petits arpents de labours, possédait maintenant non seulement une vraie maison bourgeoise de huit pièces bien aérées, avec de vrais carreaux aux fenêtres, une étable où logeaient six belles vaches, une écurie accueillant deux robustes chevaux de trait, une bergerie de douze brebis et une porcherie où se prélassaient deux truies et leurs nourrains. Mais ces richesses, auxquelles s'ajoutait un excellent matériel, dont une solide charrue à avant-train, deux araires, une herse, un tombereau et une charrette, n'étaient pas celles qui rendaient Benjamin Jobert le plus fier, le plus heureux.

Pour lui, la vraie réussite était ailleurs. Elle était dans ces soixante-cinq arpents – ou plutôt dans ces vingt-trois hectares, comme il fallait maintenant parler – de grasses terres à froment, sises à une demi-lieue au sud d'Acheux, en Amiénois, ou plutôt à deux kilomètres, comme disaient les arpenteurs chargés d'établir le cadastre décidé par l'Empereur depuis cinq ans.

Mais peu importait à Benjamin Jobert que ses terres soient mesurées en hectares, en arpents, en sétérées ou même en journaux, et qu'elles se situent à trente kilomètres ou à sept lieues et demie d'Amiens ! Seuls comptaient pour lui les revenus qu'il en tirait, et ils étaient importants.

Parce que, même si cette année 1812 avait été moins bonne qu'on ne l'espérait, elle avait quand même mûri, du moins dans la région, des récoltes en céréales qui atteignaient dans certaines parcelles leurs douze à treize hectolitres [1] à l'hectare. Alors c'était quand même beaucoup mieux que les rendements de l'année précédente. Ils avaient été tellement catastrophiques que le prix du pain était monté jusqu'à douze sous la livre, entraînant aussitôt, dans quelques villes, des révoltes vite matées.

Bien entendu, et même si son pain était plus bis que blanc, car plus lourd de seigle et de farine de pomme de terre que de froment, Benjamin Jobert n'en avait pas manqué. Grâce aux réserves qu'il veillait à constituer après chaque moisson et à ce four à pain qui lui était propre et qu'il chauffait à sa guise, ni lui ni son épouse,

1. Environ, et suivant la céréale, huit à dix quintaux à l'hectare.

ni Henriette sa fille aînée, veuve depuis six ans, et sa petite Agricola de dix ans, ni ses deux dernières filles, Madeleine et Benjamine, de dix-sept et quinze ans, n'avaient eu faim. Même les trois domestiques qu'il employait à temps complet, pour douze sous par jour, et tous les saisonniers de passage ne se plaignaient jamais de la potée et jugeaient la maison bonne.

Il est vrai que si la réussite de Benjamin Jobert attisait toujours, chez quelques voisins, d'indéracinables et méchantes jalousies, le maître du domaine de Basse-Plaine passait quand même pour un homme sage et prévoyant. Un homme surtout qui, depuis plus de vingt ans, grâce à tous les bouleversements qui avaient secoué le pays, avait très bien su tirer son épingle du jeu et à qui il ne manquait qu'un héritier pour avoir tout réussi.

Mais, même sur ce plan, Benjamin Jobert s'était fait une raison. Mieux, il y avait beau temps qu'il était consolé. Et il lui arrivait même d'être heureux de n'avoir nul fils en âge de porter les armes lorsque, comme en ce matin de septembre 1812, apparaissaient au bout du chemin deux gendarmes de la brigade voisine.

Benjamin Jobert ne les aimait pas et ne s'en cachait guère. Il les tenait pour de méchants oiseaux de malheur, des maudits. Car c'étaient bien eux qui, un jour d'octobre, six ans plus tôt, étaient venus annoncer la sinistre nouvelle : celle qui avait fait de sa fille de vingt-cinq ans une veuve ne sachant plus que faire pour consoler sa petiote de quatre ans, une fillette incapable de comprendre pourquoi son père avait dû suivre les armées de l'Empereur. Il était bien vrai que le pauvre bougre aurait mieux fait de rester à la ferme, mais on ne lui avait pas demandé son avis ! Aussi, tout ce qu'il avait gagné c'était de se retrouver le nez dans la terre et le ventre ouvert dans un labour, du côté de Iéna, là-bas, au fin fond du diable vauvert en un pays dont on n'avait que faire et où l'Empereur n'aurait jamais dû aller, même s'il avait aussi gagné cette bataille ! Parce que, on avait beau l'apprécier cet homme, et le respecter, il faisait tuer beaucoup trop de monde, beaucoup trop de paysans ; et ce n'était pas fini sans doute...

Mais comme avait dit à l'époque le gendarme porteur de malheur : « Votre homme est mort pour la Patrie, c'est une mort utile ! »

Ce jour-là, Benjamin Jobert avait failli faire éclater d'un coup de hoyau le crâne de cet âne en uniforme. Heureusement, il s'était retenu, mais de là à aimer les gendarmes ! Pour lui, c'étaient tous des prétentieux, des fouineurs, des cafards. Et surtout des capons, des pleutres pas assez courageux pour aller faire eux-mêmes la guerre, mais qui prenaient un immense plaisir à traquer tous les déserteurs, ces jeunes qui avaient tiré le mauvais numéro, que cinq ans d'armée et sans doute de guerre attendaient et qui refusaient la mobilisation.

– Bon, laissons venir ces deux vilains bougres, grommela Benjamin Jobert en reprenant son fléau.

Il jaugea le rythme des deux domestiques qui, en de grands et précis balancements de tout le corps, frappaient les gerbes de froment disposées sur l'aire. Il se glissa prestement entre eux et fit tournoyer son outil.

Contrairement au maréchal des logis Duverger, qui avait bientôt vingt ans de service et une grande connaissance des paysans de l'Amiénois, le gendarme Godin était un débutant. Aussi était-il souvent surpris, pour ne pas dire choqué, par les méthodes de travail de son ancien.

Mais parce qu'il lui devait le respect et que les résultats obtenus par son supérieur étaient incontestables, le gendarme Godin ne pipait mot. Aussi garda-t-il pour lui ses réflexions quand le maréchal des logis, au lieu de poursuivre au petit trot en direction de la ferme de Basse-Plaine, mit son cheval au pas. Et il parvint même à dissimuler son étonnement lorsque son chef assura, le plus naturellement du monde, que sa monture boitait de l'antérieur droit. C'était faux, mais comme ce mensonge éhonté permit à son voisin de mettre pied à terre, le jeune gendarme arrêta lui aussi son cheval.

– Descends, descends ! l'encouragea le sous-officier en empoignant le paturon de sa jument. Ah ! tu vois, insista-t-il avec une assurance qui fit presque regretter ses soupçons au gendarme Godin, tu vois, ça n'a l'air de rien, mais un gravier mal placé suffit à faire souffrir un cheval ! ajouta-t-il en grattouillant de l'ongle la sole du sabot, à la lisière du fer. Eh bien, nous allons finir d'arriver à pied, ça reposera nos bêtes, et nous aussi : j'en ai plein les fesses !

Midi approchait et ils cheminaient depuis le matin. Ils avaient déjà rencontré et longuement discuté avec le maire et le garde champêtre de Varennes et aussi avec le meunier du Bois-noir, trois hommes qui voyaient beaucoup de monde, qui parlaient volontiers et qui aimaient ça. Malgré cet emploi du temps bien rempli et tout le chemin parcouru, le gendarme Godin doutait beaucoup des dires de son supérieur ; il le savait tout à fait capable de faire dix heures de selle si besoin était, et sans en paraître fatigué ! Malgré cela, il se tut et sauta à terre.

– Tu n'as pas cru un mot de ce que je viens de te dire, n'est-ce pas ? le taquina le maréchal des logis. Allons, allons, ne me prends pas pour un âne ! Tu as l'air aussi étonné qu'un puceau découvrant sa première belle !

– Ben... c'est-à-dire..., balbutia le jeune gendarme.

– D'accord, poursuivit le sous-officier, tu as le droit de savoir. C'est la première fois que tu viens ici, au domaine du père Jobert, alors apprends que cet homme ne nous aime guère et qu'il ne nous donnera aucun renseignement ! Mais ça n'a aucune importance, on va quand même lui faire une petite visite...

– D'accord, mais pourquoi on traîne tant ?

– Je ne veux surtout pas le surprendre. Ce sont les voleurs et les assassins qu'il faut surprendre, pas les honnêtes citoyens ; avec eux, il faut toujours être poli. Vois-tu, quand j'ai débuté dans la région, en 97, ça allait très mal depuis deux ans, dans les campagnes et dans les villes. Il y avait beaucoup de misère, des famines presque. Alors, comme toujours dans ces cas-là, ça regorgeait de malfrats, de brigands, de tueurs. Et on a même eu affaire à une bande de chauffeurs qui, du côté de Baizieux, ont fait rôtir les pieds de plusieurs fermiers pour leur faire cracher leurs sous... Et, crois-moi, les femmes non plus n'étaient pas à la noce ! Mais bref, en deux ans, à coups de mousqueton et de sabre on a mis fin à tout ça. Alors, en ces temps-là, on était reçu à bras ouverts dans toutes les fermes : dame, on remettait de l'ordre ! Et le père Jobert n'était pas le dernier à nous accueillir avec le cruchon de cidre, le pain et les grillons ! Il n'était pas le dernier non plus à nous dire ce qui lui semblait louche dans le pays, à nous signaler les têtes nouvelles ou les citoyens suspects.

– Ah bon ! Et pourtant, il va maintenant nous recevoir comme des chiens dans un jeu de quilles ?

– Sûrement, mais il a des excuses : son gendre est tombé à Iéna, et j'ai appris par la suite que le confrère chargé de le prévenir n'avait pas été très diplomate. Alors, depuis, il nous bat froid.

– Mais alors, pourquoi y aller puisque, de toute façon, il ne nous dira rien ?

– Bien raisonné. Il ne nous dira rien en ce qui concerne notre enquête, c'est sûr. Mais si nous cherchions un assassin, un voleur, un royaliste ou un curé comploteur, il nous aiderait. Il est comme ça, cet homme, alors notre visite lui rappellera qu'on est là, et qu'on veille.

– C'est un gros cultivateur ?

– J'en connais de plus gros et de plus riches, mais pas beaucoup qui aient aussi bien réussi que lui. J'ai appris son histoire petit à petit. Tu sais bien, les gens parlent toujours quand ils sont jaloux ! Faut comprendre, cet homme, c'est la Révolution qui l'a fait ce qu'il est devenu. Tu avais quel âge en 89, toi ?

– Deux ans.

– J'en avais douze. Mais je n'ai pas oublié ce qu'était alors la vie pour les paysans sans terre. Et mon père n'avait pas de terre, rien, pas une toise ; nous vivions au sud d'Amiens, à côté de Fuscien. Mon père était laboureur et plus souvent à bras qu'à la charrue ! Exactement comme l'était le père Jobert. Et encore, lui, il était beaucoup plus riche que nous, en plus de son travail chez les autres, il tenait deux ou trois arpents de famille. C'est pas grand, mais c'est beaucoup quand même puisque c'est être propriétaire ! Et, crois-moi, si j'en avais eu autant, peut-être que je ne me serais pas engagé à seize ans, comme je l'ai fait. Mais, baste ! peu importe, j'ai quand même bien mené ma barque et je n'ai pas de regrets. Bien sûr, je n'ai pas fait fortune comme le père Jobert !

– Et c'est grâce à la chute du tyran et des privilégiés qu'il a réussi ? insista le gendarme Godin de plus en plus intéressé par le récit.

Lui, il était le fils d'un petit artisan d'Arras, aussi connaissait-il très mal le monde paysan et cherchait à s'instruire à son sujet.

– Oui, on peut le dire, approuva le maréchal des logis en s'arrêtant.

Il fouilla dans une de ses poches, en sortit une vieille tabatière toute cabossée dans laquelle il puisa une généreuse prise.

– La chute du tyran et des siens ? reprit-il après avoir inhalé la farine de tabac avec bonheur, oui, sans doute. Mais surtout ce qui en a découlé. Parce qu'il ne faut pas croire, il n'y a pas que du sang bleu qui est sorti de la machine à Guillotin, il y a tous les changements que ça a apportés dans le pays. Moi, je t'ai dit, j'avais douze ans et je gagnais ma soupe depuis que j'étais en âge de tenir un manche ou de garder les troupeaux des autres dans les vaines pâtures. Tout ça pour dire que la révolution, on n'a pas été les derniers à la faire, dans nos campagnes. Pas moi, bien sûr, mon père n'aurait pas permis ; faut dire, à cause de ma mère, il était un peu du côté des curés, d'ailleurs, c'étaient pas tous des méchants. Ben oui, c'est comme ça, faut le savoir. Bon, tout ça pour t'expliquer que si mon père n'a pas trop remué au début, d'autres l'ont fait pour lui ! D'abord ça bougeait depuis des mois un peu partout ; et puis on a appris que les Parisiens avaient pris la Bastille, mais c'est loin Paris. Alors on se disait : Bon, ça se passe en ville tout ça et il faudrait peut-être qu'on se remue un peu plus aussi chez nous ! C'est alors que s'est répandue l'autre nouvelle, on n'a jamais bien su d'où elle venait, ni qui l'avait lancée. Mais toujours est-il que, vers le 20 juillet, il s'est répété partout que des troupes de brigands, ou de nobles, on ne savait trop, s'étaient mises à rançonner les paysans, à attaquer les fermes et les réserves de grains, à voler les bestiaux, à forcer les femmes et à massacrer les gens du peuple. Et on disait que tout ça aidait la noblesse et le clergé à se défendre contre nous ! Alors là, mon pauvre ami, si tu avais vu !... C'est parti comme une traînée de poudre ! Moi, je me souviens d'avoir vu passer les voisins, hommes, femmes, et même des gamins de mon âge ou guère plus. Tout ça armé jusqu'aux dents, de faux, de hoyaux, de fourches, de fléaux, mais aussi de Charlevilles presque tout neufs, des armes superbes, on n'a jamais trop su où ils les avaient trouvées. Et tous ces gens-là étaient tellement furieux et avaient tellement peur des malandrins dont on parlait partout qu'ils ont pris les devants. Ça n'a pas traîné. Tout ce qui était château, manoir, grosse maison bourgeoise et même quelques presbytères ont été pris et nettoyés en un rien de temps. Dame, ceux des privilégiés qui avaient été assez bêtes pour rester là l'ont vite regretté. Enfin, c'était pour la bonne cause, hein, pour la liberté ! Bref, c'est quand les paysans ont eu bien nettoyé les campagnes de toutes ces mauvaises graines de royalistes qu'ils se sont enfin décidés, à Paris, à abolir les privilèges. Il était temps. Chez nous, tu sais, on n'en pouvait plus d'impôts, de charges, de droits seigneuriaux, de corvées, d'emprunts, de mainmortes, de péages, de tout ce qui nous écrasait. Et voilà. Mais bon, on arrive. Je te parlerai plus tard du père Jobert qui, lui, a su profiter de tous ces bouleversements. Et c'est bien ce que certains ne lui pardonnent pas, ajouta le maréchal des logis en remontant sur son cheval. Oui, dans le fond, ils lui reprochent d'avoir été beaucoup plus malin qu'eux !

Il talonna sa jument et entra dans la ferme.

– Bonjour à vous, père Jobert, dit le maréchal des logis sans descendre de cheval.

Il savait que l'entrevue serait courte et qu'il était donc inutile de mettre pied à terre. De plus, il connaissait la susceptibilité du maître, lequel considérait la moindre parcelle de terre – pour peu qu'elle lui appartienne – comme un domaine aussi privé que sa propre maison ; y marcher sans son invitation était donc pris comme une impolitesse.

Salut, dit le vieil homme sans toutefois cesser de manier son fléau.

– Vous pourriez arrêter, juste un instant, demanda poliment le maréchal des logis, on s'entend mal avec ce bruit de battage, ajouta-t-il pour s'excuser.

– Et c'est toi qui battras mon froment ? Tiens, tu m'amènes un nouveau ? D'où tu le sors, du berceau ? railla Benjamin Jobert.

Il soupira, posa son outil et fit signe à ses domestiques de faire la pause.

– Oui, il est nouveau à la brigade, expliqua le maréchal des logis, alors je lui fais un peu découvrir le pays.

– Pour le plaisir de prendre l'air ? Parce que, autant que je sache, ça fait beau temps que nos campagnes sont calmes.

– Oui, oui, grâce à nous, rappelez-vous !

– Je sais, je sais, grommela le fermier. Bon, qu'est-ce qui vous amène ? J'ai pas de temps à perdre, suis pas payé par l'Empereur, moi !

– Tiens donc ! s'amusa le sous-officier, heureux de marquer un point, je me suis pourtant laissé dire que vous étiez de ceux qui touchent un peu de ce million de francs que l'Empereur vient d'accorder aux producteurs de betteraves. Oui, pour transformer les racines en sucre, grâce au système de ce bon M. Delessert... Vous voyez qu'on en sait des choses, nous les gendarmes ! Allez, le prenez pas mal ! Je ne vous tiens pas pour un profiteur. On vous demande de cultiver les betteraves et on vous paie pour le faire, vous auriez bien tort de refuser. Mais il faut bien reconnaître que le blocus vous profite plutôt à vous, parce que les betteraves pour le sucre et la chicorée qui remplace le café... Mais vous n'avez pas tort, c'est bien l'Empereur qui nous envoie, poursuivit-il d'un ton plus sérieux. Il faut le comprendre, il a besoin d'hommes.

– C'est à moi que tu dis ça, gronda le vieil homme en serrant nerveusement le manche de son fléau.

– Ne vous fâchez pas, je sais à qui vous pensez... Votre fille et vous avez déjà donné, c'est vrai. Mais moi, j'ai mon travail. Et puis ce n'est pas moi qui décide, hein ? Bon, on appelle maintenant la classe 13. L'Empereur va avoir besoin d'au moins deux cent trente-cinq mille hommes, à ce qu'on dit. Alors voilà, le petit Florimond Marguerite, oui, le fils cadet du père Marguerite, de la ferme des Caillettes, a tiré le mauvais numéro et...

– Tu as bien dit deux cent trente-cinq mille hommes ? coupa Benjamin Jobert. Non mais vous n'êtes pas fous ? Et qui va travailler nos terres quand vous les aurez fait tuer tous ces paysans ?

– Ce n'est pas moi qui décide, redit le sous-officier.

– Peut-être, mais tu es quand même là à chercher le petit Florimond parce qu'il a déserté ! Mais ils finiront tous par faire comme lui ! Et ils auront raison, nom de Dieu !

– C'est votre point de vue. Moi, mon travail c'est de le rechercher. Et le jeune Philibert Laplanche, des Maisons-Blanches, lui aussi a tiré le mauvais numéro.

– Alors deux cent trente-cinq mille cette année, redit le vieil homme. Et l'année dernière, tu m'avais dit cent vingt mille et cent soixante mille l'année précédente ! Et où ça va s'arrêter cette folie ? Hein ?

– Je n'en sais rien, soupira le maréchal des logis. Bon, reprit-il plus vivement, alors vous ne les avez pas vus ces jeunes, ni Florimond, ni Philibert ? Et, bien entendu, personne ici ne les a vus ? Et d'ailleurs si vous les aviez vus, vous ne me le diriez pas ? C'est bien ça ?

– Tout juste. Mais pourquoi veux-tu qu'ils soient venus ici, je suis brouillé avec leurs pères depuis plus de quinze ans !

– Je sais tout ça, je sais, opina le sous-officier. Bon, on ne va pas vous faire l'insulte de fouiller chez vous, vous ne méritez pas ça. Enfin, si jamais vous les apercevez, ces petits, dites-leur qu'ils font une bêtise. Un jour ou l'autre, on les trouvera. Ici, ou ailleurs, on les trouvera..., assura-t-il en faisant volter sa monture. Allez, portez-vous bien, on vous a assez fait perdre de temps !

– C'est bien mon avis, approuva Benjamin Jobert.

Il fit signe aux manouvriers et reprit son travail.

– C'est vrai que vous saviez qu'il était brouillé avec les parents des déserteurs ? demanda peu après le gendarme Godin alors qu'il trottait à la hauteur dc son supérieur.

– Bien sûr, tu comprendras vite qu'un bon gendarme doit tout savoir. Et là, je sais que ça remonte à l'époque où le père Jobert a fait fortune, dans les années 90. Tu étais encore jeune et tu ne peux pas t'en souvenir mais, comme je t'ai dit tout à l'heure, ce fut une rude époque. D'abord, dès fin 89, quand les assignats sont venus remplacer les louis d'or, faut bien dire que ça n'a pas plu à tout le monde... Mon père vivait encore, le pauvre, et ce n'étaient pas les sous qui lui pesaient à ce malheureux! Mais parole, il n'a jamais voulu changer le peu qu'il avait contre du papier!

– Ça peut se comprendre, approuva le jeune gendarme, on dira ce qu'on voudra, l'or, c'est l'or et ça ne se déchire pas...

– Exactement. Mais ça, on aurait pu faire avec. Malheureusement, il y a eu quelques très mauvaises années, avec des récoltes tellement faibles que tout a manqué en ville. Alors, il a fallu taxer et réquisitionner le blé, la viande; et ça plus les assignats, ça a fait monter les prix à des hauteurs pas possibles! Tiens, si j'ai bonne mémoire, avec ce franc de révolution qui ne reposait sur rien, le pain est monté jusqu'à cinquante francs! Avant 89, il était à cinq sous la livre! Ensuite, parce que tout ça était insuffisant et que les citadins criaient toujours famine, il a été fait obligation aux paysans de déclarer tout ce qu'ils produisaient! Tu penses comme ils ont obéi! Fallait pas les connaître pour avoir une telle idée! Mais là, je peux pas les condamner, je sais bien que si mon père avait pu produire quoi que ce soit, mis à part sa peine, rien ne l'aurait décidé à aller rendre compte aux autorités! Parce que enfin c'était pas la peine d'avoir aboli les privilèges si c'était pour faire comme sous l'Ancien Régime !

– Et pourtant, il fallait bien que les gens des villes se nourrissent ! hasarda le gendarme Godin.

– Bien entendu, et c'est ce qui a attiré des perquisitions, des dénonciations, des amendes, et même des exécutions. Sale époque...

– Et le père Jobert ?

– Oh ! lui il a tout de suite compris qu'il pouvait gagner des sous en produisant ce dont les gens des villes avaient besoin, des légumes, de la volaille, des œufs, des lapins. Alors crois-moi, pendant ces années-là, et comme c'était déjà un fameux cultivateur, ses deux ou trois arpents n'ont pas connu la jachère ! J'ai même appris que, pour vendre davantage, sa famille et lui avaient quasiment crevé de faim et mangé plus de raves que de pain ! Mais, tu sais, on n'a rien sans rien !

– Et ça lui a suffi pour faire fortune ? insista le jeune gendarme qui subodorait que l'affaire était moins claire.

– Non, sourit le maréchal des logis, ce qu'il a fait de ses terres, tous l'ont fait, mais c'est ensuite qu'il a été beaucoup plus malin que les autres. Lui, au lieu d'attendre qu'on vienne lui réquisitionner ses produits ou au lieu d'aller les vendre officiellement, il est parti les écouler directement chez tous les particuliers un peu riches de la région. Eh oui, à tous les gens de Bapaume, d'Acheux, de Péronne, de Doullens ! Courageux en plus, car il partait à la nuit, avec son ânesse, au risque de se faire égorger par les malandrins ou fusiller par une patrouille ! Mais, penses-tu, il connaissait tous les sentiers et les raccourcis, ce bougre, et cinq ou six lieues dans la nuit ne lui faisaient pas peur !

– Mais c'était de la contrebande ! protesta le gendarme Godin, c'était antirévolutionnaire, antipatriotique !

– Ben oui, un petit peu..., sourit le sous-officier. Mais bon, d'un autre côté, ça permettait quand même à tous ceux qu'il approvisionnait de ne pas mourir de faim. Tu n'as pas connu ça, toi, mais quand l'estomac te torture, tu ne regardes pas trop si le poulet ou les œufs qu'on te propose sont bien légaux.

– Quand même, c'est pas bien républicain, ni honnête ! s'entêta le jeune gendarme, encore tout pénétré de l'enseignement reçu lors de sa toute récente formation.

– Tu n'as pas tort, reconnut le maréchal des logis, mais... Tu sais, ceux qui établissaient les taxes et qui faisaient les réquisitions, tu crois qu'ils se privaient de se servir en premier ? Non, non, mon petit. À part quelques incorruptibles, presque tout le monde essayait d'abord de profiter du système.

– Et je parie qu'en plus ce Jobert faisait payer au prix fort ? lança le jeune gendarme.

– Là, tu te trompes. Pas fou, le père Jobert, son système était bien meilleur et beaucoup moins dangereux ! D'après ce qu'on m'a dit, il ne réclamait guère plus que le prix officiel, disons qu'il devait ajouter l'usure de ses sabots et le foin de son ânesse quoi, enfin à peu près... Simplement, il refusait tout net les assignats et se faisait toujours payer soit en louis, chez ceux qui en possédaient encore, soit en bijoux, en outils, en vaisselle, en vêtements ou en tissus chez les autres. Je me suis même laissé dire qu'il avait aussi récupéré quelques très beaux meubles.

– Eh ben..., souffla le gendarme Godin tout prêt à faire demi-tour pour aller mettre la main au collet d'un personnage aussi peu patriote.

– Alors, bien entendu, il a beaucoup gagné, poursuivit le sous-officier qui s'amusait de la mine scandalisée de son compagnon, parce que tu comprends, quand tout s'est un peu calmé et que les assignats valaient moins que rien, lui, il avait un vrai magot, du solide, pas du papier. Et comme c'est à ce moment-là qu'ont été mis en vente les biens nationaux, et souvent pour moins que rien... Alors tu peux bien penser que ceux qui, comme lui, avaient de l'or ne se sont pas privés ! Et c'est comme ça que le père Jobert est devenu propriétaire de la ferme de Basse-Plaine. Comme ça qu'il est devenu ce qu'il est. Mais il ne faut pas non plus oublier tout le travail qu'il a fait par la suite. Parce que, crois-moi, c'est un rude cultivateur, un bon ! Et il s'y connaît. Il n'a pas peur d'aller demander conseil aux savants de la Société d'agriculture. Il n'a pas peur d'innover, pas peur de creuser sa terre, de la fumer, de faire les assolements qui conviennent. Pas peur non plus des nouvelles cultures. Tiens, à cause du blocus qui rend le coton presque introuvable, eh bien le père Jobert s'est mis à cultiver le lin et le chanvre. Pas fou, je te dis ! Et tu as vu, il s'est aussi lancé dans la betterave à sucre, et je suis sûr qu'il a raison. D'abord parce que l'Empereur l'a demandé et paie pour ça, mais surtout parce que je suis certain que ce sera de bon rapport. Notre terre s'y prête, comme elle se prête au froment, et les cultures se complètent !

– Vous dites ça comme si vous plaigniez votre part ! s'amusa le jeune gendarme.

– Que veux-tu ? on ne se refait pas : la terre, ça accroche ! Et mon père était de la terre, et moi j'y suis né, alors..., dit le maréchal des logis en haussant les épaules. Il se retourna, regarda au loin la ferme de Benjamin Jobert : Une sacrée belle ferme, murmura-t-il, et qui mérite bien un bon maître..., ajouta-t-il en souriant.

Benjamin Jobert posa son fléau. Puis il fit quelques pas pour aller s'assurer que les deux gendarmes avaient disparu derrière la rangée de peupliers qui bordaient la route d'Acheux.

C'est sans hâte, mais en sifflotant, qu'il alla jusqu'à la grange.

– Oh ! Florimond ! lança-t-il après avoir ouvert la porte, ils sont partis, tu peux sortir !

13

Libérés, grâce à la Révolution, d'une grosse partie des charges et des impôts qui pesaient sur eux et limitaient leurs possibilités de développement, on pourrait penser que les paysans en profitèrent pour aller de l'avant. Ce serait trop simple.

D'abord parce que l'insécurité qui sévissait avant 89 dans les campagnes persista encore pendant près de dix ans. Ensuite parce que toute la période révolutionnaire fut, pour eux, celle des réquisitions de récoltes, d'une surveillance tatillonne et de l'obligation de déclarer toute production. Enfin, parce que, dès 1793, la levée en masse pour la défense de la patrie mit tout Français en âge de prendre les armes dans l'obligation de répondre à l'appel des autorités, et pour un temps illimité ! À cette contrainte succéda à partir de 1798 la conscription qui toucha tous les hommes dès l'âge de vingt et un ans. Alors, si l'on se souvient que près de soixante-quinze pour cent de la population française était constituée de ruraux et que le temps de service était de cinq ans, on découvre que, même si le tirage au sort et le remplacement permettaient à certains d'échapper à l'armée, la majorité des jeunes paysans furent atteints par cette saignée qui, suivant les années, vidait la campagne de centaines de milliers d'hommes. Le summum fut atteint en 1813 avec un total de un million quarante mille conscrits ! Il ne faut pas oublier, surtout, que chaque grande bataille – et elles ne manquèrent pas jusqu'en 1815 – pouvait éliminer jusqu'à cent mille hommes, tués ou très grièvement blessés.

Aussi, même si Napoléon favorisa vraiment l'essor de l'agriculture puisque, outre les cultures lancées lors du blocus, on lui doit entre autres initiatives la mise en valeur des Landes de Gascogne, dont la défriche se fit grâce à des buffles envoyés d'Italie, les grands progrès ne commencèrent vraiment qu'après 1816. Car, là encore, il ne faut pas oublier la période de troubles graves et de violences dus à la Terreur blanche qui freina l'évolution du monde agricole dans beaucoup de régions.

Une fois ces soubresauts réactionnaires calmés (et leur renaissance dut faire regretter à beaucoup de paysans de ne pas avoir branché plus de hobereaux quand ils en avaient eu l'occasion !), il apparaît bien qu'une bonne partie du monde rural évolua dans le bon sens.

Je dis une bonne partie, car c'est aussi en ces années que commença le phénomène de l'exode rural qui alla désormais en s'accroissant. Sans doute toucha-t-il principalement les manouvriers et les journaliers, toujours très nombreux et qui, dès l'apparition de la mécanisation (comme, au début du siècle, les opposants au métier à tisser de Jacquard), virent tout le danger que représentait pour eux l'arrivée des faucheuses mécaniques, des charrues perfectionnées, des faneuses, des batteuses – d'abord à cheval puis à vapeur –, bref de tous ces outils qui « mangeaient » leur travail.

Comme la population rurale était toujours très largement majoritaire en France, il est également probable, en ce qui concerne la migration rurale, que beaucoup de tout petits cultivateurs – propriétaires ou métayers –, que leur terre nourrissait de plus en plus mal (la dernière disette due à de mauvaises récoltes remonte à 1847), choisirent eux aussi l'exode vers les villes et le travail qu'elles proposaient. Ainsi firent-ils leur reconversion dans diverses branches de l'artisanat : maçons, charpentiers, couvreurs, mais aussi en certaines régions à vocation industrielle, en se faisant embaucher dans les usines et les ateliers ou encore, pour les femmes, en se gageant comme domestiques dans les maisons bourgeoises ou comme ouvrières dans les manufactures de toile.

Mais ce courant migratoire, qui totalisait en moyenne cinquante mille paysans par an dans les années 1830-1850 (il s'accrut beaucoup après cette date), ne doit pas faire oublier les réels progrès faits par l'ensemble de la paysannerie. Progrès qui coïncident presque toujours avec le développement du réseau ferré. Est-il besoin de le redire, la vapeur et le rail apportèrent, partout où ils arrivèrent, un authentique et durable changement. D'abord parce que le train fut, pour les habitants des campagnes, une formidable ouverture sur les villes, monde inconnu pour beaucoup jusque-là. Ensuite parce que le chemin de fer permit tout autant de vendre les productions ailleurs que dans leur région d'origine que de faire venir le matériel moderne, les semences, les engrais.

Si le train favorisa beaucoup l'ouverture du monde rural, il n'en fut pas le seul responsable. Car si notre agriculture se modernisa, cela se fit aussi grâce aux agronomes, à une meilleure connaissance du sol et des techniques, aux écoles d'agriculture qui virent le jour au début du XIXe *siècle, mais encore à la mécanisation, à la découverte des premiers engrais phosphatés et du guano, à l'amélioration des semences, à la vraie sélection de l'élevage, au drainage des régions marécageuses.*

Comme toujours, cette indéniable évolution toucha inégalement les provinces. Celles du nord de la Loire, les plus fertiles, étaient déjà et depuis longtemps très en avance sur les plus pauvres, et ce n'était qu'un début ! Ainsi, par exemple, à la suite du développement de l'industrie sucrière, donc de celui de la culture betteravière (et les betteraves, on le sait, ne poussent bien qu'en terrain riche), la production française de sucre qui n'était que de six mille tonnes en 1830 atteignait trente-huit mille tonnes en 1835 !

Ces différences entre les régions mises à part, ce fut donc un pays dont l'agriculture se portait plutôt bien qui assista à l'ascension de Napoléon III.

On sait que plusieurs départements à majorité rurale n'apprécièrent pas du tout le coup d'État et le firent savoir sans détour. On sait également comment ils furent rapide-

ment mis au pas. Mais, au-delà de toutes considérations politiques – et même si nul n'est obligé d'apprécier le bonapartisme –, force est quand même de reconnaître, si l'on se veut un brin objectif, que Napoléon le petit fut un bon organisateur des progrès de notre agriculture. Non seulement parce qu'il étendit considérablement toutes les voies de communication, mais aussi parce qu'il prit, en temps voulu, et fit appliquer des décisions qui aidèrent beaucoup de régions, donc de paysans, à s'engager sur le chemin d'une agriculture moderne. Celle qui, parce que bien gérée, devint enfin plus productive et fit ainsi reculer le vieux spectre de la famine.

L'éveil des agronomes

– Si c'est un problème de salaire, je vous ai déjà dit que c'était négociable, dans la mesure du raisonnable, bien entendu. Et si, au vu des résultats, excellents je me dois de le dire, vous pensez qu'une petite augmentation de votre pourcentage sur les ventes est légitime, je suis tout prêt à en discuter, assura Me Jean Lapierre en rangeant distraitement quelques papiers étalés sur son bureau.

Il paraissait très agacé, et cela amusa son interlocuteur.

– Non, non, maître, je vous ai déjà dit que la question n'était pas là, assura Jules Barrier en se retenant pour ne pas sourire et surtout pour taire le fond de sa pensée – il fallait vraiment que son employeur tienne à lui pour énoncer de telles propositions. C'était la première fois, depuis six ans qu'il était son régisseur, que Me Lapierre envisageait de l'augmenter. Mais c'était trop tard, beaucoup trop tard, d'ailleurs, même cela n'aurait rien changé !

– Et qu'est-ce que je vais devenir, moi ? insista le notaire, d'autant que vous me lâchez au moment des plus gros travaux ! Et avec tous ces métayers qui ne pensent qu'à me voler !

– Mais non, mais non, ils sont plus honnêtes que vous ne le dites ! Quant à mon départ, je vous l'ai annoncé depuis cinq mois, rappela Jules Barrier. J'arrive maintenant au terme du contrat que nous avons conclu ensemble au printemps 1863, tout est donc dans les normes et personne n'est lésé.

– Si l'on veut..., grommela le notaire, mais promettez-moi au moins de mettre votre successeur au courant de tout !

– Je ne l'entendais pas autrement et c'était d'ailleurs prévu comme cela. Mais encore faudrait-il que mon remplaçant arrive avant mon départ, ajouta Jules Barrier. Moi, comme entendu, je n'irai pas au-delà du 31 mai. Ça me laisse donc trois semaines pour passer les consignes, si toutefois mon successeur se présente...

– Il sera là après-demain, assura le notaire en haussant les épaules, mais ce n'est pas ça qui m'inquiète. Voyez-vous, même si ses certificats paraissent excellents, je le trouve bien jeune pour assumer tout ce qui l'attend.

– Allons, allons, s'amusa Jules, d'après ce que vous m'avez dit, il a exactement le même âge que j'avais lorsque vous m'avez engagé, il y a six ans ! Et lui aussi a appris son métier dans une école d'agriculture, et une école plus renommée que celle que j'ai fréquentée ! Pensez, Grignon, c'est ce qu'on fait de mieux, et depuis bientôt quarante ans !

– Je sais tout ça, je sais, soupira le notaire. Mais tout évolue maintenant si vite ! Vous ne vous rendez pas compte, mais moi, je suis né bien avant que les premiers chemins de fer enfument nos campagnes ! Pensez, Napoléon, le grand, était au faîte de sa gloire et personne n'aurait misé un sou sur toutes les réalisations qui fleurissent depuis quelques années ! Oui, tout change si vite que l'avenir me fait peur et que votre successeur me paraît bien inexpérimenté pour l'assumer. Enfin, puisque rien ne semble pouvoir vous décider à rester..., soupira le notaire en consultant son oignon.

– Il ne faut pas redouter l'avenir, il faut le gérer, dit Jules en se levant.

Depuis le temps qu'il travaillait pour lui, il avait appris que le notaire mettait fin à tout entretien en s'abîmant dans la contemplation de sa montre.

– Revenez après-demain matin, votre remplaçant sera là, dit le notaire en ouvrant un épais dossier.

Et il se désintéressa de son visiteur.

Jules Barrier grimpa lestement dans son cabriolet, mit son cheval au petit trot et sortit du vaste parc qui entourait la grande et moderne maison du notaire.

La bâtisse, construite à la sortie du bourg, n'avait qu'une quinzaine d'années et exsudait de toute part l'aisance cossue de son propriétaire. Il est vrai qu'outre son étude, dans laquelle se pressaient tous les bourgeois de Montmarault et des environs, et les gros propriétaires de la région, Me Lapierre possédait aussi dans les cent vingt hectares de bonnes terres, réparties en neuf métairies ; la plus importante et la meilleure totalisait dix-neuf hectares et la plus modeste sept. Groupées entre Montmarault, Sazeret et Saint-Priest-en-Murat, elles produisaient aussi bien le froment que l'orge et l'avoine, mais également, car les prairies étaient généreuses, d'excellents bœufs gras. Et si l'ensemble rapportait au notaire sans doute moins que son étude, beaucoup de ses voisins se seraient contentés de la moitié des sommes encaissées tous les ans grâce aux métairies.

« Et de ce côté-là, pensa Jules, il ne pourra jamais dire que je lui ai fait perdre de l'argent ! Quand je pense à l'état des terres il y a six ans ! »

Il était bien vrai qu'après avoir visité l'ensemble des

fermes avec l'ancien régisseur – un petit chafouin d'une cinquantaine d'années qui le prenait manifestement pour un gamin –, il avait eu la tentation de rejoindre sans plus attendre la gare de Moulins et d'y grimper dans le premier train pour Paris ! Car tout était en si piteux état et travaillé d'une façon si archaïque qu'il avait douté pouvoir jamais rendre le domaine aussi prospère et entretenu qu'il l'entendait.

Heureusement sa formation – l'école régionale d'agriculture de Grand-Jouare, en Loire-Inférieure –, son âge, vingt-trois ans, et ses antécédents – son père était lui aussi régisseur de quelque vingt métairies en Beauce – l'avaient poussé à relever le défi. De plus, et ce n'était pas négligeable, le salaire et surtout les pourcentages sur vente proposés par le notaire étaient un encouragement à l'initiative et au travail.

Malgré cela, il se souvenait de son effarement en découvrant les méthodes culturales en vigueur chez les exploitants en place. Habitué aux techniques modernes dont lui avait parlé son père et surtout à toutes celles qu'il avait découvertes et expérimentées lors de ses deux ans d'étude – la ferme de l'école possédait cinq cents hectares remarquablement mis en valeur –, il avait eu le plus grand mal à s'habituer à celles qu'employaient la majorité des neuf métayers dont il avait la charge.

Ici, nulle trace de ces pratiques nouvelles et si productives appliquées dans les grandes fermes de la région parisienne, du Nord et de l'Est ; des pratiques dans lesquelles des mots comme phosphate naturel, guano, engrais de poisson, chaux étaient compris sinon de tous, du moins de tous les cultivateurs tournés vers l'avenir. Des hommes de plus en plus compétents qui, en une génération, avaient réussi à faire grimper les rendements en froment jusqu'à vingt, voire vingt-deux hectolitres à l'hectare !

Des hommes, il est vrai, qui n'avaient pas peur non plus d'investir dans l'achat du matériel moderne comme, par exemple, la charrue de Dombasle, sans avant-train, mais avec régulateur. Un outil merveilleux qui rendait le travail beaucoup moins pénible puisque ce n'était plus l'homme qui, par pression permanente et épuisante sur les mancherons, réglait la profondeur du labour, mais un régulateur à vis qui donnait au soc, donc à l'ensemble de la machine, sa parfaite et constante position de travail. Un engin si maniable et précis qu'un laboureur expérimenté pouvait désormais travailler seul avec ses bêtes et faire ainsi l'économie de celui – ou de celle – qui, jusque-là, devait passer devant l'attelage pour le guider. Une charrue merveilleuse, traçant des sillons si beaux et réguliers que les planches du labour ainsi fait permettaient ensuite le passage de toutes les machines de récolte.

Car, dans certaines de ces fermes, gérées par des hommes ouverts au modernisme, apparaissaient aussi (au grand dam des journaliers et manouvriers qui voyaient en elles des tueuses d'emplois) des faucheuses et des faneuses mécaniques, des herses et des rouleaux entièrement métalliques et même, remplaçant les batteuses à chevaux – déjà beaucoup plus efficaces que quinze hommes et leurs fléaux –, se répandaient peu à peu, dans les grosses fermes céréalières, de magnifiques et si performantes batteuses à vapeur !

Aussi, quelle n'avait été sa stupéfaction en constatant que les métayers avec qui il allait devoir travailler usaient encore du vieil araire à versoir de bois et en étaient donc réduits à labourer en billons, donnant ainsi au sol, par l'adossement des sillons, un profil tellement chaotique qu'il était impropre au passage des machines de récolte. Alors, il n'était pas surprenant, mais tout à fait logique,

que toutes les moissons se fassent encore à la faucille ; elle seule, bien maniée, était capable d'aller trancher la paille dans les creux et sur les bosses d'un sol aussi mal aplani ; même les faucheurs à faux y abîmaient leurs lames !

Et le pire, lorsqu'il avait évoqué tout cela avec les métayers, était d'avoir aussitôt compris qu'on le tenait soit pour un jeune révolutionnaire un peu fou, soit pour un galopin totalement incompétent !

Seuls Émile Lacoste du domaine de L'Aigle et Frédéric Blériot, de L'Ormelle, l'avaient écouté sans trop rire sous cape et sans scepticisme apparent ; aussi était-ce à eux qu'il avait, un peu plus tard, donné ses premiers conseils.

Enfin, peu après sa prise de fonction, il avait également compris que son prédécesseur ne péchait pas plus par excès de modernisme que par honnêteté. Tous les métayers se méfiaient donc de lui et ne voyaient dans la moindre de ses suggestions qu'une façon détournée de les faire trimer un peu plus, mais sans aucun profit pour eux-mêmes ! Prudents, ils se contentaient presque tous de travailler suffisamment pour nourrir leurs familles et leurs journaliers, et payer son dû au propriétaire ; mais ils se défiaient de toute initiative dès l'instant où elle demandait un surcroît de travail ou un investissement financier.

« Vraiment, ces gens-là ne vivaient pas avec leur siècle, de vrais serfs ! » songea-t-il en quittant la grand-route et en poussant son attelage dans le chemin qui conduisait à la ferme de L'Ormelle.

C'était la plus belle, la plus grande des métairies de Me Lapierre ; c'était aussi une des plus modernes et des plus productives de la région, celle dont Jules était le plus fier car elle correspondait tout à fait à l'idée qu'il se faisait d'une agriculture moderne qui, après des millénaires d'immobilisme et d'empirisme, marchait vers le XXe siècle.

C'était enfin, et surtout, celle où vivait Mathilde, adorable et délicieuse jeune fille de vingt et un ans, cadette de Frédéric Blériot, métayer de son état. Mathilde qui serait son épouse avant deux mois et avec qui il allait tenter la grande aventure de sa vie. Une aventure pleine d'imprévus, mais d'autant plus passionnante, qui le poussait à quitter un emploi sûr, un confortable salaire et une existence bien réglée, pour se lancer dans l'inconnu.

– Mais je vais avoir trente ans et si j'attends trop je perdrai bientôt mon enthousiasme et mon envie de gagner, avait-il expliqué à son futur beau-père qui, bien que très flatté d'avoir sous peu pour gendre un monsieur aussi savant et compétent que lui, était un brin inquiet pour l'avenir de sa fille ; il avait marié l'aînée avec un marchand de bestiaux, la seconde avec un charron et souhaitait de tout cœur que sa troisième et dernière réussisse aussi bien que ses sœurs.

– Je comprends que c'est maintenant ou jamais, avait-il dit à Jules, et, vous le savez, je ne mets pas vos capacités en doute, mais il n'empêche que vous lâchez quand même la proie pour l'ombre...

– L'ombre ? Vous savez, monsieur Blériot, là où nous allons, je crois qu'elle est rare ! avait souri Jules.

Beaucoup plus jeune que la majorité des métayers de Me Lapierre, il s'était toujours adressé à eux plus respectueusement que ne le voulait la coutume :

– Allons, monsieur Blériot, ne repartons pas dans nos discussions, nous ne faisons quasiment que ça depuis que nous nous connaissons, et comme nous sommes aussi têtus l'un que l'autre...

C'était vrai, car autant l'un était clérical et bonapartiste, autant l'autre était libre penseur et républicain !

– Oui, et heureusement que nous avons l'agriculture comme point d'entente, avait un jour lancé en riant le métayer, parce que, sauf votre respect, si nous n'avions pas eu ça pour nous entendre, il y a beau temps que je vous aurais fermé ma porte ! Quant à ma petite Mathilde, jeune et belle comme elle est, les soupirants et les beaux partis ne lui manquent pas !

– Dites plutôt que vous rêviez d'en faire une nonne, oui ! Allons, monsieur Blériot, promis, nous vous inviterons à venir nous voir et, avec un peu de chance, vous ferez comme nous, vous vous installerez, ce n'est pas la place qui manque !

Élevé par son père dans le culte de la république et dans le rejet sans appel de tout autre régime – qu'il soit mené par un Louis-Philippe ou par un Louis Napoléon –, Jules Barrier n'aurait jamais dû, en bonne logique, sympathiser avec Frédéric Blériot. Nullement parce que celui-ci était simple métayer – Jules en connaissait parmi ceux dont s'occupait son père qui étaient tout aussi évolués, sinon plus, que beaucoup de bourgeois et, de toute façon, plus agréables à fréquenter ! De plus, Frédéric Blériot, vu sa condition d'origine – il avouait sans honte que ni son père ni sa mère ne savaient lire –, avait le grand mérite d'avoir tiré le maximum, quarante ans plus tôt, de l'enseignement que s'astreignait à donner aux galopins de la commune, contre quelques volailles ou douzaines d'œufs, le curé de sa paroisse natale.

– Grâce à ce saint homme, aimait-il à répéter, je sais lire, écrire et compter ; et je sais même que certains, au moment des comptes et des établissements de contrats, me reprochent aussi de savoir réfléchir.

Aussi avait-il eu à cœur de veiller à ce que son fils aîné et ses trois filles reçoivent à leur tour une instruction qu'il jugeait indispensable. Cela lui avait coûté vingt-cinq francs par an et par enfant (tarif demandé par le maître d'école de Saint-Priest-en-Murat), mais il ne le regrettait pas.

Ce n'était donc pas du tout sa condition ni sa culture qui auraient pu l'éloigner du nouveau régisseur de Me Lapierre. En revanche son bonapartisme et sa religion, affichés l'un et l'autre sans ostentation mais néanmoins avec fermeté, auraient dû le brouiller à jamais avec Jules.

Pourtant, ils avaient vite sympathisé. Et, au début, la petite Mathilde n'avait été pour rien dans les fréquentes visites que Jules faisait à la métairie de L'Ormelle ; la dernière fille de Blériot n'avait alors rien pour attirer l'œil, et elle avait à peine quinze ans ! Quant à ses aînées, elles étaient déjà promises.

Il avait donc vraiment fallu que les deux hommes partagent une passion commune pour l'agriculture moderne pour que leurs relations atteignent le niveau qu'elles avaient désormais. Tout n'avait pourtant pas très bien commencé et seul le fait que Frédéric Blériot – comme son voisin Émile Lacoste – n'avait pas bêtement ricané lorsque Jules avait évoqué toutes les améliorations qu'il jugeait possibles sur les métairies avait permis la poursuite du dialogue. Mais cela n'avait pas été sans accrocs ni tiraillements...

Ainsi, dans les premiers mois de sa prise de fonction, fort de ses convictions républicaines et d'un savoir professionnel derrière lequel il avait alors un peu trop tendance à s'abriter, Jules n'avait pu un jour s'empêcher de lancer, au risque d'ailleurs de s'attirer de graves ennuis si son interlocuteur avait eu l'âme d'un mouchard :

– Vraiment, monsieur Blériot, je ne comprends pas

comment un homme intelligent comme vous peut faire confiance à Bonaparte ! Bon sang, il n'est là que par un vilain coup d'État et grâce à des répressions dont certains de vos confrères et voisins ont eu à pâtir ! C'est à croire que les paysans du Midi et du Sud-Ouest se sont sacrifiés en vain en décembre 51 !

– Écoutez, monsieur Barrier, l'avait gentiment gourmandé son interlocuteur, vous êtes jeune et instruit, c'est bien, mais ça ne vous donne pas tous les droits ! Alors quand vous me dites : « Vous devriez faire un gros apport de chaux et de sel de potasse dans toutes vos terres », je dis d'accord. Quand vous me dites de ne pas hésiter à employer de ce phosphate naturel qu'on peut faire venir des gisements des Ardennes, je dis encore d'accord. Quand vous me dites : « Vos bœufs engraisseraient mieux et plus vite si vous leur donniez un peu plus de tourteaux et des betteraves », je dis d'accord. Quand vous me dites de mieux employer le fumier de mes bêtes donc de le garder pour mes terres à froment et aussi de mieux organiser mes assolements, je dis d'accord. D'accord aussi avec vous pour penser que l'époque n'est plus à la jachère mais aux labours et aux prairies artificielles ! Quand vous me dites d'investir dans une charrue de Dombasle, je dis d'accord, même si elle me coûte le double d'un araire ! Et quand vous me dites qu'un jour viendra où je n'aurai plus besoin de louer huit ou dix journaliers pour mes fenaisons, mes moissons et mon battage, je dis encore d'accord. Quoique, là, je pourrais aussi vous demander ce que vont devenir tous ces manouvriers dont on n'aura plus besoin puisqu'on va les remplacer par des machines ; on sait déjà que beaucoup se plaignent de manquer de travail et sont obligés de partir se louer dans les fermes du Nord ou dans les villes pour ne pas crever de faim ! Mais bon, c'est un autre problème et ce n'est pas le mien ! Mais quand vous me dites que l'Empereur est un moins que rien, je ne suis pas d'accord. Parce que tout ce progrès qui, d'après vous, va transformer nos campagnes, qui l'a mis en place ? Votre république ? Non, monsieur, non ! Et si les trains roulent et nous permettent de vendre nos bœufs jusqu'à Paris, nos fruits jusqu'en Angleterre et aussi de faire venir des engrais et des semences de presque partout, c'est grâce à qui ?

– Sûrement pas à Badinguet ! Il serait bien incapable de les conduire ! avait cru bon d'ironiser Jules.

– Eh oui, l'avait alors mouché le métayer, chacun son métier ! Le mien, c'est de cultiver les terres de Me Lapierre, le vôtre c'est de veiller à ce que je le fasse du mieux qu'il est possible pour qu'elles rapportent davantage. Mais ce n'est sûrement pas de me rebattre les oreilles avec votre politique ! L'Empereur fait ce qu'il peut, pas tout très bien ni tout très mal. Moi, tout ce que je vois, c'est que je vis moins mal qu'il y a quinze ans, et beaucoup mieux qu'il y a trente ! Vous étiez bien jeune dans les années 45, quand tout est venu à manquer suite à de mauvaises récoltes. Vous ne pouvez pas vous souvenir à quel point le blé était rare, donc hors de prix ! Mais moi, je n'ai pas oublié que les mendiants venaient jusqu'à la ferme pour quémander une gamelle de soupe ou même une portion de la pâtée des cochons ; et ils étaient tous prêts à travailler une pleine journée juste pour ça ! Oui, monsieur, pour une gamelle de soupe, douze heures de travail ! Vous êtes jeune encore et, d'après ce que je crois, vous n'avez jamais dû manger beaucoup de pain noir, ni de raves ! Moi, si, et plus que mon aise ! Mais si je peux maintenant manger, moi aussi, du pain blanc et s'il me plaît de penser et de croire que c'est grâce à l'Empereur, ou au bon Dieu, c'est mon affaire, pas la vôtre !

Ce jour-là, ils s'étaient quittés presque brouillés !

Pourtant, même s'il avait jugé sévèrement les propos de Blériot, Jules les avait médités. Certes, ils étaient frustes, simplistes et facilement réfutables. De plus, il ne faisait aucun doute que quiconque, à la place de Bonaparte, aurait tout pareillement misé sur le progrès et le développement. Et il y avait même fort à parier qu'un bon républicain aurait fait preuve d'encore plus d'audace ! Malgré cela, il fallait bien reconnaître, comme le disait le père Blériot, que c'était l'Empereur, et pas un autre, qui avait permis au pays de faire un bond en avant que Jules, tout républicain qu'il soit, ne pouvait nier !

Aussi, petit à petit, parce qu'il se voulait objectif, avait-il fini par admettre, sans pour autant déposer les armes, que cette agriculture qu'il aimait et qui le faisait vivre devait beaucoup à l'Empereur. Comme l'avait dit le père Blériot, grâce à tous ces trains dont les rails s'enfonçaient dans presque toutes les régions, tous les produits circulaient, s'échangeaient, se négociaient, et ce n'était sûrement qu'un début.

Et ce que n'avait pas dit le métayer, car il l'ignorait peut-être, c'est que Bonaparte avait aussi fait voter des lois qui étaient vitales pour certaines régions. Lois sur la mise en valeur des terres communales, au risque d'ailleurs de soulever un fort mécontentement chez les plus pauvres paysans pour qui l'usage de ces terrains était presque indispensable ; mais l'intérêt collectif ne devait-il pas primer sur l'individuel ? Lois sur le drainage et sur le dessèchement des marais, et Jules, qui l'avait traversée pour venir dans l'Allier, avait vu que la Sologne était la première, mais non la dernière, bénéficiaire de cette décision.

À tout cela il fallait ajouter, grâce aux travaux de l'ingénieur Chambrelent, la poursuite de la mise en valeur des Landes de Gascogne, commencée quatre-vingts ans plus tôt sous la direction de l'inspecteur général des Ponts et Chaussées, Brémontier. Désormais de mieux en mieux drainées, donc cultivables par endroits, elles étaient aussi largement reboisées en résineux, pins sylvestres et maritimes, et tout tendait à prouver que cette réalisation, elle aussi, serait un jour une réussite.

Certes, rien de tout cela ne devait faire oublier les énormes et multiples bourdes du régime, sa répression permanente et ses guerres meurtrières ; et la malheureuse expédition mexicaine était bien là pour rappeler que l'Empereur et sa politique devaient être combattus. Mais, parfois, Jules se surprenait à reprendre secrètement la réflexion de son futur beau-père : « L'Empereur fait ce qu'il peut, pas tout très bien ni tout très mal ! », et l'honnêteté l'obligeait alors à s'avouer qu'en ce qui concernait l'agriculture c'était plutôt bien...

« Enfin, toutes ces discussions n'ont plus leur raison d'être », pensa Jules en secouant un peu les rênes de sa monture qui avait tendance à somnoler. En prenant de l'âge, il avait appris à respecter le choix et les idées de ses interlocuteurs. De plus, depuis qu'il avait fait sa demande en mariage, un an plus tôt, il n'avait plus du tout envie de se heurter à son futur beau-père sur des sujets somme toute aussi futiles et stériles que la politique. Car à tant faire que de discuter, mieux valait que ce soit profitable et sur des sujets qui en valaient la peine. Aborder par exemple, et bien étudier, le choix des prochains assolements, des doses d'engrais à employer, l'achat d'une herse métallique. Ou encore, et c'était plus grave et sérieux, étudier ensemble les moyens préconisés par certains pour tenter d'enrayer l'avance dévastatrice du phylloxéra.

Car cette saleté, dont l'agronome Jules Planchon venait juste de découvrir l'origine (un insecte hémiptère), qui était partie du Gard cinq ans plus tôt, risquait, disait-on et faute de traitements, de toucher tout le vignoble français.

– Vous vous rendez compte, s'il lui prend l'envie de faire comme vous ? lui avait récemment lancé le père Blériot, c'est pour le coup que vous regretterez les métairies de Me Lapierre !

Non, ça, Jules se refusait à l'admettre. Ce n'était pas à cinq semaines de son mariage et à six de son grand départ qu'il allait se mettre martel en tête et gâcher son bonheur !

D'ailleurs, il n'en doutait pas, le phylloxéra serait vite vaincu ! Que diable ! les savants ne manquaient pas pour lui faire un sort ! C'était d'ailleurs à désespérer de la science et du progrès si un homme, comme ce M. Pasteur dont on parlait de plus en plus, n'était pas capable de venir à bout d'un insecte ! Pasteur qui, après avoir brillamment dénoncé le mythe de la génération spontanée, avait aussi compris pourquoi, et comment, le vin se gâtait au contact de l'air. Cela établi, il avait trouvé le remède qui permettait au vin de vieillir sans tourner au vinaigre ! Il ne faisait donc aucun doute qu'un tel homme, à qui l'on devait aussi d'importantes découvertes sur les maladies du ver à soie – tant la pébrine que la flacherie –, trouverait vite le traitement ; alors le phylloxéra ne ferait pas comme Mathilde et lui ! Il ne traverserait jamais la Méditerranée pour aller s'installer en Algérie, comme ils se préparaient tous les deux à le faire, sur une ferme dont ils étaient déjà propriétaires ! Une exploitation achetée grâce à quelques emprunts, mais surtout à six ans de travail acharné au service de Me Lapierre. Une propriété sise à Mascara, jusque-là gérée par un ancien déporté politique de 51 – un républicain, un vrai ! –, dans un pays plein d'avenir et de promesses. Une terre qui ne demandait qu'à être mise en valeur, selon les techniques les plus modernes, et qui le serait sous peu, grâce à Mathilde et à lui.

14

La guerre de 70, pas plus que les précédentes, ne fut bénéfique à l'agriculture. Car même si certains paysans profitent toujours des conflits et des périodes de pénurie pour majorer leurs prix et remplir leurs bas de laine – ou leurs lessiveuses! –, l'ensemble de la profession pâtit de la régression qu'entraînent les années de conflit.

De plus, en ce qui concerne la période d'après 1870, la chute d'un régime, suivie d'une guerre perdue, d'une Commune qui n'arrangea rien et de la mise en place d'une nouvelle république pesèrent fortement sur l'ensemble du pays.

Outre ces crises et autres événements nationaux, la paysannerie souffrit aussi dans plusieurs autres domaines. D'abord parce que le phylloxéra, alors en pleine extension dans les années 1870 (il ravagea plus de la moitié du vignoble et fit baisser la production des deux tiers), fut fatal pour beaucoup de paysans à qui la vigne, mieux que toute autre production, permettait de survivre. Ensuite parce que tous les éleveurs de vers à soie, et ils étaient nombreux, après avoir réussi à éradiquer les maladies et les parasites du bombyx, furent frappés de plein fouet par les importations de soie en provenance de l'Extrême-Orient. Soie excellente qui, malgré le coût du transport, était vendue meilleur marché que celle produite en France.

Par malchance pour les agriculteurs, le principe des importations massives ne se limita pas à la soie et toucha bientôt toutes les productions, sauf celle de la betterave ; le prix du blé chuta de près de trente pour cent en moins de vingt ans et les produits de l'élevage de vingt pour cent. S'installa alors, et pour longtemps, un climat de crise au sein de la paysannerie. L'exode rural s'accrut donc et toucha environ cent mille personnes par an à partir de 1881 et cent trente mille après 1891 !

Si l'on ajoute à ces chiffres les migrations saisonnières, par exemple celles qui vidaient des provinces comme le Limousin six mois par an, on mesure à quel point certaines régions, déjà défavorisées par rapport aux autres, virent s'accroître leur pauvreté et leur retard.

Si l'exode s'installa – et j'oserai dire définitivement car, à l'heure où j'écris, il est toujours d'actualité –, il eut aussi pour résultat, dans les pays de grande culture les plus touchés par la pénurie de main-d'œuvre, d'obliger les propriétaires à augmenter notoirement le salaire des manouvriers. Autre conséquence, qui fit peu à peu tache d'huile, cette même diminution des employés, saisonniers ou à temps plein, favorisa beaucoup la mécanisation, et l'on peut dire, sans se tromper, que la fin du XIXe *siècle vit le triomphe de la charrue sur l'araire.*

Charrue de Dombasle pour le labour en planches, c'est-à-dire ceux qui sont surtout pratiqués dans les sols de plaine et qui demandent, entre chaque série de sillons – les planches donc –, une dérayure favorisant l'évacuation de l'eau. Et brabant double, charrue perfectionnée, pour les labours à plat, sans dérayure, surtout pratiqués dans les terrains en pente.

Dans le même temps, outre la vulgarisation d'engins tels que les faucheuses, les râteaux-faneurs et les moissonneuses-lieuses, l'emploi des engrais se généralisa de plus en plus, du moins et comme toujours dans les régions les plus riches, donc les plus techniquement avancées.

Cela étant, tous ces progrès, indiscutables, n'empêchèrent pas la morosité, pour ne pas dire le marasme, de s'installer sur les campagnes. Car malgré les efforts de modernisation faits par beaucoup d'exploitants et une progression dans les rendements – le froment produisait désormais en France onze quintaux à l'hectare en moyenne –, les cours ne suivaient pas car toujours déséquilibrés par les importations. À tel point que les gros propriétaires non exploitants – citadins ou hobereaux – n'investissaient plus dans leur ferme, préférant acheter du Panama ou autres faramineux placements...

Mais les agriculteurs étaient des électeurs, et ils étaient très nombreux. Et très mécontents aussi de l'indifférence des pouvoirs publics à l'égard de leurs graves préoccupations. Aussi peut-on se demander si ce n'est pas pour se faire un peu pardonner leur incurie et soucieux de conserver leur siège à la Chambre, leur écharpe de maire, ou les deux à la fois, que les hommes politiques se prirent d'intérêt pour la cause paysanne. Il est vrai qu'ils avaient accumulé nombre de bourdes, et les importations mal gérées n'étaient peut-être pas les plus importantes.

En fait, il est bien possible que les cultivateurs de l'époque aient tenu rancune aux élus du peu de cas que ces messieurs faisaient de leurs problèmes. Sans doute aussi beaucoup avaient-ils encore en mémoire l'inertie avec laquelle les pouvoirs publics avaient traité le drame du phylloxéra. En effet, identifiée en 1863, l'épidémie n'avait vraiment été prise au sérieux par le gouvernement que huit ans plus tard et déjà beaucoup de vignobles étaient perdus ; ce qui n'avait pas pour autant accéléré la lutte officielle puisqu'il avait fallu attendre 1874 pour que des décisions enfin concrètes et efficaces soient prises.

Les paysans se souvenaient de tout cela, et leur mémoire était bonne, déjà... Or les élections législatives d'août et septembre 1881 approchaient, et certains, parmi les candidats, durent comprendre qu'il était urgent de prendre des mesures, ou du moins d'en faire la promesse.

Ainsi germa l'idée d'instaurer une taxation douanière qui protégerait les producteurs français en pénalisant les importations. Ainsi naquit également, émanant de Gambetta, cette autre idée qui devait, pensait-on, prouver à tous les agriculteurs qu'on s'occupait vraiment d'eux : on allait leur donner un ministère ! Et pour eux seuls car, jusqu'à ces derniers temps – et depuis juin 1700 –, s'il existait bien un ministère de l'Agriculture, il était sous la coupe directe du contrôleur général des Finances; depuis 1831, ce même ministère était jumelé avec celui du Commerce et des Travaux publics.

Le tout était donc de faire croire aux électeurs ruraux que tout allait changer et que, grâce à cette sorte d'institution qui serait uniquement réservée aux agriculteurs, une partie de leurs soucis serait réglée. Théoriquement du moins; déjà à l'époque, il n'était pas interdit de rêver...

Ainsi fut créé, dès 1881, un ministère de l'Agriculture. Lequel fut confié, en 1883, à Jules Méline, farouche défenseur du protectionnisme pur et dur, ce qui n'est pas pour autant, et de loin, synonyme de défenseur de l'agriculture, sauf à court terme. Mais la terre a toujours préféré le long terme.

Le temps des machines

Octave Marcilloux le savait et s'en amusait : pour les habitants de Lancagne, gros village de Dordogne de neuf cent soixante-dix-huit habitants, il était toujours une sorte d'étranger. Et le fait qu'il soit arrivé à Lancagne depuis douze ans et qu'il ait épousé une fille de la paroisse, au grand dépit de plusieurs jeunes du cru, car Victoire était belle comme un cœur et bien dotée, ne changeait rien.

Pas plus que sa réputation qui, à dix kilomètres à la ronde, incitait les cultivateurs à lui apporter leurs socs de charrue, leurs bêches et leurs houes à recharger, leurs vaches ou leurs bœufs à ferrer et leurs gros outils à réparer. Quant aux hobereaux des alentours, c'était à lui seul qu'ils confiaient les pieds de leurs chevaux ; pour eux aussi il était, et de loin, le meilleur maréchal de la région.

Comme, de plus, il ne refusait jamais de soigner une bête malade ou d'aider à un vêlage difficile – le plus proche vétérinaire habitait Thenon, à plus de sept kilomètres, et prenait plus cher que le médecin pour se déplacer –, Octave Marcilloux passait pour le plus compétent et le plus serviable des hommes ! Malgré cela, il le savait, on le tenait toujours pour une espèce d'immigré. Ce n'était d'ailleurs pas par méchanceté, simplement et pour tous les gens du village, il venait de trop loin, un peu comme tous ces gens plus ou moins fréquentables et honnêtes qui avaient envahi le pays quarante ans plus tôt, lors de l'installation de la ligne de chemin de fer Brive-Bordeaux ; des individus peu recommandables dont les anciens de la commune parlaient encore.

Car, ici, exceptionnels étaient les habitants dont les racines n'étaient pas périgourdines. Et s'il se trouvait quelques métayers ou fermiers descendus de la haute Corrèze pour chercher du travail en cette contrée beaucoup moins rude que la leur, ils étaient considérés comme des proches ; ils n'arrivaient pas de très loin et pratiquaient presque le même patois ! D'ailleurs, même le couple d'instituteurs nommé à Lancagne depuis que Jules Ferry avait rendu l'école obligatoire pour tous les enfants, quatorze ans plus tôt, était originaire de Périgueux, donc du pays. Quant à l'abbé Chaumeil, natif de La Bachellerie, il était presque de la commune !

Mais il n'en était vraiment pas de même d'Octave Marcilloux ! Lui, il avait vu le jour beaucoup trop loin de Lancagne pour qu'on pût le considérer comme un voisin. Et le fait qu'il soit le plus sympathique des hommes et qu'il soit presque aussi savant que M. et Mme Lauriac, les instituteurs, ou que le maire, le Dr Mages, n'enlevait rien au fait qu'il était né à plus de cinq cents kilomètres de là et que son accent, qu'il semblait prendre plaisir à cultiver (ne l'avait-il pas transmis à son fils unique !), n'était pas du tout celui de la région !

Né au printemps 1859, aux Bories-de-Villeneuve, dans le Var, Octave Marcilloux ne gardait pas un bon souvenir de son enfance. Car même s'il lui arrivait encore de se rappeler, avec un peu de nostalgie, le soleil du Midi et le chant des cigales dans les yeuses et les oliviers, lui revenaient aussitôt en mémoire les heures de labeur passées sur cette maigre, poussiéreuse et caillouteuse terre de la métairie dont son père avait la charge. Deux hectares et demi de terre aride et ingrate, disséminés à flanc de colline, en des pentes si raides que les labours et les sarclages ne pouvaient s'exécuter qu'à la bêche et à la houe ! De toute façon, les terrains, couverts de vigne, de mûriers et de quelques céréales, eussent-ils été plats que le père d'Octave les aurait toujours travaillés à la main, car trop miséreux pour pouvoir acquérir un araire et un mulet pour le tirer.

Dès qu'il avait eu l'âge de tenir un manche, Octave avait abandonné à sa jeune sœur la garde de leurs quatre chèvres et rejoint son père dans les vignes. Il avait alors une dizaine d'années et, outre les soins que demandaient les ceps d'Aramon, de Morastel ou de Colombaud, la cueillette des feuilles de mûriers et la surveillance de la petite magnanerie familiale occupaient tout son temps. Car même si après la pébrine, maladie du bombyx plus ou moins bien jugulée, les cours de la soie s'effondraient maintenant de plus de quarante pour cent, sapés par une importation sans précédent en provenance de Chine et du Japon, son père avait quand même besoin du petit revenu que donnaient les cocons. Grâce à eux, à la vigne, à quelques oliviers, à deux ou trois sacs de seigle, aux légumes du jardin, au lait et aux fromages de leurs chèvres, les Marcilloux vivotaient ; comme vivotaient nombre de leurs voisins, petits métayers, eux aussi toujours à l'affût du moindre sou.

Et si Octave ne conservait pas le souvenir d'avoir vraiment eu faim, du moins avait-il encore en bouche le goût de ce quignon de pain bis et de ce bout de fromage qui, bien souvent, formaient la totalité de son repas. Mais, comme lui disait alors sa mère : « Ne te plains pas, petit, d'autres sont moins bien nourris que toi ! Et moi, à ton âge, je n'ai pas toujours eu cette cuillère d'huile d'olive que je mets sur ton pain ! »

Aussi, peut-être Octave aurait-il pris un jour la succession de son père, sur cette métairie ou sur une autre, si n'était survenue la catastrophe.

Déjà, depuis des années, une sournoise maladie, baptisée oïdium, s'était développée dans tout le département, menaçant les vignobles, les affaiblissant à un point tel que les récoltes diminuaient parfois de moitié ! Par chance, un savant avait découvert que la fleur de soufre, répandue à bon escient et à bonne époque, était souveraine pour stopper la maladie. Grâce à quoi, et à condition de traiter tous les ans, donc d'investir dans l'achat de poudre de soufre, les ceps restaient sains.

Mais un jour, l'autre maladie, celle dont on parlait depuis des années et que tous redoutaient comme le pire des fléaux, s'était abattue sur la région ; désormais, le phylloxéra était dans la place et détruisait une à une chaque vigne atteinte. Car, même si les pouvoirs publics s'étaient un peu inquiétés de la prolifération du puceron maudit et s'ils avaient préconisé différents traitements, la progression du phylloxéra, non seulement n'avait pas ralenti, mais s'était étalée.

Octave, qui marchait alors vers ses quinze ans, se souvenait très bien de tous ces gens, son père compris, essayant les remèdes miracles recommandés par les chercheurs. Traitements parfois si mal employés ou si mal dosés que les injections souterraines ou les pulvérisations de sulfure de carbone anéantissaient les ceps encore plus sûrement et rapidement que le parasite lui-même.

De plus, pour beaucoup de petits métayers, le coût du

traitement était tellement élevé – il montait jusqu'à quatre cents francs par hectare, c'est-à-dire plus de six mois du salaire complet d'un journalier ! – que nombre de modestes viticulteurs le pratiquaient avec la plus extrême parcimonie. Ils le réservaient uniquement aux ceps les plus touchés et laissaient ainsi l'ennemi en place dans les pieds apparemment sains.

Puis, grâce aux informations fournies par les responsables des syndicats de défense, était venue la nouvelle assurant qu'il était possible de vaincre le mal en noyant les vignes pendant l'hiver. Là encore, Octave avait en mémoire les propos désabusés de son père, de ce pauvre homme recru de fatigue et que chaque pied de vigne vaincu par le mal poussait inexorablement à la ruine :

– Té, petit, tu te rends compte de ce qu'ils ont trouvé, nos messieurs de la ville ? Inonder nos vignes pendant au moins cinquante jours, pour noyer les œufs des pucerons, qu'ils disent ! Pécaïre ! Les bougres de beaux parleurs ! Et comment ils feront monter l'eau dans nos pentes ? Et comment ils la feront rester surtout ? Déjà qu'à chaque pluie d'orage toute notre terre fout le camp dans la vallée avec l'eau !

Et il était bien vrai que cette forme de traitement, réalisable et efficace en plaine – et encore à condition que le sous-sol soit suffisamment imperméable –, était impraticable dans les lopins accrochés à flanc de colline.

Alors, à l'automne 1874, pour la famille Marcilloux, comme pour tant d'autres, était venu le temps de la misère, donc celui des grandes décisions. Incapables de régler ce qu'il devait annuellement au propriétaire de la métairie, mais aussi de nourrir sa femme et ses deux enfants, le chef de famille en avait été réduit, pour un franc cinquante-cinq par jour, non nourri, à se louer dans les domaines où les oliviers, les céréales, les fruitiers et les magnaneries compensaient un peu la perte des vignes. De leur côté, la mère et la sœur d'Octave avaient elles aussi trouvé un modeste emploi de servantes et de lavandières dans le bourg le plus proche. Quant à Octave, fort de ses quinze ans, qu'il portait bien et solidement, il avait très vite franchi le pas.

C'est alors qu'il travaillait, pour un salaire de misère et douze heures par jour, à arracher les pommes de terre chez un gros propriétaire de la région, qu'il avait fait la connaissance d'un vieux manouvrier, de retour au pays après quinze ans d'absence. L'homme, qu'une méchante toux épuisait en de longues et torturantes quintes, s'était vu conseiller, par un médecin du Nord, de redescendre chercher au pays ce bon soleil du Midi qui, peut-être, lui permettrait de juguler son mal.

– Et c'est bien parce que je suis forcé que je suis là, avait-il expliqué à Octave. Oh ! je me plains pas trop. Ici, c'est chez moi et l'air est bon. Mais quand même, là où j'étais, c'était autre chose, comme cultures et aussi comme salaires...

Octave avait ainsi appris que la grande ferme de la Brie – il ignorait totalement où c'était –, où son compagnon avait travaillé pendant des années, regroupait soixante-dix hectares de bonnes terres à froment et à betteraves, ce qui était proprement stupéfiant comme surface ! Elle appartenait surtout à un homme qui payait presque le double de ce qu'il gagnait alors !

– Parfaitement, petit, logé, nourri et ma foi correctement, comme garçon de ferme je me faisais soixante-cinq francs par mois ! Alors tu vois, si j'étais toi, jeune et solide comme tu es... Parce qu'ils sont presque tous obligés de payer comme ça, les patrons de là-haut ! Tu comprends, dans toutes ces grandes plaines, on dit que les domestiques comme nous commencent à manquer ! Ben oui, les journaliers partent en ville, paraît que les salaires y sont encore meilleurs dans toutes leurs usines de je ne sais trop quoi !

– Et vous dites que c'est où ?

– Loin, surtout si tu y montes à pied, ça te fera un bon mois et sans trop traîner...

– D'accord, mais c'est où ? avait redemandé Octave nullement effrayé par trente jours de marche.

– Ça te servira à quoi si je te dis au-dessus de Melun, tu sais pas où c'est ! Pas plus que Rozay-en-Brie, c'est sur cette commune qu'est la ferme. Allons, je te donnerai plutôt un plan si ça t'intéresse, et surtout le nom du patron. Si tu lui dis que tu viens de ma part, sûr qu'il t'embauchera, peut-être pas à plein tarif, tu es jeune et tu as encore besoin d'apprendre à travailler, surtout comme on travaille là-haut ! Mais quand même, tu seras toujours mieux payé qu'ici.

Huit jours plus tard, ses adieux faits à ses père et mère et à sa sœur, Octave avait pris la route du Nord, larmes aux yeux, mais sans se retourner...

Embauché autant grâce à son air décidé et à sa carrure qu'au nom de son ancien compagnon, Octave s'était vite habitué à sa nouvelle existence.

Prudent, et surtout peu soucieux de faire rire à ses dépens la trentaine d'hommes qui travaillaient là, il avait pris grand soin de dissimuler son ébahissement en découvrant l'abîme qui séparait l'agriculture pratiquée par son père sur sa minuscule métairie et celle en vigueur dans cette région où les champs étaient si vastes que les labours semblaient se perdre dans le ciel bas. Des champs plats comme une table, que ne fractionnaient nulle haie, nulle murette de cailloux, nulle clôture. Des champs ouverts où, dans les petits matins d'automne, s'alignaient côte à côte jusqu'à huit laboureurs et leur attelage. Huit hommes qui, sur ordre du maître charretier, ancraient leur charrue dans la glèbe et ouvraient, jusqu'à l'horizon, des sillons droits comme des peupliers d'Italie.

Là encore, il avait caché son étonnement : habitué à ne labourer qu'à la bêche et, même s'il avait souvent observé le travail effectué à l'araire, jamais il n'avait vu une vraie charrue en action, et il jugeait son travail magnifique.

Magnifiques et presque fabuleux aussi, tous les autres instruments en usage sur cette exploitation, des herses, des rouleaux, des sarcleuses, tous tractés par de puissants chevaux ; sans oublier bien sûr la faucheuse et le râteau mécanique et, fin du fin, une merveilleuse moissonneuse-lieuse McCormick, un vrai bijou derrière lequel tombaient une à une des gerbes parfaites, prêtes à être mises en meules.

À la découverte passionnée de tous ces outils, dont il ignorait jusque-là l'existence et surtout le maniement – mais il avait très vite appris –, il avait dû ajouter celle des modes de culture en vigueur dans la région. Ici, outre le fumier fourni par les quinze normandes et les dix-huit chevaux du domaine, le propriétaire n'hésitait pas à user d'engrais dont Octave n'avait jamais entendu parler : des superphosphates, des scories de déphosphoration ! Quant aux rendements obtenus grâce à toutes ces techniques, à ces magnifiques labours, à ces semences saines, à ces assolements judicieux et à ces fertilisations bien étudiées, ils étaient eux aussi renversants !

Habitué aux maigres récoltes de méteil et de seigle pur obtenues par son père sur les deux cartonnées de caillasse qu'il réservait aux céréales, il n'en avait pas cru ses oreilles lorsqu'un de ses compagnons de travail lui avait assuré, sans rire ni se moquer, que, dans certaines pièces, les dernières moissons avaient produit jusqu'à douze quintaux de blé à l'hectare ! C'était fou ! Incroyable ! Aussi, par crainte de passer pour un vrai sauvage, il n'avait pas osé avouer que, chez lui, la plus forte récolte ne dépassait jamais cinq quintaux. Et il en allait de même pour tout.

Pour les vaches, par exemple. Là encore, il se souvenait des quelques maigres bêtes que possédaient certains de leurs voisins, ceux dont les métairies étaient moins petites que celle de son père, lequel n'avait jamais pu élever une seule vache. Mais celles des voisins, il en était sûr, ne produisaient jamais plus que trois à quatre litres de lait par jour, pendant les cinq à six mois de leur lactation. Ici, et c'était à ne pas croire, les plantureuses normandes qui se bâfraient de betteraves fourragères, de luzerne et de sainfoin allaient jusqu'à donner en moyenne huit litres de lait par jour ! Huit litres ! et pendant au moins neuf mois. Alors, évidemment, avec de tels flots de lait, ni le beurre ni le fromage de Brie ne manquaient ! Et comme tout était à l'avenant, il n'était pas étonnant que la ferme soit si belle et le patron si riche !

Pourtant, même s'il était intéressé par l'agriculture pure, la vraie passion d'Octave était ailleurs. Elle était dans l'étude de tous ces outils ultramodernes, beaux, fonctionnels. Des outils dont il avait très vite découvert tous les secrets, toute la force, mais aussi les défauts, les faiblesses, donc les meilleurs moyens de remédier à leurs pannes.

Aussi, moins de deux ans après son arrivée sur la ferme, était-il devenu, aux yeux de tous, y compris à ceux du maître, celui à qui on faisait appel dès qu'une mécanique se grippait.

C'était vers cette époque qu'il s'était initié aux secrets

de la forge en allant, chaque fois qu'il le pouvait, activer le soufflet du maréchal du village et modeler avec lui les lingots éblouissants ; de même avait-il appris, à son contact, tout l'art et tous les secrets du ferrage. Vers la même époque, parce qu'il avait été un jour confronté au délicat problème du démontage de la barre de coupe de la lieuse et que son patron lui avait proposé la notice d'emploi, Octave, qui ne savait pas lire, avait mesuré toute sa faiblesse. À quoi lui servait de connaître les mystères d'un engrenage hélicoïdal ou d'une bielle s'il était incapable de lire les indications des livrets d'entretien !

Dès ce jour, avec l'aide du maître charretier et de son épouse, gens affables et sans enfants qui s'étaient pris d'affection pour lui et qui étaient capables, l'un et l'autre, d'ânonner à peu près convenablement une page entière, Octave n'avait eu de cesse d'apprendre à lire.

Grâce à quoi lorsque, trois ans plus tard, il avait tiré le mauvais numéro et qu'il était arrivé à la caserne, furieux à l'idée d'avoir tant d'années à y passer, c'est fièrement qu'il avait pu annoncer : « Sait lire, écrire et compter. Profession, maréchal-ferrant. »

Versé dans le 13e Dragons, à Compiègne, ses classes faites et ses galons de brigadier obtenus, c'est avec satisfaction, mais surtout avec la certitude qu'il allait beaucoup apprendre, qu'il avait rejoint son affectation, la forge, là où étaient ferrés tous les chevaux du régiment.

Libéré en 1884, après cinq ans d'armée, Octave, fort de ses connaissances de maréchal, n'avait pas envisagé de reprendre son travail de jadis. Non que la terre le rebutât, tant s'en fallait ! En cinq ans d'armée, jamais il n'avait oublié son passage sur cette si belle ferme de la Brie. Et, les soirs de cafard, c'est à elle et non à la métairie de son enfance qu'il pensait.

De même, pendant tout son service, jamais non plus il n'avait perdu de vue l'évolution et les progrès d'un métier qu'il aimait. Aussi était-ce avec plaisir et grâce à la lecture, lors de ses sorties en ville, du *Petit Journal* et du *Petit Parisien* qu'il avait mesuré à quel point la jeune IIIe République prenait soin des paysans. Et le fait que tous les producteurs soient, pour les politiciens, avant tout et surtout des électeurs qu'il importait de ne pas se mettre à dos n'enlevait rien aux efforts que le gouvernement faisait pour leur venir en aide.

C'est donc avec une grande satisfaction qu'Octave avait appris, en 81, que Gambetta, succédant à Mac-Mahon à la présidence de la Chambre des députés, venait de créer un ministère uniquement consacré à l'agriculture. De même s'était-il réjoui lorsque Jules Méline, le ministre de l'Agriculture, s'était montré ardent protecteur de tous les paysans en taxant les produits alimentaires en provenance de l'étranger ; grâce à quoi les cours étaient redevenus corrects. D'ailleurs, la meilleure preuve que cet homme se souciait des cultivateurs était dans cette superbe décoration qu'il venait de créer pour les agriculteurs les plus méritants !

Aussi, c'est volontiers qu'Octave serait revenu à la terre s'il avait eu la possibilité de s'installer sur une ferme bien à lui. Mais, faute de moyens financiers, c'était exclu, du moins pour les années à venir. S'installer à son compte comme maréchal lui était tout autant interdit, ce n'était pas ce qu'il avait économisé sur son pitoyable prêt de brigadier qui allait lui permettre d'acheter un fonds, si modeste soit-il. Restait donc à se faire embaucher comme compagnon.

La chance lui avait alors souri, mais il est vrai qu'il ne l'avait pas laissée passer, allant même jusqu'à l'aider quelque peu... La chance, c'était d'avoir eu, pendant cinq ans, pour camarade de chambrée, et de bamboche pendant les permissions, un sympathique menuisier, as de la varlope, du ciseau et de la gouge : un joyeux drille dont le père, menuisier lui aussi, possédait une petite entreprise à Brive-la-Gaillarde et dont l'oncle était maréchal à Lancagne.

La chance, toujours, était que ce brave homme n'était plus de première jeunesse et qu'il n'était donc pas impossible, selon son neveu, qu'il accepte avec plaisir l'aide qu'Octave pouvait lui apporter.

Dès cet instant, Octave n'avait pas hésité à forcer un peu le destin. Car, sans même savoir comment il serait reçu par un homme qui ne l'attendait pas et qui n'avait peut-être nul besoin de lui, il avait grimpé avec son copain menuisier dans le train pour Périgueux, via Limoges et Saint-Yrieix, et avait débarqué à Lancagne.

Deux jours après, dès l'aube, il faisait sonner la forge du vieux père Gailleroux, trop heureux d'avoir enfin déniché un aide aussi compétent qu'Octave ; il le cherchait depuis des années.

Trois ans plus tard, c'est tout aussi heureux, et alors qu'Octave venait juste d'épouser Victoire, la fille d'un charpentier de Saint-Rabier, que le père Gailleroux, veuf sans enfant, avait cédé son atelier à celui qui, déjà, passait pour un excellent maréchal, un homme très estimable, quoique étranger au pays.

Même si le ferrage des bêtes de somme de la région et la recharge des socs de toutes les charrues l'occupaient beaucoup, Octave n'en était pas resté là.

Toujours passionné par les machines modernes et persuadé de leur proche et irrésistible essor, il s'était peu à peu lancé dans la vulgarisation et la vente de matériel agricole. Mais il avait dû batailler ferme pour imposer les outils, de plus en plus perfectionnés, dont il avait jadis usé en Brie.

Car ici, en Périgord, pour beaucoup d'agriculteurs, tous ces engins, charrues, semoirs, faucheuses et, à plus forte raison, moissonneuses-lieuses, passaient pour trop révolutionnaires et surtout trop chers pour être honnêtes !

Alors, pour convaincre les récalcitrants – et beaucoup l'étaient restés –, fort des deux hectares de bonne terre que sa femme lui avait apportés dans sa corbeille de noce, avait-il adhéré au Syndicat d'achat des agriculteurs de Lancagne. Une fois dans la place, ses indiscutables connaissances, tant en mécanique qu'en agriculture, l'avaient aidé à convertir les moins sceptiques ; la vente des machines diverses avait progressé.

De même, parce qu'il gardait toujours au fond de lui un inébranlable goût pour la terre, avait-il été parmi les premiers à se lancer dans la replantation des vignes. Car ici aussi, comme partout en France, le phylloxéra avait frappé, résistant à tous les traitements. Mais désormais, grâce à la découverte de Jules-Émile Planchon, qui avait démontré que les plants de vignes américaines étaient insensibles aux pucerons ravageurs, il était possible de miser à nouveau sur la vigne.

À son sujet encore, Octave, toujours à l'affût du progrès, savait très bien que le bon entretien des vignobles passait par les charrues vigneronnes, les décavaillonneuses, les sulfateuses, engins qu'il était tout prêt à fournir et, plus tard, à réparer.

S'il fut étonné, en les voyant entrer tous les cinq dans son atelier en ce matin d'avril 1896, Octave le cacha bien. Pourtant, ni le Dr Mages, le maire du village, ni Jules Dubois, le boulanger, ni Edmond Puydebois et son frère Louis, tous les deux cultivateurs, ni Onésime Jargasse, lui aussi gros agriculteur sur la commune, ne lui avaient récemment confié le moindre outil ou instrument à réparer. Aucun, et surtout pas le docteur, ne venait donc récupérer un soc, une bêche ou une pioche rechargés par ses soins.

– Bonjour à vous, Octave, lança le docteur, les affaires marchent ?

– Ça pourrait être pire..., éluda Octave.

– Vous n'êtes pas surpris de nous voir tous les cinq ? insista le docteur.

– Bof, pour me surprendre...

– Bon, alors parlons net. Vous le savez, nous sommes tous les cinq membres du conseil municipal. Les autres, presque tous de nos idées, donc nos amis, nous ont laissé carte blanche pour venir vous voir.

– Ah bon ! murmura Octave qui commençait à comprendre.

– Oui. Allons au fait. Nous avons les élections municipales le mois prochain et les conservateurs, dont notre notaire Me Deschamps a pris la tête, sont en train de monter une solide liste d'opposition. Je ne dirai pas que tous les cléricaux sont de leur côté, vous savez que moi aussi je fais mes pâques, c'est bien la preuve qu'on peut croire en Dieu et en la république ! Mais c'est ce qui me permet aussi d'affirmer que beaucoup d'antirépublicains sont en train de se regrouper pour nous priver de la mairie, ce qui serait catastrophique pour tous !

– Oui, j'ai entendu ça, dit Octave en tripotant son

lourd marteau, mais vous savez bien que je ne fais pas de politique, moi : je ne tiens pas à me brouiller avec ma clientèle !

– Et qu'est-ce que je devrais dire, moi alors ! coupa le docteur, et aussi Me Deschamps ! Allons, allons, nous connaissons vos opinions et vos lectures. Que diable, *La Petite République* n'est pas un journal de réactionnaire, vous êtes des nôtres ! Et c'est pour cela que vous allez vous présenter, nous avons besoin de vous. Si, si, nous avons autant besoin de vous comme citoyen que comme forgeron. Mais nous ne voulons pas vous forcer la main. Réfléchissez. Je suis sûr, quant à moi, de votre décision !

– Tu t'amuses toujours parce que les gens d'ici te considèrent comme une espèce d'étranger, dit le soir même Victoire à son époux, après avoir servi la soupe. Oui, tu assures que ça t'amuse, mais je n'en suis pas certaine. Moi, je crois même que ça te peine un peu. Alors, fais ce que te dit le docteur, et quand tu seras élu, cette fois, oui, tu seras enfin d'ici, et pour toujours !

Octave Marcilloux fut triomphalement élu six semaines plus tard. Comme l'avait prédit son épouse, tout le monde oublia dès ce jour qu'il n'était pas un enfant du pays ; seul son accent du Midi rappelait qu'il venait de très loin.

15

Si, comme beaucoup d'historiens l'assurent, le XIX*e siècle s'acheva le 2 août 1914, jour de la mobilisation générale, je pense que, de son côté, la paysannerie française entra en agonie en septembre 1914, quelque part entre Verdun et Dammartin-en-Goële, et rendit l'âme, au son du clairon, le 11 novembre 1918, à 11 heures.*

Sans vouloir, en aucune façon, laisser entendre que sa disparition était inéluctable et que la guerre ne fut qu'une sorte de révélateur – ou la vague de fond qui emporta une digue fragile –, il faut savoir que l'état de notre agriculture, et surtout son retard par rapport à celle de nos voisins, était préoccupant à la veille de la guerre. Mais il n'était pas pour autant irrémédiable, et nul ne peut savoir comment la paysannerie aurait évolué si les hommes avaient eu l'intelligence de faire l'économie d'une mémorable boucherie.

Tout ce que l'on sait est que notre agriculture n'était pas en très bonne santé quand s'annoncèrent les hostilités. Le comble de l'histoire est que la mesure naguère prise pour lui venir en aide, le protectionnisme appliqué par

Méline, lui fut sans doute beaucoup plus préjudiciable que bénéfique. Passé les coups de fouet donnés par les lois limitant ou pénalisant les importations, la crise demeura, malgré une hausse généralisée des cours. Car déjà, et c'était sans doute la préfiguration de ce qui affaiblit toujours nos agriculteurs de notre fin de siècle, le choix et l'application vers 1890 d'une agriculture beaucoup plus moderne et productive ne purent se faire qu'en augmentant sérieusement les coûts de production. Et ce n'était qu'un début !

Un autre phénomène qui participa sûrement à l'affaiblissement de la paysannerie, et elle le paya très cher après l'hécatombe de 14-18, fut une forte généralisation de la dénatalité. Or, nul ne l'ignore, que cela plaise ou non aux disciples de Malthus, seule une population jeune et dynamique est vraiment apte à faire évoluer une société. Malheureusement, non seulement la population rurale prit de l'âge, mais l'exode, toujours actif, toucha surtout les plus jeunes paysans, les poussa vers les villes et les éloigna définitivement de la terre.

Aussi les problèmes de la population paysanne de ce début du XXe *siècle semblent bien avoir été autant son vieillissement que son assoupissement sur des « lauriers » bien entretenus par un protectionnisme anesthésiant. D'où le dangereux retard pris par rapport aux agriculteurs allemands, belges et anglais qui, au niveau des rendements, nous étaient très supérieurs.*

Pour tenter d'expliquer cet engourdissement, on peut aussi mettre en cause la structure même de notre paysage rural. À savoir une écrasante majorité de toutes petites, voire de minuscules exploitations : unités de production si exiguës qu'elles suffisaient à peine à nourrir ceux qui les travaillaient. Car une des particularités de cette époque est que le rêve secret de beaucoup de journaliers ou d'ouvriers agricoles était de se hisser au rang envié de propriétaire ; promotion dans laquelle ils voyaient vraisemblablement une avance vers la liberté, celle que possède tout homme maître de sa terre, fût-elle d'un demi-hectare...

Mais ce désir, bien que légitime, n'en contribua pas moins à freiner l'évolution de l'agriculture et à la rendre de moins en moins capable d'exporter ses productions.

Pourtant, la naissance des syndicats agricoles, d'achat ou de défense, et même la création, dès la fin du XIXe siècle, des caisses locales de Crédit agricole qui proposaient des prêts à des taux moins assassins que ceux des banques classiques, prouvent que tout aurait pu progresser mieux que cela ne se fit. Et qu'au lieu de se complaire dans un immobilisme rassurant, les cultivateurs avaient en main la possibilité de mieux faire.

Le succès notable de la résurrection de notre vignoble, grâce à la plantation de cépages américains, montre bien qu'il était possible de réussir pour ceux qui étaient motivés et que n'effrayaient pas les risques à prendre pour avancer. Malheureusement, là encore, la crise couvait, car si notre production de vin allait en augmentant de récolte en récolte, le prix de vente, lui, baissait d'année en année, passant de dix-neuf francs l'hectolitre en 1899 à onze francs en 1900 et six francs en 1905. Il est vrai que nous arrivait alors d'Algérie (dont le vignoble avait décuplé en trente ans!) un vin fort, capiteux, apprécié des consommateurs et qui, naturellement, puisqu'il provenait d'un territoire français, n'était pas frappé par les taxes protectionnistes en vigueur, par exemple, pour les vins espagnols.

Si l'on ajoute à cela que des pratiques douteuses instaurées par quelques margoulins permettaient de mettre aussi en vente un « vin » obtenu par la seconde fermentation du moût mis à macérer dans de l'eau sucrée, on comprend pourquoi les viticulteurs en arrivèrent vite au bord de la faillite.

On comprend surtout pourquoi, dès le mois de mai 1907, quatre-vingt mille producteurs étaient réunis à Narbonne pour manifester; ils étaient plus de cent mille à Perpignan, Béziers et Nîmes dans les semaines suivantes et enfin cinq cent mille à Montpellier un mois plus tard. Mais c'est le 20 juin, à Narbonne, que la troupe expédiée par Clemenceau, alors ministre de l'Intérieur, tira sur la foule et fit six morts.

La suite est connue grâce à la mutinerie du 17e régiment d'infanterie de Béziers et à l'hymne pompeux qu'elle inspira au chansonnier parisien Montéhus.

Ce qui l'est peut-être moins fut que cette crise, et ces drames, toucha en profondeur l'ensemble de la paysannerie et surtout celle des régions défavorisées; une paysan-

nerie qui n'avait pas besoin de ces événements pour se sentir déjà un peu en marge d'une société de plus en plus citadine et industrialisée.

Mais il est vrai que, à la veille de la Grande Guerre, la population rurale qui, un siècle plus tôt, formait près de soixante-quinze pour cent de la population n'en représentait plus que trente-huit pour cent...

Les gardiennes des labours

Même si elle regrettait depuis longtemps d'avoir pris cette décision, au soir du 2 août 1914, Catherine s'astreignait chaque jour à l'accomplir. Et même si ce qu'elle tenait maintenant pour une corvée, mais surtout un crève-cœur, la désolait, pas une seule fois elle n'avait omis de rayer le jour écoulé sur le calendrier de la poste, d'un ferme coup de crayon.

En cette soirée d'octobre 1917, alors qu'un fort vent d'autan soufflait sur la ferme des Cazarres, Catherine, pour la mille cent soixante-neuvième fois, tira un trait. Car il y avait maintenant mille cent soixante-neuf jours que Jean avait quitté leur ferme de la Gerbaudie après avoir embrassé sa grand-mère, sa mère, son fils Julien qui, fort de ses neuf ans, parlait lui aussi d'aller étriper de l'Allemand et d'occuper Berlin, sa fille Léonie, six ans, qui avait compris d'instinct que l'heure était dramatique et qui pleurait à gros sanglots. Qui pleurait comme Catherine aurait aimé le faire, mais qui s'était mordu les lèvres pour ne pas craquer devant tous lorsque, après l'avoir serrée à l'écraser et couverte de baisers – geste qu'il ne faisait jamais en public –, Jean était parti.

Parti avec les autres, sans se retourner, pour rejoindre Mont-de-Marsan puis ce 18e de ligne auquel son livret militaire lui enjoignait de s'intégrer dans les plus brefs délais. Et il avait obéi, malgré les moissons qu'il fallait finir et toutes les gerbes qui restaient à rentrer. Il avait obéi, comme tous les hommes du pays en âge de prendre les armes. D'ailleurs, dès le 31 juillet, n'avait-on pas déjà, outre les jeunes jusqu'à la classe 8, rappelé des vieux de quarante-sept ans, les hommes des classes 87 et 88, aussitôt versés dans la territoriale et, disait-on, la surveillance des voies ferrées ?

C'était surtout ce rappel des anciens qui avait frappé Jean et lui avait fait dire que tout devait aller bien mal pour que le gouvernement en soit réduit à réquisitionner des gens en âge d'être grands-pères !

À cette nouvelle, peu rassurante, s'était ajoutée, dès le lendemain, l'annonce de l'assassinat à Paris, la veille au soir, d'un certain Jaurès ; un homme dont Jean parlait quelquefois mais qu'il ne portait guère dans son cœur car, disait-il : « Même s'il est presque notre voisin, c'est d'abord un monsieur de la ville ! Il ne s'occupe que de vouloir faire mettre les ouvriers en grève. Et, en plus, cet âne est pacifiste comme un châtron ; c'est pourtant pas le moment de baisser les armes ! Pour moi, ce beau parleur serait payé par le Guillaume et ses pruscos que je n'en serais pas étonné ! Et je ne suis pas le seul à le dire... »

Bien entendu, ce n'était pas pour autant qu'il s'était réjoui de son assassinat car, avait-il dit : « Si on doit se mettre à tuer tous ces jean-foutre de politiciens, on va avoir du travail ! » De plus, en ce samedi, toute la famille Cazarres avait mieux à faire que de commenter l'actualité, fût-elle dramatique. Car, en ce 1er août, comme s'il avait compris que les heures lui étaient comptées, Jean, déjà connu pour son courage au travail, avait redoublé d'efforts pour tenter de moissonner la dernière pièce de froment encore sur pied. Et c'est alors qu'il avait maudit les récents orages dont les pluies avaient retardé la moisson ; vu la saison, tout ou presque aurait déjà dû être en meules, prêt à serrer à l'abri avant les battages.

Alors, pour tenter de rattraper le temps perdu, toute la famille était partie moissonner, en ce samedi matin. C'était le facteur, passant sur la route de Bernèdes et apercevant les Cazarres dans la pièce du puy Sanier, qui avait annoncé la mort de Jaurès. Il en était tout attristé, tout larmoyant car, Jean ne l'ignorait pas, même si, prudent, le facteur ne faisait pas état de ses opinions politiques (contrairement à l'instituteur qui, si on l'avait laissé faire, aurait bouffé un curé par jour !), c'était un homme aux idées socialisantes : la preuve, il lisait *L'Humanité* ! Alors, pour le consoler un peu, Jean lui avait offert un verre de vin, puis il s'était aussitôt excusé de ne pouvoir discuter plus longtemps, mais, vraiment, le travail pressait trop !

– Ben, tu vois, avait-il dit à Catherine en reprenant sa grande faux à moissonner, celle sur laquelle était fixée la javeleuse de bois, tu vois, c'est à son assassin et pas à nos soldats que Jaurès aurait dû dire de poser les armes ; ça, au moins, ça ne lui aurait pas été inutile !

Puis il avait repris la coupe du froment en ce long balancement de tout le corps et de cette faux dont le demi-cercle parfait étincelait au soleil avant de plonger, à ras du sol, dans la paille blonde, odorante et crissante.

Derrière lui, ramassant les javelles et les groupant avant de les lier en grosses gerbes pansues, venaient les trois femmes.

D'abord Catherine, solide, forte de ses trente-deux ans, épanouie, belle : « Tu es ma petite palombe, douce, chaude », lui chuchotait Jean à l'oreille lorsque, certains soirs, et après s'être assuré que les deux enfants qui couchaient dans la même chambre qu'eux dormaient profondément, il se faisait câlin, lui agaçant le cou, les seins et les flancs de sa moustache noire. Et elle palpitait de plaisir quand sa large main, toute calleuse et rude et qui pourtant savait être si douce, se posait sur sa hanche, et glissait.

Venant derrière elle, mais encore tout aussi vive, malgré ses cinquante-quatre ans, travaillait Octavine, la mère de Jean. Une femme forte, elle aussi. Veuve à vingt-six ans – le père de Jean était parti de la poitrine en moins de six mois –, elle avait géré la ferme d'une poigne d'acier. Éconduisant tous les prétendants qui, sous prétexte de la sortir de son état de veuve, lorgnaient surtout sur les huit hectares de la propriété, elle avait su travailler au mieux les terres pentues, mais généreuses de la ferme de la Gerbaudie. Louant, suivant les besoins, les journaliers nécessaires (pour ne pas générer les calomnies, elle exigeait qu'ils dorment dans la grange), elle avait réussi à entretenir la propriété jusqu'à ce que Jean soit en âge de la prendre en charge.

Mais il est vrai qu'elle avait été aidée par sa belle-mère, Aurélienne, celle qui, en ce 1er août, avançait en dernier, ramassant elle aussi les javelles, les groupant et les liant en un tournemain. Aurélienne, cassée par soixante-quinze ans de labeur, et ces crises de rhumatismes qui, par périodes, la torturaient depuis vingt ans. Aurélienne, percluse de douleurs et qui néanmoins était là, car le temps pressait, car la moisson devait être faite, coûte que coûte, quoi qu'il arrive.

Enfin, trottinant derrière les quatre adultes, glanaient les deux enfants, du mieux qu'ils pouvaient. Et malheur à la petite Léonie si elle oubliait un brin de paille porteur d'épis, Julien avait l'œil et la réflexion acerbe pour toute négligence !

C'est vers dix-sept heures et alors qu'il restait encore un

bon tiers du champ à mettre bas, que Pierre Coste, le plus proche voisin – sa ferme n'était qu'à deux cents pas de celle des Cazarres –, avait hurlé de loin : « Ça y est ! Ils mobilisent tout le monde ! »

Alors, presque aussitôt, avait retenti le tocsin du clocher de Bernèdes ; et, parce que le vent portait, avaient aussi tinté les cloches de Corneillan et de Lanux, et la poignante tristesse de ce chant à trois voix avait roulé de colline en colline, de vallée en vallée, annonçant, plus sûrement qu'une dépêche, la mort de la paix.

Mais Catherine se souvenait surtout que Jean, après quelques instants d'abattement et de colère, avait repris son travail.

– Fait pas nuit, avait-il dit. Puis il avait ajouté, haussant les épaules : D'ailleurs, tout est prêt...

C'était vrai, son bagage était bouclé depuis l'avant-veille. Et, sur la chaise de leur chambre, l'attendait son costume de mariage, un brin retaillé, retouché, et qu'il mettait trois ou quatre fois l'an, pour les fêtes.

– Tu es sûr que tu ne devrais pas aller à la mairie ? lui avait demandé Catherine.

– Tout est prêt, avait-il redit. Nous partirons demain matin, très tôt. On s'est entendus avec le maire, il doit réquisitionner tous les attelages à chevaux et, comme nous, on n'en a pas... Allons, ce blé ne se coupera pas tout seul !

Il était parti au petit matin, alors que le soleil pointait à peine. Peu avant l'aube l'avaient rejoint à la maison Pierre Coste, de la ferme du Haut-Ferrand, François Mestre, de celle du Rouissoux, et Edmond Laplanche, le meunier. Des hommes qui assuraient, en toute bonne foi, que même si la guerre était une calamité, surtout en cette saison, elle était nécessaire ! Qui assuraient surtout, et juraient même tous leurs crédieu de mildiou, qu'elle serait très courte, finie avant l'hiver dans tous les cas!

Et il y avait maintenant mille cent soixante-neuf jours que Jean était parti. Et presque trois ans et trois mois que Catherine, chaque soir, tirait un trait sur le jour écoulé...

Malgré la fatigue qui lui nouait les reins et le dos, et qui lui brûlait les bras et les cuisses, Catherine ne pouvait dormir; et ce n'était pourtant pas faute de s'être épuisée au travail! Après avoir charrié, avec l'aide de sa belle-mère, le fumier pendant des jours, elle avait attaqué, le matin même, le labour de la pièce des Perriers; un beau champ d'un peu plus d'un hectare qu'elle comptait emblaver en blé. Elle avait donc guidé tout le jour le lourd brabant double que Jean avait acheté fin juillet 14 et qu'il n'avait même pas eu le temps d'essayer!

Une charrue révolutionnaire, à avant-train et régulateurs de profondeur et de traction, qui permettait d'exécuter de magnifiques labours à plat, sans billons ni planches. Une merveille dotée de doubles pièces – rasettes, coutres, socs et versoirs –, toutes montées en opposition sur un age unique qu'il suffisait de faire pivoter, arrivé en bout de champ, pour ouvrir un nouveau sillon rigoureusement identique au précédent. Un outil que Jean espérait inaugurer, dès les moissons faites, pour un labour de déchaumage dans lequel il voulait semer des raves.

C'est après avoir acquis, début 1914, et pour mille deux cents francs l'hectare, trois lots de bonne terre totalisant trois hectares, soixante-douze ares et vingt-deux centiares qui jouxtaient la ferme de la Gerbaudie, que Jean avait décidé d'acheter ce brabant double. Car, avait-il dit : « Ce n'est pas maintenant que nous avons une grande surface qu'il faut bricoler avec nos vieux outils, presque douze hectares, c'est beaucoup ! Et crois-moi, un jour, quand on aura assez économisé, on achètera aussi une faucheuse... »

C'était un de ses rêves, un de ceux qu'il caressait en expliquant à Catherine tout ce qu'il allait faire grâce à leurs nouvelles terres. D'abord replanter encore un peu plus de vigne en plants américains. Les premiers, qui avaient maintenant huit ans, donnaient déjà bien, un vin solide, chaud, d'un bouquet et d'un goût certes différents de celui d'avant le phylloxéra, malgré les greffons d'Aramon, de Carignan, de Bourdalès et de Merlot entés sur les pieds américains, mais un vin honnête qui maintenant se vendait bien. Et puis, Jean désirait aussi accroître sa surface en tabac, production qui, elle aussi, malgré l'énorme travail qu'elle exigeait, était de bon rapport. Enfin, parce que sa mère et sa grand-mère élevaient et gavaient chaque année un troupeau d'oies et de canards de plus en plus important, il avait aussi prévu de cultiver davantage de maïs et de céréales diverses. Mais il était parti, laissant encore aux champs les moissons de 1914.

Catherine n'oubliait pas, et n'oublierait jamais, ces jours d'août, terribles, où les femmes, les enfants et les vieillards avaient dû, seuls, finir toutes les moissons et rentrer les gerbes. Semaines épuisantes au cours desquelles se manifestait, un peu plus chaque jour, chaque heure, la terrible absence d'hommes valides, solides. D'hommes capables d'empoigner tout chantier à pleins bras et de le mener à son terme, comme il devait l'être, et en temps voulu ! Mais les hommes étaient tous partis et le travail s'accumulait tandis qu'une fatigue, proche de l'épuisement total, écrasait les travailleuses.

Pourtant, il avait bien fallu s'attaquer à l'ensemble de ces tâches qui, naguère, étaient celles des maris, des frères, des pères.

Certes, il restait çà et là quelques hommes, les pieds-plats, les estropiés, les simplets et les très vieux, des gens qui, même pleins de bonne volonté, étaient peu efficaces car souvent moins résistants que bien des femmes. Ces femmes qui, pourtant, avaient dû, bon gré mal gré, remplacer les absents, dans toutes les fermes et même chez les artisans. Ainsi, Germaine Lagorce, la femme du maréchal-ferrant, avait dû ceindre l'épais tablier de cuir et apprendre peu à peu, avec l'aide de son beau-père, un vieillard de soixante-seize ans, à ferrer les vaches de travail et à recharger les socs de charrue et les fers de tranche !

Car plus le temps passait, plus il apparaissait impossible d'attendre passivement le retour des chefs de famille. D'ailleurs, ne rien faire, c'était courir droit à la misère, ne pas labourer, c'était ne pas récolter et ça, c'était impensable, impossible ; c'était la ruine et la famine assurées.

Et puis, qui pouvait, sans honte, envisager de laisser les terres à l'abandon, les troupeaux sans soins, les vignes sans travail et tous les champs en friche, alors que, là-haut, dans le Nord et l'Est, on ne savait trop où exactement, les hommes se battaient comme des chiens pour défendre des morceaux de terre, de prairie, de labour.

Catherine ne s'était même pas posé la question et, sitôt Jean disparu au bout du chemin qui filait vers Bernèdes, et alors que de muets sanglots lui enserraient la gorge et lui coupaient le souffle, elle avait lancé :

– On va tout de suite aller finir de moissonner, il n'y a rien d'autre à faire !

Et, malgré le regard que lui avait jeté sa belle-mère, elle avait aussitôt compris que c'était exactement la décision qu'il fallait prendre ; celle qui, dès cet instant, la hissait au rang de chef de famille, un rang qu'elle occuperait sans faille jusqu'au retour de Jean.

– Mais..., avait dit Octavienne, mais on est dimanche ! Et la messe, tu y penses ?

Chez les Cazarres, les femmes étaient bonnes paroissiennes. Car même si Catherine, à cause de Jean qui ne voulait plus d'enfants, était parfois un peu gênée dans ses confessions – mais elle éludait toujours –, elle pratiquait régulièrement et Jean, que tout cela laissait indifférent, ne s'y opposait pas.

Mais, en ce dimanche d'août, elle n'avait pas hésité et dit d'un ton sans réplique :

– L'abbé Breuillet a l'âge de Jean et de tous ceux qui sont partis ce matin, il n'est donc sûrement plus là !

– Tu es certaine de ce que tu annonces, c'est notre curé quand même ! avait insisté sa belle-mère.

– Écoutez-moi, mère, sûre ou pas sûre, c'est pareil. On va aller moissonner, parce que ça presse ! Et puis, si par hasard notre curé est toujours là, alors qu'il n'est ni bancal ni malade, c'est qu'il a trouvé un système pour couper à la guerre et ça, tout prêtre qu'il soit, je ne le lui pardonnerai pas et ne mettrai plus jamais les pieds dans son église !

Catherine avait appris, le soir même, que l'abbé Breuillet avait lui aussi, comme tous les hommes de la commune, rejoint son régiment ; elle en avait été rassurée.

Les moissons faites et rentrées était venue l'époque des battages et, là encore, toutes les femmes de la région avaient mesuré leur faiblesse et à quel point leurs hommes avaient le privilège d'être costauds, eux que n'effrayaient pas, naguère, le poids des gerbes de blé chargées de grains, ni celui des sacs d'un quintal qu'il fallait monter au grenier...

Et encore, Catherine et toutes ses voisines avaient apprécié leur chance en apprenant que l'entrepreneur, celui qui passait tous les ans avec sa grosse batteuse et sa locomobile à vapeur, n'était plus en âge d'être appelé dans la territoriale. Il avait plus de soixante ans et avait pour aide et homme à tout faire un jeune de vingt ans, un ancien de l'assistance, muet de naissance, donc inapte pour l'armée. Grâce à quoi l'entrepreneur avait pu engager sa tournée de ferme en ferme. Et, une fois de plus, les femmes avaient su faire front, se groupant comme le faisaient les hommes, elles s'étaient toutes entraidées, jour après jour, et étaient ainsi venues à bout des grosses meules érigées dans les cours de fermes. Simplement, au lieu de remplir les sacs jusqu'à la gueule, elles ne les chargeaient qu'au tiers, ou un peu plus, suivant la carrure de celles qui se dévouaient pour monter le grain dans les greniers.

Ainsi avait été menée à bien cette campagne de battage. Une campagne qui, bien entendu, resterait unique puisqu'il allait de soi que, dès l'année suivante, les hommes seraient tous de retour...

Catherine ne dormait toujours pas et savait qu'elle ne sombrerait pas dans le sommeil avant longtemps. Elle ne sombrerait pas, car plus de trois ans sans Jean, c'était trop ! Trop d'ennui, de tristesse, d'angoisse permanente et de cette peur qui, comme cette nuit, l'oppressait, la minait. C'était trop de vide dans ce lit trop grand et si froid en hiver, trop de pensées sans cesse remâchées, trop de souvenirs aussi. Des bons, des merveilleux, ceux des trois mais si courtes permissions de Jean ; de cet homme maigre, sale et pouilleux, abruti de fatigue et de sommeil, qu'elle avait vu revenir, pour la première fois, après plus d'un an d'absence ! Jean qui, malgré son épuisement et ce poignant désenchantement qui le taraudaient, lui avait fait presque chaque nuit l'amour, comme un perdu, un désespéré, un homme en train de se noyer et qui lutte, qui s'accroche et ainsi se sauve, peut-être...

Mais souvenirs terribles aussi, ceux des fins de permission et de ces départs qui arrachaient le cœur, le brisaient. Souvenirs de ce vide atroce, de ce froid qui tombaient sur toute la ferme dès que Jean, son uniforme remis et sa musette à l'épaule, disparaissait au bout du chemin, en route vers le front, la mort, peut-être.

Alors, pour Catherine, parce que c'était le seul moyen de ne pas sombrer dans le désespoir et cette pernicieuse langueur qui coupent toute énergie, restait le travail. Elle s'y jetait à pleins bras, s'y épuisait, comme aujourd'hui encore en maniant ce brabant double, si lourd à retourner.

Au début, la première année, elle avait bien cru ne jamais pouvoir maîtriser et guider cet outil qu'elle ne connaissait pas. Pourtant, aidée il est vrai par sa voisine Jeannette, la femme de Pierre Coste, et aussi par sa belle-mère, elle était parvenue à tracer son premier sillon. Certes, il lui avait fallu en aligner beaucoup d'autres avant de découvrir toutes les subtilités du régulateur de traction et de la vis de terrage. Mais là n'avait pas été le plus dur ; en revanche, elle avait bien cru ne jamais pouvoir faire pivoter l'age sur son axe tant le brabant était lourd, conçu pour une force d'homme. Pourtant, elle avait réussi, trouvé le coup de main et cette impulsion de tout le corps qui, en bout de champ, permettait de faire basculer l'outil. Désormais, elle en était à son quatrième automne de labour et, si la charrue était toujours aussi lourde, du moins en connaissait-elle tous les secrets.

Par chance, la Violette et la Gaillarde, les vaches de travail jadis dressées par Jean, étaient des bêtes dociles, douces, patientes, qui obéissaient à la voix et qui semblaient faire leur maximum pour lui simplifier la tâche. Grâce à elles, Catherine avait pu, chaque année, transporter dans les champs tout le fumier nécessaire aux cultures, labourer ensuite ce qui devait l'être et, suivant les assolements qu'elle respectait scrupuleusement – Jean les lui rappelait dans ses lettres –, emblaver en céréales, puis herser. Grâce à quoi, parce que, avec la guerre et les réquisitions pour l'armée tout avait augmenté dans des proportions folles (le blé qui était à vingt-cinq francs le quintal se vendait maintenant plus de cinquante, et le vin qui stagnait jusque-là aux environs de vingt-cinq francs l'hectolitre se négociait désormais jusqu'à soixante-quinze francs !), les finances de la ferme étaient saines. Elles l'étaient d'autant plus que Catherine, estimant avoir suffisamment donné pour la patrie, s'était refusée à changer sa petite réserve de napoléons contre des billets, comme la propagande en faveur des souscriptions incitait à le faire.

De même, un jour de l'année précédente, en était-elle presque venue à chasser à coups de fusil les deux mercantis chargés de réquisitionner les bêtes pour l'armée. Deux hommes gras comme des porcs, à l'œil sournois, des individus qu'elle avait tout de suite détestés car, étant de l'âge de Jean, mais dispensés de service, ils ne pouvaient être que des embusqués, des profiteurs de guerre, des charognards. Des voyous qui, profitant des ordres officiels, mais surtout de l'absence d'hommes dans les fermes, tentaient d'intimider les femmes pour faire main basse sur les meilleures bêtes qu'ils payaient, bien entendu, au prix le plus bas et facturaient ensuite au plus haut !

Aussi Catherine avait vu rouge lorsque, après avoir marqué la vieille Mignonne, une vache de réforme qu'elle se préparait de toute façon à vendre, les deux margoulins avaient aussi voulu marquer la Violette et la Gaillarde, ses bêtes de travail sans qui la ferme était perdue ! Et parce qu'ils insistaient méchamment, insinuant qu'ils avaient la loi pour eux, folle de colère, elle les avait couverts d'insultes, allant jusqu'à les menacer, s'ils persistaient, d'aller chercher le Saint-Étienne de Jean, son calibre 12, et de le leur décharger dans les tripes ! Comme elle était blême de rage et qu'elle tenait aussi sa fourche à fumier droit devant elle, les deux rapaces avaient pris peur et déguerpi sans plus insister.

Ce jour-là, comme au soir de tous les gros travaux menés à bien, et comme chaque fois qu'elle avait fait de son mieux pour remplir sa tâche de chef de famille, Catherine avait pensé que Jean pouvait être fier d'elle.

Gravement, résonnant et vibrant de toute sa caisse de bois, la grande pendule à balancier, dont Catherine remonte chaque semaine les poids, égrène douze coups. Minuit, et Catherine ne dort toujours pas...

Mais comment s'assoupir lorsqu'une angoisse, sournoise comme un aspic lové au pied d'une callune, vous saute au cœur au moment où le corps, épuisé de fatigue, se détend enfin, juste avant de sombrer dans le repos ?

Comment s'endormir lorsqu'une oppressante et insidieuse intuition vous assaille, vous agresse et contraint votre esprit à ressasser cette crainte diffuse qui vous ronge et chasse le sommeil ?

Pourtant, dans quelques heures, il faudra que Catherine saute au bas du lit, qu'elle ranime le feu, qu'elle réveille et prépare les enfants pour l'école. Ensuite, qu'elle rejoigne sa belle-mère à l'étable, pour l'aider à faire téter les deux veaux, à traire et à soigner les quatre vaches et à nourrir les deux porcs et les six brebis.

« Six heures, je serai debout dans six heures, il faudrait que je dorme », pense-t-elle en se retournant dans le lit.

Mais comment trouver le sommeil quand l'inquiétude vous ronge et que vous agresse la longue litanie de tous les hommes, voisins toujours, amis souvent, tombés par dizaines depuis plus de trois ans et dont les orphelins et les veuves sont désormais seuls sur les fermes décapitées.

Des fermes où il faut pourtant se rendre pour aider aux gros travaux, pour donner la main et pour tenter aussi de consoler un peu, si peu, ceux et celles qui ne guettent plus ni le facteur ni les gendarmes, tous ces annonceurs de malheur...

Mais comment chasser tous ces prénoms et ces visages, et s'endormir alors que, moins de quinze jours plus tôt, a retenti jusque chez vous le long et pathétique hurlement de Jeannette, la plus proche voisine ? Jeannette, terrassée par la douleur et cette monstrueuse injustice qui vient de la rendre veuve, à trente ans, et orphelins ses trois petits.

Jeannette, que Catherine va maintenant chaque jour aider à revivre, mais surtout à travailler, à entretenir toutes ses terres désormais guettées par l'abandon, la friche.

Déjà, dans tout le pays, et surtout dans chaque ferme frappée par la mort ou les irrémédiables blessures des hommes, les ronces, les broussailles, les orties et les chardons sont là, à l'affût, prêts à s'insinuer perfidement dans tous les champs, à quitter les bordures, à s'échapper des haies et à se lancer, toutes épines en avant, à l'assaut des bonnes terres délaissées et si vulnérables désormais.

Vaincue par la fatigue, Catherine sombre enfin dans le sommeil alors que la pendule lâche le coup d'une heure. Il y a maintenant mille cent soixante-dix jours que Jean est parti...

Le 1re classe Jean Cazarres, du 18e de ligne, fut fauché par une rafale de mitrailleuse Maxim, au matin du mille cent soixante-dixième jour de guerre, à 8 h 35.

Très grièvement blessé aux jambes, il fut aussitôt évacué et opéré.

– Tu t'y feras, lui assura le major lorsqu'il se réveilla. Dame, on marche plus facilement avec les deux jambes, mais je t'en ai sauvé une ; c'est quand même beaucoup mieux que pas du tout, pas vrai ?

16

Saignée à blanc par la guerre, la paysannerie – entendons bien celle qui, à l'époque, recouvrait et animait l'ensemble du territoire, et faisait vivre tous les villages de France – ne retrouva jamais la place qu'elle occupait avant le conflit.

Mais comment aurait-elle pu se remettre d'un massacre qui, selon les différentes estimations, fit, uniquement dans ses rangs, entre cinq cent mille et sept cent mille morts et, au minimum, cinq cent mille blessés graves dont beaucoup restèrent définitivement invalides! Chiffres énormes qui représentent plus de vingt pour cent de la population agricole masculine active, recensée en 1913... D'ailleurs, pourquoi parler chiffres puisqu'il suffit, pour mesurer l'étendue de l'hécatombe, de se recueillir devant les monuments aux morts de tous ces villages où fut puisée la majorité de ceux qu'on expédiait en première ligne, les fantassins.

Brisée, la paysannerie le fut aussi à cause de la paralysie qu'entraîna, pendant près de cinq ans (la guerre finie, l'occupation de l'Allemagne continua), l'absence de ces millions de jeunes hommes, agriculteurs mais aussi artisans indispensables, mobilisés dès août 1914 et pour toute la durée de la guerre. Car même si ceux qui restèrent, enfants, femmes et vieillards, firent le maximum pour garder les fermes en état, la friche s'installa et ne fut plus jamais repoussée. Ce qui eut pour résultat, entre 1921 et 1938, que les forêts gagnèrent quatre cent mille hectares et les labours se réduisirent de deux millions d'hectares.

Touchée au cœur par la guerre, la paysannerie eut alors tendance à se refermer sur elle-même et sur toutes ces petites exploitations familiales qui formaient la plus grande part de notre agriculture; petites fermes à petits rendements, à petites ambitions, mais qui permettaient néanmoins de vivre dans une autarcie somme toute rassurante, voire prospère, suivant les régions.

Ce qui n'empêcha nullement l'exode rural de se poursuivre puisque un demi-million d'agriculteurs quittèrent la terre entre 1921 et 1931. Mais, au sujet de ces migrants, il faut bien savoir que leur départ était quasi irrémédiable (voire bénéfique pour ceux qui récupérèrent les terres libres), car beaucoup de ceux qui choisirent d'aller en ville ne pouvaient décemment plus vivre de la terre. Soit, pour les propriétaires, les métayers et les fermiers, parce que les exploitations étaient trop petites et pauvres, soit, pour les ouvriers agricoles, parce que la mécanisation, toujours en accroissement (il y avait 19 147 faucheuses en 1882 et 1 388 695 en 1929!), les privait de leur gagne-pain. De plus, il ne faut surtout pas oublier que beaucoup de jeunes hommes, après quatre ans d'une guerre qui leur avait permis de comparer leur mode de vie avec celui des citadins et de brasser leurs idées avec eux, avaient beaucoup évolué. Aussi étaient-ils sortis des tranchées avec un état d'esprit qui ne leur permettait plus du tout, et c'est bien normal, de vivre sous la coupe très souvent autocratique d'un chef de famille âgé mais peu enclin à passer la main.

Beaucoup choisirent donc d'aller travailler en ville ; et ce fut là que les frappa de plein fouet la crise des années 30. Elle n'épargna personne, même si elle fut un peu plus lente à atteindre l'agriculture, mais lorsqu'elle s'installa, ses effets furent durables.

Déjà, depuis 1926, une mévente touchait, à l'échelon mondial, la quasi-totalité des produits agricoles. Mais pour ce qui concernait l'agriculture française, le mal était encore à peu près jugulé grâce à quelques mesures taxant les importations. Cela ne pouvait durer car, soucieux d'abaisser le coût de la vie – comme tout allait mal en ville, il était tentant de jouer la corde de la démagogie avec les citadins majoritaires –, les parlementaires optèrent pour une importation massive des produits agricoles. Le résultat fut immédiat, et, s'il ne jugula nullement l'inflation, il cassa les prix agricoles et désorganisa tous les marchés.

Ainsi, le prix de vente du blé chuta dans des proportions

catastrophiques puisqu'il diminua de cinquante pour cent entre 1931 et 1935. Ce qui eut pour effet d'inciter les agriculteurs à produire davantage pour compenser leurs pertes. Mais, on l'a vu, les coûts de production pesaient déjà lourdement sur la comptabilité des fermes ; et les prix de vente baissaient toujours. À tel point que, selon les économistes, le revenu agricole diminua de vingt-cinq pour cent entre 1931 et 1935. Chiffres qui expliquent sans doute pourquoi les agriculteurs ne furent pas les derniers à favoriser la mise en place du Front populaire. Ils y gagnèrent, entre autres, dès août 1936, la création de l'Office du blé, organisme chargé de contrôler tout autant les prix que la quantité de céréales mise sur le marché, et la surveillance de toutes les professions ayant un rapport avec les céréales (importateurs-exportateurs, meuniers, boulangers, fabricants de pâtes industrielles).

Autant dire tout de suite que pas plus cela que l'augmentation de quelques prix ne parvint à sortir l'agriculture de la paralysie où l'avait plongée la crise mondiale. De même, et Dieu sait pourtant si c'était un immense progrès, l'arrivée généralisée de l'électricité (il n'y avait plus en 1938 que cinq pour cent des communes de France non électrifiées) ne fut pas suffisante pour résoudre les problèmes. Aussi, même si l'exode rural diminua un peu – le chômage en ville n'incitait pas au départ –, il toucha néanmoins trois cent mille personnes entre 1931 et 1939.

Dans le même temps, la mécanisation et l'emploi des engrais se ralentirent, et toutes les productions stagnèrent.

Pourtant, certains agriculteurs (syndicalistes ou militants de la Jeunesse agricole chrétienne) tentaient de sortir leur profession de l'ornière. Peut-être y seraient-ils arrivés, car beaucoup de leurs idées et de leurs actions, une fois dépoussiérées de l'esprit corporatiste alors en vogue, étaient positives, modernes, ouvertes sur l'avenir, si la guerre, une fois de plus, n'était venue tout mettre à bas.

Elle éclata et vint très vite rappeler à une majorité de Français, celle des villes, que la faim existait toujours...

Le bel horizon

Dès qu'il entra dans l'étable, au matin du 10 mars, Jacques Bessat vit tout de suite que les vaches n'avaient pas été nourries. Puis il nota que l'alcôve de planches où dormait Gerhard était vide et comprit que son prisonnier s'était évadé.

Sa première pensée, non dénuée d'un certain amusement, fut de souhaiter bonne chance au fugitif. Autant de chance, s'il était possible, qu'il en avait eu lui-même lorsqu'il avait quitté la ferme d'Hermann Hellweg un matin de mai 1943, mettant ainsi en application le vieux principe qui pousse tout prisonnier normalement constitué à fausser compagnie à ses gardiens, fussent-ils bons bougres comme l'avaient été les Hellweg et comme il espérait l'avoir été lui-même avec ce brave Gerhard Wilk!

Puis sa deuxième pensée fut que son père avait fini par avoir raison qui, de son vivant, s'était toujours opposé à employer un prisonnier allemand, fût-il honnête, travailleur et courageux comme dix, ce qui était presque le cas de Gerhard.

Mais il était à noter, au sujet de son père – Edmond –, que le pauvre homme ne s'était jamais bien remis de ses quatre ans passés au front, au cours desquels, assurait-il : « Dans les tranchées, la petite mort s'est installée dans mes os, je la sens, elle me guette... » Et il était bien vrai que les douleurs rhumatismales ne l'épargnaient pas. Vrai aussi, en admettant qu'elles aient été générées dans la boue des tranchées, qu'il n'en tirait aucune pension, d'où, peut-être, son mauvais caractère légendaire. Cela étant, il était tout aussi vrai que cette mort, qui selon lui lui collait à la peau, lui avait quand même laissé un sursis de près de trente ans avant de lui faire signe, d'un infarctus imparable. Années qu'il avait employées à prouver qu'il n'y avait qu'un patron chez les Bessat, que c'était lui, Edmond, et pas un autre ; et surtout pas son père, le vieux Jules, estropié à vie, fin 1917, par un terrible coup de pied de vache qui lui avait fait éclater le genou – depuis, il traînait douloureusement sa jambe raide.

Aussi, puisqu'il était le maître, Edmond Bessat avait rejeté tout net la proposition de Jacques lorsque, deux ans plus tôt, celui-ci avait émis l'idée de faire une demande à la mairie pour obtenir un prisonnier allemand car, avait-il plaidé : « Ce n'est pas le tout d'avoir presque doublé la surface de la ferme si on ne peut pas travailler convenablement les vingt-cinq hectares qu'elle compte maintenant ! »

Mais quand Edmond Bessat disait non, c'était non. D'ailleurs, tout le monde savait, de Monsireigne jusqu'à Saint-Germain et peut-être même jusqu'à Chantonnay, que le père Bessat, de la ferme de Lamageolle, disait non à toutes les innovations et autres initiatives modernistes ; il les jugeait plus ou moins diaboliques... Mais dire non était paraît-il de famille, puisque les ancêtres Bessat avaient dit non à la Révolution, aux bleus, aux curés jureurs – ces renégats ! –, à l'ogre Napoléon, ce païen qui avait fait pleurer le pape, au Second Empire, à la IIIe République et à ses immondes lois laïques, à la conscription en général, bref, à tout ce qui n'était pas vendéen !

À tel point que beaucoup de voisins avaient été surpris

d'apprendre que le père Bessat était un farouche adulateur de Pétain. Mais ce dernier, il est vrai, quoique militaire, défendait les éternelles vertus de la terre et de ceux qui la travaillaient ; aux yeux d'Edmond, ça l'excusait de tout le reste. Et puis, de toute façon, le vainqueur de Verdun ne pouvait pas se tromper !

Désormais, tout cela était du passé et, d'où il était, feu Edmond Bessat ricanait sans doute. Car, bien entendu, si son entêté de fils l'avait écouté, il ne se serait jamais embarrassé d'un prisonnier boche, lequel n'aurait donc pas choisi la liberté en ce matin de mars 1947.

Mise au courant par Jacques, dès qu'elle arriva à l'étable pour traire les vaches, Paulette se contenta de sourire et de hausser les épaules. Si elle n'était devenue son épouse que deux ans et demi plus tôt, elle le connaissait depuis sa prime enfance et ne doutait pas qu'il ait déjà pris la bonne décision. Elle le connaissait même très bien, car les fermes de leurs parents étaient mitoyennes et qu'il était fréquent que les familles s'entraident pour les gros travaux. Très fréquent aussi que les enfants, Jacques et ses trois sœurs, ainsi qu'elle-même, ses deux frères et sa sœur, aillent ensemble garder les troupeaux. De plus, Jacques et elle avaient fréquenté la même école communale et dans la même classe puisqu'ils étaient d'un âge identique.

– Tu vois, dit enfin Jacques sans cesser d'affourrager les bêtes, je ne suis pas étonné que Gerhard ait joué les filles de l'air ; je trouve même qu'il a été bien patient.

– Oui, mais que comptes-tu faire ? demanda-t-elle après s'être installée pour traire la première vache, une solide parthenaise au pis gonflé.

– Rien, dit-il, enfin, rien pour aujourd'hui. Je préviendrai les gendarmes demain, ça nous coûtera mille cinq cents francs d'amende, c'est la règle, mais il faut bien lui laisser sa chance, non ?

– Bien sûr, approuva-t-elle, car elle était certaine qu'ils se remémoraient tous les deux la propre évasion de Jacques sans laquelle ils ne se seraient sans doute jamais mariés. Qui pouvait savoir ce qui se serait passé si, au lieu de rentrer au pays pendant l'été 43, il n'était revenu qu'en 1945 ? Peut-être l'eût-il trouvée déjà unie à un de ces jeunes, réfractaires au STO qui, depuis fin 42, hantaient la région et les abords de la ferme de ses parents, surtout quand sa sœur et elle travaillaient aux champs.

Et elle sourit en pensant à l'étrangeté de l'existence, car même en admettant qu'elle n'ait point convolé avec un de ces jeunes maquisards qui lui faisaient les yeux doux, il y avait quand même fort à parier que, sans la guerre et la captivité de Jacques, rien n'aurait évolué de la même façon dans la ferme de Lamageolle.

– Tu vas demander un autre prisonnier ? interrogea-t-elle, parce que, tu as beau dire, Gerhard va nous manquer.

– Je sais, mais nous nous passerons de lui ; je n'ai pas du tout envie d'embaucher maintenant un Allemand inconnu qui, si ça se trouve, n'attendra pas huit jours pour filer ! Et puis, c'est bien le diable si, d'ici les gros travaux, on ne nous a pas livré le tracteur ! Ça fait quand même plus de huit mois que nous l'attendons !

Il avait pris sa décision lorsque, dix mois plus tôt, une de ses vaches de travail avait dû être abattue après s'être brisé une patte. Comme l'idée d'acquérir un tracteur le tenait depuis des années, il n'avait pas hésité et demandé, auprès du génie rural, les bons indispensables à l'achat du matériel. Le tracteur, un Société française, de Vierzon, semi-diesel, équipé d'une charrue bisoc et d'une faucheuse à barre de coupe d'un mètre cinquante, était hors de prix puisqu'il coûtait plus d'un million ! Mais, grâce à lui, seraient enfin valorisés et cultivés comme ils le méritaient les vingt-cinq hectares de la ferme de Lamageolle. Car, là encore, comme il l'avait si souvent répété à son père : « Il ne sert à rien d'avoir de bonnes terres si on les cultive comme il y a un siècle ! De plus, si nous avions notre tracteur, il serait vite amorti car, étant presque les seuls à en posséder un dans la région, je pourrais faire beaucoup de travail d'entreprise, et au prix de l'heure, ça rapporte. »

Cette proposition, pourtant raisonnable, avait eu le don de mettre, une fois de plus, son père hors de lui. D'abord parce qu'il n'avait aucune confiance dans les machines modernes – il ne les connaissait pas et s'en méfiait donc beaucoup – et aussi parce que l'idée de travailler pour les autres lui était odieuse. À ses yeux, ce n'était pas la peine que son père et lui, à force de travail, de sacrifices et d'économies, aient pu enfin se hisser au rang de propriétaire pour que son fils retombe au niveau des employés, c'était la pire des régressions !

Jacques ne s'était guère ému de cette opposition, habitué qu'il était, depuis son retour à la ferme après son évasion, à s'entendre systématiquement remis à sa place, celle d'un exécutant dont l'opinion était sans importance. Et lorsque, histoire de rire un brin, il faisait référence à tout ce qu'il avait appris, en matière agricole, pendant trois ans de captivité, cela tournait presque au drame, car, pour son père, rien de bon ne pouvait venir des Allemands ! Aussi préférait-il se taire et ronger son frein. Malgré tout, il n'en doutait pas, c'était bien lui qui avait raison.

Malgré l'épuisement dû à une guerre qu'il avait faite de bout en bout, suivie d'une captivité de six semaines dans plusieurs camps de regroupement, aussi bien en France qu'en Belgique et, pour finir, en Allemagne, Jacques avait été très impressionné en arrivant chez les Hellweg. Malgré son statut de prisonnier, sa fatigue et son découragement, l'exploitation, située au sud de Stuttgart, non loin de Tübingen, lui avait tout de suite plu.

Habitué à sa ferme natale et à la douzaine d'hectares que gérait son père, du mieux qu'il pouvait mais avec des méthodes et des moyens d'un autre siècle, Jacques avait été estomaqué en découvrant les techniques et les outils modernes en usage chez Hermann Hellweg. Lorsqu'il y repensait, après des années de recul, il se souvenait de sa surprise, et presque de sa timidité, en entrant déjeuner, pour la première fois, dans la maison des maîtres. Car s'il dormait à l'étable, dans une sorte de chambrette en planches installée dans un des angles du bâtiment, il prenait tous ses repas avec Hermann et sa femme et, suivant les saisons et les travaux, les journaliers qui, comme le patron, étaient trop âgés pour être mobilisables.

Bien campée au fond d'un jardin potager et d'un verger de pommiers, la bâtisse, qui semblait presque neuve, était surtout d'un confort, d'une taille et d'un agencement que Jacques pensait jusque-là exclusivement réservés aux demeures bourgeoises des villes. Chez lui, dans sa maison familiale, et pour propre et accueillante que la rende sa mère, il n'y avait qu'une salle, servant de cuisine grâce à une grande cheminée, et trois chambres : l'une pour ses grands-parents, l'autre pour ses parents et la dernière pour ses trois sœurs et lui. Il n'y avait ni eau sur l'évier, ni cabinet de toilette, quant aux commodités, elles se trouvaient au fond du jardin. Ce confort, pour le moins sommaire, ne l'avait jamais empêché, dans sa jeunesse, d'être heureux au milieu des siens, mais il avait été bien obligé de constater que la maison des Hellweg avait une autre allure.

D'abord elle était vaste de six pièces, trois chambres, une salle à manger, une cuisine et, fait inouï, une petite laiterie, vrai bijou de propreté avec ses murs couverts de carrelage, son immense évier, idéal pour laver les seaux à grande eau. Car, comble du luxe, non seulement la maison possédait l'eau courante, mais elle comptait aussi une salle de bains avec baignoire et W.-C. ! En trois ans de captivité, Jacques n'avait certes jamais usé ni de l'une ni des autres, mais il s'était bien promis d'avoir lui aussi, un jour, une demeure aussi confortable. Et aussi bien chauffée car, grâce à l'énorme poêle, un vrai meuble aux superbes briques émaillées, qui trônait dans la cuisine, toute la maison, dès le froid venu – et les hivers là-bas étaient rudes –, baignait dans une merveilleuse chaleur.

Chez lui, dans la ferme de Lamageolle, seul le feu de cheminée de la salle de séjour diffusait un semblant de tiédeur ; mais il gardait souvenir de quelques mauvais hivers au cours desquels l'eau avait gelé dans le seau que sa mère laissait toujours dans l'évier de pierre.

Pour ébloui qu'il ait été par la maison des Hellweg – et, en trois ans, il avait pu constater que celles des voisins n'avaient rien à lui envier –, Jacques avait encore eu d'autres surprises.

Ce n'était pas que la propriété des Hellweg soit très grande, elle ne regroupait que trente-deux hectares. Pendant la drôle de guerre, puis la vraie, ballotté entre l'Est, la Brie et le Nord, Jacques avait eu l'occasion de traverser des fermes beaucoup plus vastes ; mais les circonstances ne se prêtant ni à l'étude des modes de cultures ni à la visite des fermes, il n'avait pu se livrer, sauf pour la surface, à aucune comparaison avec la ferme paternelle.

Il n'en avait pas été de même chez les Hellweg où, pendant trois ans, il avait eu le temps de découvrir tout ce qui faisait de cette ferme un modèle du genre. Car la maison de maître n'était pas la seule à être confortable et fonctionnelle. L'étable aussi était un chef-d'œuvre de modernisme. Ici, à l'inverse de chez lui, point de ces antres mal aérés et obscurs où les vaches piétinaient une litière souillée, mais un long bâtiment bien éclairé, au sol et aux crèches en béton. Une étable où s'alignaient, sur le même rang et en stalles courtes, c'est-à-dire faciles à nettoyer chaque matin, dix-huit flamandes. Des bêtes propres, étrillées et brossées tous les jours, et aussi, et là était pour Jacques la quintessence de l'avant-garde, traites matin et soir grâce à une trayeuse électrique Alfa-Dallen ! Une machine qui, dans un doux ronronnement, ponctué d'un bruit de succion, régulier comme un métronome, recueillait le lait en un temps record.

Là encore, en découvrant cette merveille, Jacques s'était promis d'installer un jour chez lui une machine aussi performante. Promis aussi d'élever, comme Hermann Hellweg, des bêtes sélectionnées qui donnaient en pleine lactation, et par jour, jusqu'à quinze litres, c'est-à-dire six à huit litres de lait de plus que les vaches de race indéterminée nourries par son père. Mais comme tout était à l'avenant (ici les rendements en céréales atteignaient vingt-trois quintaux à l'hectare, contre douze chez lui !), Jacques, pendant les premières semaines de sa captivité, avait été de surprise en surprise.

Par exemple, habitué depuis son enfance à travailler au rythme d'un attelage de vaches, il n'en avait pas cru ses yeux en voyant à quelle vitesse progressait le *Lanz* d'Hermann. Tracteur certes bruyant, dont les coups sourds du gros et unique cylindre travaillant à l'horizontale étaient douloureux pour les oreilles. Outil peu confortable aussi, avec son siège en fer ajouré, monté sur lame-ressort d'acier, qui martyrisait vite le dos et les reins. Mais un engin d'une telle puissance qui, même en seconde, tirait sans peine une charrue bisoc de douze pouces ! Une charrue comme n'en avait jamais vu Jacques, habitué qu'il était au petit brabant avec lequel, ses quinze ans venus, son père lui avait appris à labourer.

À tous ces outils, inconnus chez lui mais auxquels il s'était vite habitué, s'était ajoutée, dès les labours faits, la découverte d'un semoir à grains qui, lui aussi, l'avait laissé pantois. Pourtant, le ciel lui était témoin, et de l'avis même de son père, toujours très exigeant en matière de savoir-faire, il était un excellent semeur. Un homme qui, baquet à grains sur le ventre, marchant d'un pas régulier, lançait à deux mains, en de souples balancements des bras, le grain dans les labours. Et nul ne lui avait reproché de faire des semis irréguliers, ou mal dosés. Malgré cela, ses semis, pour beaux qu'ils aient été, n'avaient rien de comparable à ceux que faisait le semoir mécanique. De plus, et ce n'était pas le moins intéressant, non seulement la levée des grains était parfaitement régulière et uniforme, mais surtout la dose de semence à employer pour emblaver un hectare était alors très inférieure à celle exigée par un semis manuel. Jacques avait retenu la leçon.

C'était d'ailleurs peut-être à cause de toutes ces découvertes, de tous ces enseignements, reçus au fil des mois, qu'il ne s'était pas trop ennuyé dans la ferme des Hellweg. D'abord, il était bien conscient, même si c'était un peu vexant à reconnaître, qu'il ne passait guère de semaine sans que son employeur ou même ses journaliers lui enseignent quelque nouvelle technique de travail, lui ouvrent, en matière d'agronomie, des horizons insoupçonnés et passionnants. Ensuite, parce qu'il aimait la terre, la culture et l'élevage et que, dans sa jeunesse, jamais il n'avait envisagé de choisir un autre métier que celui d'agriculteur. Métier qu'il entendait pratiquer comme le lui apprenait son père, mais en y ajoutant sans doute quelques-unes de ces innovations dont lui parlaient certains de ses camarades, des jeunes de son âge qui avaient tenté, en vain, de l'attirer dans ce mouvement baptisé JAC où, disaient-ils, se préparait l'avenir de l'agriculture.

À l'époque, Jacques n'avait pas jugé nécessaire d'aller apprendre en réunion ce que son père, pensait-il, lui inculquait très bien en vue de lui transmettre un jour, après son décès bien entendu, la ferme familiale. Il était l'aîné et le seul fils; il allait donc de soi que la ferme lui reviendrait.

Mais tous ces projets, ces plans, ces idées dataient d'avant-guerre. Ils dataient surtout d'avant cette captivité au cours de laquelle, quoique contraint et forcé de travailler pour rien sur une terre qui n'était pas la sienne et pour un patron allemand, il s'était enthousiasmé pour une forme d'agriculture moderne. Une agriculture qu'il voulait à son tour mettre en pratique chez lui, sur ses terres, dès qu'il serait libre; et il ne tenait qu'à lui de l'être, ou du moins d'essayer...

C'est après avoir méticuleusement préparé son évasion, et surtout bien étudié les chemins à suivre, que Jacques, sa musette remplie de six kilos de fromage, dérobés dans la cave, et de quatre kilos d'oignons, vola la bicyclette d'Hermann Hellweg par un petit matin de mai 1943 et fila droit vers le Rhin.

C'était un dimanche et les Hellweg, bons catholiques,

lui accordaient ce jour de repos et de liberté, à condition bien entendu que les vaches soient traites et conduites au pacage, ce qu'il fit avant de partir.

Il était tellement maigre et épuisé lorsqu'il arriva enfin à la ferme de Lamageolle, début août, que ses parents ne le reconnurent pas.

De juillet 43 à août 44, date de la libération de la région, Jacques, soucieux de ne pas attirer l'attention sur lui, veilla surtout à se cacher.

Il ne redoutait pas d'être dénoncé par ses voisins, les plus proches étaient les parents de Paulette et il leur faisait toute confiance, car, déjà, ses sentiments pour la jeune fille l'attiraient de plus en plus souvent chez elle. Confiance aussi aux paysans des alentours, ceux-là non plus n'étaient pas des mouchards. Mais ils n'étaient pas seuls, tant s'en fallait ! Car, Jacques l'avait vite découvert, chaque fin de semaine attirait dans les campagnes de nombreux habitants des bourgs et des villes voisines, en quête de ravitaillement. Il en venait même jusqu'à la ferme de Lamageolle pour acheter tout ce que le père Bessat voulait bien leur vendre ; et il vendait beaucoup...

Jacques n'avait pas mis longtemps pour comprendre que, sans pratiquer, comme certains revendeurs le faisaient dans les villes, un marché noir éhonté, son père était quand même très loin de facturer ses produits aux prix imposés par les autorités ; des prix au demeurant inapplicables puisqu'ils dataient du début de la guerre et ne tenaient aucun compte d'une inflation devenue folle.

– Parce que tu comprends, si je dois vendre au prix officiel, ça ne vaut même pas la peine de travailler ! Tandis que là, sans voler personne, c'est de bon rapport..., lui avait expliqué son père un dimanche soir, alors qu'il faisait les comptes d'une journée où les clients avaient été particulièrement nombreux.

Tout ce qui était comestible se vendait, aussi Jacques avait vite compris pourquoi son père cultivait autant de navets, de choux, de carottes et de pommes de terre. Pourquoi la basse-cour regorgeait de poulets et de pondeuses, pourquoi la porcherie abritait maintenant huit lards et pourquoi deux veaux sur trois étaient abattus clandestinement à la ferme, prestement débités et aussitôt écoulés...

Aussi, la libération venue, n'avait-il pas du tout été étonné lorsque son père lui avait annoncé qu'il venait d'acheter, à un propriétaire de Bressuire, une douzaine d'hectares de pacages et de labours, tout proches de Lamageolle. Les terres, jusque-là en location, n'intéressaient plus les anciens fermiers. Prudent et malin, le père Bessat avait payé une grosse partie du prix en liquide, ce qui avait permis à Jacques, dix mois plus tard, de rendre justice à son flair lorsque le gouvernement, par la voix de René Pleven, avait décidé de changer les billets de banque et ainsi évaluer les réserves personnelles de tous les citoyens.

Jacques avait épousé Paulette en octobre 1944. Déjà les rapports avec son père s'étaient tendus, car autant l'un voulait aller de l'avant, investir et donner à la ferme toute l'impulsion indispensable – et les directives gouvernementales incitaient à le faire –, autant l'autre entendait ne pas bouger. Jacques voulait innover et pratiquer une agriculture digne de ce nom, en tout point calquée sur celle qu'il avait vue en trois ans de captivité. Mais son père qui prédisait, et avec raison, encore quelques années de disette estimait que le temps n'était pas venu de dépenser, mais d'amasser. De faire, par exemple, beaucoup d'argent en doublant les surfaces plantées en légumes divers, en développant encore l'élevage des porcs et en s'essayant dans celui des moutons... Aussi avait-il repoussé sèchement l'idée de moderniser l'étable, d'installer une fosse à fumier et à purin et, à plus forte raison, de toucher quoi que ce soit à la maison d'habitation.

À l'entendre, il fallait être sacrément cossard, avec le puits à dix mètres de la maison, pour envisager, une seconde, de dépenser de l'argent pour le seul et inutile plaisir d'avoir l'eau sur l'évier ; c'était là un luxe de bourgeois et de richards ! Luxe insensé également cette lubie de Jacques qui, soucieux de se ménager un peu d'intimité avec sa jeune épouse, avait proposé d'ajouter une petite aile, de deux pièces et une salle d'eau, à la vieille maison. Car même si deux de ses sœurs s'étaient elles aussi mariées, et si la troisième était entrée à l'École normale, donc partie elle aussi, Jacques trouvait la demeure bien étroite et la vie en commun de plus en plus pénible.

Il ne se passait guère de repas sans que son père lui rappelle, d'une façon ou d'une autre, qu'il était le maître et qu'il n'avait que faire de ses fantaisies ! Leur cohabitation était devenue à ce point insupportable que lorsque, fin décembre 44, Paulette lui avait annoncé qu'elle était enceinte, ils avaient tous les deux décidé de se mettre sans plus attendre à la recherche d'une ferme à prendre en fermage.

Un mois plus tard le Ciel avait tranché le différend en signifiant à Edmond Bessat que cette mort, ramenée des tranchées vingt-sept ans plus tôt, venait de perdre patience.

Désormais seul patron de Lamageolle et ses sœurs dédommagées grâce au bas de laine du défunt, Jacques s'était aussitôt lancé dans la totale rénovation de l'exploitation. Parce qu'il était jeune et certain de l'avenir de sa ferme, pour peu qu'elle soit intelligemment gérée, donc beaucoup plus moderne et productive, il n'avait pas hésité à se tourner vers le Crédit agricole. Car même si sa trésorerie, sans être fastueuse, était confortable, il voyait grand.

Ses emprunts réalisés et une partie de ses vaches vendues – les plus vieilles et les laitières médiocres –, il avait aussitôt entrepris l'agrandissement de la maison et la transformation des étables. Presque dans le même temps, il avait soigneusement choisi et acquis dix jeunes parthenaises, toutes pleines de six à sept mois. Des bêtes qui, sans être championnes de lactation, comme les hollandaises, avaient l'énorme avantage de produire un lait excellent pour la fabrication du beurre car très riche en matière grasse ; un lait qui, une fois bien écrémé, ferait aussi le régal des porcs qu'il voulait élever.

C'est à cette époque, parce que, sur ces transformations, se greffaient en permanence tout le travail des terres et les soins aux bêtes, qu'il avait fait une demande pour obtenir un prisonnier allemand : Gerhard. Grâce à son aide, il espérait bien venir à bout de tout ce qu'il avait entrepris et qui le submergeait peu à peu ; il ne pouvait plus compter sur ses grands-parents ni sur sa mère, tous trop âgés, et encore moins sur Paulette qui venait d'accoucher de leur fils, Patrick. Quant à son projet d'acheter une machine à traire, et surtout un tracteur, s'il le caressait toujours, la prudence l'avait incité à patienter un peu et à attendre les premiers résultats de ses innovations. Bien lui en avait pris car, après un épouvantable hiver suivi d'une sécheresse sans pareille, les récoltes de 1945 avaient été catastrophiques. Heureusement, se souvenant des prédictions de son père, annonçant des années de disette, il avait à son tour développé au maximum la culture de tous les légumes, topinambours et rutabagas compris. Et parce que les gens avaient faim et que les tickets de rationnement ne permettaient d'obtenir que le strict minimum, tout s'écoulait à très bon prix.

C'était en 46 que l'accident d'une de ses bêtes de travail l'avait poussé à aller une fois de plus de l'avant et à commander un tracteur ; et, déjà, il se renseignait sur le coût d'une trayeuse électrique.

Mais, en ce matin de mars 47, l'évasion de Gerhard l'obligeait, une fois de plus, à trouver une solution, et il la trouverait ! Ce n'était pas maintenant, et alors que la ferme était en pleine expansion et que Paulette attendait son deuxième enfant, qu'il allait baisser les bras. Il n'avait que vingt-huit ans et un rêve à réaliser : hisser sa ferme au premier rang, et il savait pouvoir le faire. Déjà, depuis deux mois, il avait à l'œil quelques bonnes terres voisines qui, si tout allait bien, seraient sous peu en vente ; et dût-il s'endetter un peu plus, il n'était pas question qu'elles lui échappent...

Désormais, il avait toute confiance en l'avenir, car, inlassablement, les pouvoirs publics incitaient tous les agriculteurs à produire au maximum. Et personne ne doutait que la renaissance du pays dépendait de leur courage, de leur travail, de leurs récoltes ; des récoltes qu'ils devaient donc coûte que coûte accroître.

17

Après avoir pompeusement assuré, en juin 1940 : « La terre, elle, ne ment pas ! » puis, en août de la même année : « La France redeviendra ce qu'elle n'aurait jamais dû cesser d'être, une nation essentiellement agricole ! », le maréchal Pétain donnait ainsi la preuve que, non content d'avoir une guerre de retard, il était avant tout un homme du XIXe *siècle. Un vieillard pour qui le paternalisme était une vertu et le corporatisme une panacée qui sauverait le pays.*

Il n'est pas sûr que les deux millions de paysans mobilisés dès 1939 prêtèrent attention à ces sornettes. Ce qui est certain, en revanche, c'est qu'à leur retour, en 1945, beaucoup, parmi les centaines de milliers d'agriculteurs prisonniers, appelés au STO ou même, pour quelques-uns, combattants dans les FFL, revinrent dans leurs fermes avec, à propos de l'avenir de leur profession, des idées différentes de celles, très surannées, que le gouvernement de Vichy avait prônées et tenté de faire appliquer.

Et c'est bien parce qu'il y eut, dans les années d'après-guerre, l'offensive et la victoire des modernes contre les anciens que notre agriculture fit, à partir de 1950 et en l'espace de trente ans, le plus prodigieux bond en avant qui soit.

Pourtant, on a toujours tendance à l'oublier, la guerre n'avait pas seulement frappé les villes, les usines et les grands centres industriels ; elle avait aussi touché la campagne. D'abord en la privant, pendant près de six ans, d'une partie de sa main-d'œuvre, ensuite, à cause de la destruction de nombreuses voies de communication, en la coupant du reste de la nation, et enfin parce que cinquante à soixante mille agriculteurs avaient été tués au cours des combats du printemps 1940, et que deux cent mille exploitations agricoles avaient été détruites pendant le conflit. Aussi, et jusqu'en 1948, la surface des terres cultivées régressa de deux millions d'hectares.

Mais la France avait faim, très faim ; et l'Europe aussi criait famine. Tout le monde se tourna donc vers les paysans pour les inciter à produire davantage ; d'une part pour nourrir leurs concitoyens, mais aussi, dans les plans des gouvernements qui se succédèrent à l'époque, dans le but de faire de l'agriculture française la première exportatrice d'Europe.

Il ne restait plus aux agriculteurs qu'à retrousser leurs manches et à se mettre au travail. Ce qu'ils firent au-delà de toutes les espérances et de toutes les prévisions. Il est à noter qu'ils furent aidés dans leur tâche par ceux qui, au sein de la profession, syndicalistes, militants de la JAC et adhérents des CETA [1], *s'employèrent à faire connaître à tous et à vulgariser les techniques de culture les plus modernes, les nouvelles semences, l'emploi judicieux des engrais et des traitements, la mécanisation et, pour l'élevage, l'amélioration des races, grâce à la sélection et à l'insémination artificielle.*

Cela réussit à tel point que le parc des tracteurs, qui ne totalisait que trente-cinq mille engins en 1938, dépassait le million en 1965 ! Et ce n'était pas fini ! À tel point encore que les rendements moyens en blé qui étaient de quatorze quintaux huit à l'hectare entre 1941 et 1950 étaient déjà à trente-six quintaux et demi en 1968, chiffres qui, quinze ans plus tard, font sourire nos céréaliers. Comme s'amusent des piètres rendements de jadis tous nos producteurs de lait, eux qui, dans les années 1960, s'estimaient heureux lorsque leurs bêtes atteignaient trois mille litres en moyenne par an et qui, aujourd'hui, élèvent des laitières qui en donnent plus de dix mille !

Mais c'était trop beau pour durer, pas le travail des paysans, ni les résultats obtenus, mais une certaine volonté politique, seule capable de bien négocier, à l'échelon mondial, tous les excédents agricoles, donc de résister à l'hégémonie américaine, à qui nos trop bons résultats portaient de plus en plus ombrage.

1. Centre d'études techniques agricoles.

Aussi, parce que le ver était depuis longtemps dans la place, bien représenté par quelques politiciens, économistes et autres futurologues, tous européanistes ou américanistes béats, le sort des agriculteurs fut scellé envers et contre tout. Et ce, malgré les lois d'orientation et autres saines décisions que prit alors le gouvernement. Mais il est vrai qu'en ces années 60 certains syndicats et organismes agricoles, et pas des moindres, jouèrent sciemment le jeu des adversaires et se préparèrent, sans piper mot, à mettre en pratique la lucide prévision d'un de nos ministres de l'Agriculture : « En l'an 2000, il n'y aura plus d'agriculture au sud de la Loire... »

Et c'est bien ce qui est en train de se réaliser, à peu de chose près. Demain, à cause de décisions absurdes prises dans quelques officines européennes, ou autres, par une pléthore scandaleuse de bureaucrates obtus, dont le nombre augmente tous les ans pendant que se réduit celui des agriculteurs, une grande partie de notre agriculture familiale sera morte, et avec elle toutes les régions qu'elle anime encore. Seule subsistera l'agriculture des gros producteurs des régions riches qui, pour certains, habiteront même en ville et feront travailler quelques manants.

Demain, puisque l'incommensurable incompétence des fonctionnaires européens fait désormais la loi, oui, demain, pour la première fois au monde, viendra le temps où l'on paiera les cultivateurs pour qu'ils ne travaillent pas leurs terres, ce qui est vraiment le comble de la perversité et de l'ignominie. On les paiera pour qu'ils délaissent toutes ces terres que six millénaires de travail et de soins ont rendues les plus belles et les plus généreuses du monde.

Mais après-demain, et à cause de cette gabegie, qui peut jurer que nos petits-enfants n'auront pas faim, comme ont faim tous ceux, et ils sont légion, qui vivent en des pays où l'agriculture en est encore au stade de la cueillette ?

Le dernier carré

– Voilà, tu l'as compris, c'est pour toi, Pierre, Jacques, Édouard Vialhe, mon premier petit-fils, que j'ai décidé un jour d'écrire tous les chapitres qui précèdent.

« Sans doute n'aurais-je pas eu besoin de me lancer dans ce labeur qu'est l'écriture si le monde avait continué à tourner comme par le passé. J'entends par là si ton père, à l'image de ses père et grands-pères, et selon une coutume à ce jour éteinte, m'avait succédé sur les terres des Vialhe.

« Mais ne cherche surtout pas dans cette dernière phrase un quelconque regret ; tu te tromperais. Je suis très fier et heureux de l'ingénieur agronome qu'a voulu être ton père. Très fier de ce qu'il fait actuellement sur cet immense domaine de Nouvelle-Calédonie (même si les événements qui s'y déroulent m'inquiètent), où tes parents, ta petite sœur et toi vivez depuis plus de six ans. Très fier aussi de tout ce qu'il a fait au service des paysans, tant au Sahara qu'en Guyane ou qu'en Tunisie. Très fier de tout ce qu'il fera encore, partout où il ira, pour apprendre aux hommes à mieux travailler leurs terres.

« Il a choisi de mettre son travail et ses compétences à la disposition de tous ceux qui, dans le monde, ont grand besoin qu'on leur apporte un peu de ces connaissances et de ces techniques qui leur permettront un jour de se nourrir aussi bien que nous pouvons le faire dans les pays dits les plus riches du monde. Dans ces pays comme la France où, grâce à tous tes ancêtres paysans, manger chaque jour à sa faim n'est plus une hantise et un luxe, mais une banalité. Voilà pourquoi je suis fier de ton père et ne lui fais nul reproche de n'être pas là, à Saint-Libéral, pour prendre ma relève.

« L'aurait-il fait que les chapitres précédents n'auraient jamais vu le jour. Car c'est de vive voix, comme il sied à un ancêtre de transmettre un peu de ce qu'il sait à ses petits-enfants, que je t'aurais raconté tout cela, toute cette longue épopée de la paysannerie ; il importe de ne jamais l'oublier, faute de quoi, un jour, la faim, notre éternelle ennemie, se réinstallera chez nous, comme naguère...

« Voilà pourquoi j'espère que tu auras lu les pages précédentes sans trop d'ennui, peut-être même, qui sait, avec intérêt ; ce même intérêt qui me faisait me battre contre le sommeil lorsque, enfant, j'écoutais les anciens pendant les longues veillées d'hiver.

« Mais peut-être aussi les auras-tu trouvées trop superficielles, pas assez scientifiques, pas assez techniques. Il est vrai que, si tu marches sur les traces de tes parents, tu auras le jugement rigoureux des scientifiques, des matheux. Mais, dans le fond, peu importe, que tu sois ingénieur agronome comme ton père et ton grand cousin Jean, ou chercheur à l'INRA comme ta tante Françoise, ou vétérinaire, comme je devais l'être si la guerre n'avait tout cassé, l'essentiel est que tu fasses un métier qui te passionne.

« Cela dit, pour rire un brin, il ne me déplairait pas du tout que tu évites de fréquenter l'ENA. Les cerveaux moulés, ou fondus, qui sortent de cette officine, et nous, agriculteurs, n'avons jamais fait bon ménage ! C'est logique, contrairement à nous qui savons, depuis des millénaires, que tout est toujours à apprendre et à refaire, eux sont persuadés de posséder le savoir absolu et définitif; ils décident sur le papier et nous sur le terrain. D'ailleurs, à les entendre, c'est grâce à eux que le soleil se lève chaque matin ! Mais trêve de plaisanterie. Tu feras bien ce que tu voudras, comme ont toujours fait les Vialhe, d'ailleurs !

« Tout ce que je veux te dire et ce que je souhaite, c'est qu'au-delà de l'anecdote les pages précédentes t'aient permis de bien savoir d'où tu viens et de ne jamais l'oublier. De savoir surtout qui étaient et comment vivaient tous ces agriculteurs qui furent tes ancêtres et qui t'ont donné tes racines. Racines corréziennes, racines paysannes, plongées depuis plus de deux siècles dans les terres de Saint-Libéral.

« Racines, comme le disait souvent mon propre père, qui te permettront toujours de bien te tenir fier et de bien résister aux tempêtes ! Vois-tu, si un jour tu mets le nez dans les papiers de famille, ceux dont ton père, en tant qu'aîné, sera le dépositaire, tu découvriras que mon propre arrière-arrière-arrière-grand-père, Édouard-Benjamin Vialhe, travaillait déjà des terres qui sont toujours les nôtres. Des terres que nous avons tous, à chaque génération, essayé de soigner, d'embellir, d'agrandir, du mieux que nous le pouvions, afin de les transmettre un jour encore plus belles et généreuses que nous les avions reçues.

« Même ton père s'en est mêlé pour m'aider à les rendre plus productives ! C'est bien lui qui, voici maintenant huit ans, m'a poussé à changer mon fusil d'épaule, à m'adapter, à me spécialiser, à tirer un trait sur toutes mes habitudes. Il a eu raison. Aujourd'hui, grâce à lui, l'élevage de limousines sélectionnées des Vialhe commence à être connu même au-delà des frontières. La preuve, j'ai vendu, et très bien vendu, en début d'année, un taurillon de douze mois à un éleveur argentin. Et ce n'est qu'un début.

« Enfin, façon de parler... J'ai soixante-cinq ans, la fatigue et l'usure me pèsent un peu plus chaque jour sur les épaules et nulle relève ne se devine à l'horizon... Mais je ne suis pas là pour me plaindre. D'ailleurs, si Dieu le veut, j'espère bien tenir la barre encore quelques années. Ensuite on verra, ou plutôt vous verrez, vous les jeunes... Et puis, qui sait, peut-être que ton père, un jour, fatigué de courir le monde et de travailler sur les terres des autres, viendra y prendre sa retraite. Peut-être...

« Ce dont il faut que je te parle maintenant, en guise de conclusion, ce sont des quarante dernières années. Ces années d'après-guerre qui, dans leur début, furent pour nous celles de l'espoir. Nous avions tant à entreprendre, tant à moderniser, tant à faire évoluer ! Surtout dans nos régions, nous avions un tel retard par rapport aux céréaliers et aux betteraviers de la Beauce ou de la Brie, du Nord. À leurs yeux, notre agriculture datait d'un siècle, ou plus, mais il faut bien savoir que nos surfaces et nos terres n'étaient pas les mêmes ! Oui, nous étions très en retard. La preuve, c'est moi, ton grand-père, qui, en 1950, ai décidé ton arrière-grand-père à acheter un tracteur, le premier de la commune !

« Pour nous, c'était une révolution, une page qui se tournait, un nouveau monde qui s'offrait à nous ! Et surtout, mais on n'y a pas tellement prêté attention à l'époque, c'était la fin d'une forme d'agriculture et d'existence vieilles comme le monde, fondées sur l'autarcie et l'autoconsommation. Jusqu'à ce jour, à Saint-Libéral, les terres, du moins celles qui n'étaient pas abandonnées depuis la guerre de 14, étaient travaillées grâce à la traction animale ; certaines même, les plus petites ou celles situées dans les pentes, étaient cultivées à la main ! Mais les plus belles fermes, les plus riches, comme celle de ton arrière-grand-père, Pierre-Édouard, dont tu portes les prénoms, possédaient une paire de bœufs, et c'était déjà très bien. Car toutes les autres n'avaient que des vaches pour tirer les outils, pour labourer, pas bien profond, pour herser, faucher, moissonner, tout faire, comme au temps de nos ancêtres.

« Et les rendements n'étaient pas formidables non plus car, sauf exception comme chez nous, on employait très peu d'engrais ; ils étaient chers... Quant aux semences, on puisait dans les récoltes de l'année pour emblaver à l'automne suivant et ça ne donnait vraiment pas de très bons résultats. Mais tout a changé après la guerre, car tout ou presque était à refaire. C'est alors que, pour un temps, nous avons cru en l'avenir de l'agriculture. Et pourquoi n'aurions-nous point cru en elle, en notre métier et en la terre puisque tout le monde nous incitait à produire, à produire toujours plus !

« Ce que je vais écrire maintenant ne veut plus rien dire pour ceux de ta génération nés dans les pays riches, vous tous qui êtes venus au monde la bouche pleine et pour qui la faim n'existe pas ! Mais, en France, dans les années d'après-guerre, et ce n'est pas tellement loin, en ville, les gens avaient faim, vraiment très faim ! Alors, crois-moi, on ne jetait rien et surtout pas un croûton de pain ! Et on ne nourrissait ni les chiens ni les chats avec des pâtées de luxe ! Il n'y avait pas d'excédents, tant s'en fallait ! Aussi, tout nous encourageait à produire, à produire toujours plus, à accroître nos rendements. Pour ce faire, nous n'avons pas hésité à nous lancer dans une agriculture moderne, à changer nos façons culturales, à nous moderniser, à employer des engrais, des semences sélectionnées, des traitements antiparasitaires, des fongicides ; et ceux qui faisaient de l'élevage ont aussi tout fait pour améliorer leurs troupeaux, les rendre plus sains, plus beaux, plus productifs, aussi bien en viande qu'en lait.

« À cette époque, même l'exode rural qui sévissait depuis longtemps, mais qui allait en augmentant (et il était bien logique et inéluctable que les fermes trop petites ou trop pauvres disparaissent), nous semblait malgré tout bénéfique puisque ceux qui partaient libéraient des terres. Ainsi, ceux qui restèrent, ce qui fut mon cas, purent s'agrandir et produire encore davantage.

« Mais il ne nous a pas fallu très longtemps, du moins dans nos régions pauvres et pour ceux d'entre nous qui tenaient bien leurs comptes, pour nous apercevoir que nous tentions d'atteindre un but qui courait beaucoup plus vite que nous. Oui, tout bien pesé, nous avons assez vite compris qu'il ne servait pas à grand chose de produire de plus en plus puisque, quoi que nous fassions, les prix de vente ne suivaient déjà plus les coûts de production. Mais que faire si ce n'est courir malgré tout ?

« Beaucoup alors, et j'ai fait partie de ceux-là, ont opéré une fuite en avant, ont emprunté, se sont encore plus modernisés, se sont agrandis en caressant toujours l'espoir de produire davantage, de produire toujours plus, histoire de compenser par le volume ce que les prix de vente n'apportaient déjà plus.

« C'est ainsi que, cahin-caha, nous sommes arrivés dans les années 60. Mais déjà l'exode rural s'était transformé en hémorragie, les campagnes devenaient exsangues. Et Saint-Libéral, comme des milliers de villages, s'engourdissait, entrait en agonie.

« Pourtant, dès 1958, le changement de république et d'hommes aidant, nous avons presque repris espoir. Même moi qui, je dois l'avouer, et en opposition avec ton arrière-grand-père, n'avais pas vu d'un très bon œil l'arrivée du Général au pouvoir. Mais il est vrai que je me suis toujours méfié des militaires comme de la fièvre aphteuse ! Pourtant oui, même moi ai presque cru que tout allait enfin cesser de se dégrader dans notre agriculture. Comme beaucoup, j'ai pensé que, grâce aux lois d'orientation et à la volonté affichée du Président et de son gouvernement, nous allions enfin sortir du tunnel.

« Malheureusement, il ne m'a pas fallu très longtemps pour comprendre que, si nos gouvernants ne nous mentaient pas lorsqu'ils assuraient vouloir défendre l'agriculture, ils ne disaient quand même pas toute la vérité. Ils taisaient ce qui, pour nous, petits agriculteurs, était essentiel. À savoir que nous étions des centaines de milliers qui n'intéressions plus personne car, quoi que nous tentions, nous n'étions pas assez compétitifs, pas assez " performants ", pas assez " rentables " pour employer des mots chers aux économistes ! Sans doute aussi, aux yeux de certains, étions-nous trop individualistes, trop indépendants, donc rebelles aux balivernes serinées par les conseillers.

« En fait, avec nos petites fermes, nos petites productions, nos petits rendements, nous embarrassions tout le monde. Et surtout les gestionnaires, ces messieurs à cravate qui ne sortent jamais de leurs bureaux et qui n'ont jamais compris, et ne comprendront jamais, qu'on ne peut pas tout régenter avec des équations et une machine à calculer ! Ces messieurs, définitivement irrécupérables, car on leur a fait croire qu'ils étaient les meilleurs et qu'ils ont cru cette bourde, ces parasites qui n'admettront jamais, car ils sont aussi bornés et stériles que des mulets, que les plus alléchants des plans, les mieux fagotés, finiront toujours en catastrophes car ils ne tiennent jamais compte du facteur humain. Mais il est vrai que, pour ces fumeux penseurs, le mot humain n'existe pas, il ne fait pas partie de leur vocabulaire !

« Malgré tout, même si beaucoup d'entre nous comprirent vite que nous étions condamnés à plus ou moins brève échéance, nous avons tout fait pour tenir, pour nous accrocher à nos terres, à nos fermes, à nos régions. Et c'est ainsi que nous nous sommes persuadés que les derniers qui resteraient seraient les vainqueurs. D'ailleurs, comme pour nous encourager à tenir, à espérer, c'est dans ces années que le Marché commun a commencé à s'organiser. Et parce que l'Europe représentait de formidables débouchés, un immense champ de foire (car plus les acheteurs sont nombreux, plus les vendeurs ont des chances de bien négocier leurs produits), nous avons un peu repris espoir. Même moi qui, pourtant, ai la réputation d'être sceptique...

« Alors, une fois de plus et toujours encouragés par les politiques, à force d'emprunts, de travail, surtout de travail, nous avons joué le jeu de la productivité, de la spécialisation, du modernisme, tout ça pour devenir les meilleurs d'Europe ! Moi aussi, à mon échelle, et je peux bien l'avouer aujourd'hui, bêtement, j'ai tenté de conjurer le sort en me lançant, comme tant d'autres, dans l'élevage industriel, celui de ces animaux qu'on baptise porcs et qui n'ont goût de rien, ou de poisson ! J'en élevais une bonne centaine par an. Mais, comparée aux vrais élevages de ce type d'où sortent des milliers de jambons dans le même temps, ma production était ridicule, minable, à peine rentable. De plus, et alors que nous avions encore en mémoire le souvenir du temps, tout proche, où l'on nous encourageait à produire au maximum, certains planificateurs ont commencé à nous regarder d'un sale œil. Déjà, pour eux, et en fonction de leurs calculs de petits caissiers obtus, nous produisions trop ! Nous étions devenus trop compétitifs, donc dangereux ! Car, déjà, l'Europe tout entière était incapable de gérer et d'absorber nos productions !

« Il est vrai que, pour notre malheur, nous avions confié la gestion de l'Europe agricole à des gens dépourvus de la moindre imagination. Des individus très intelligents, des " cerveaux ", comme on dit, des spécialistes qui, pour certains, figurent dans les dictionnaires et ont déjà donné leur nom à quelques boulevards ou avenues. Mais, avant tout, des gens très incompétents une fois sortis de leur domaine. Et surtout des hommes et des femmes qui ne rêvaient que d'une chose : être ceux dont l'histoire retiendrait qu'ils étaient les fondateurs de l'Europe. Une Europe qu'ils devaient donc faire à n'importe quel prix, quitte à la pervertir, à la dévoyer. Oui, tous ces bons apôtres, à faciès de Tartuffe et à courage de Ponce Pilate, n'eurent de cesse de sacrifier sur l'autel de l'Europe tous ceux qui risquaient d'en freiner la construction, entre autres des centaines de milliers d'agriculteurs dans mon genre. Autre malheur pour nous : les promoteurs d'une Europe désincarnée, guère plus excitante qu'un ectoplasme, étaient aussi, et depuis longtemps, terrorisés à l'idée de déplaire à nos alliés américains qui, déjà, nous faisaient les gros yeux.

« Parce que, bien entendu, toute notre masse de productions diverses faisait de l'ombre aux éleveurs du Texas et aux céréaliers du Middle West. Déjà, à cause de nous, ils étaient moins libres de gérer comme ils l'entendaient la misère du tiers monde, donc les cours en général et celui du dollar en particulier...

« Je les aime bien, nos amis américains ; ils nous ont donné un sacré coup de main dans les années 40, et je ne pense pas qu'à la guerre mais aussi au plan Marshall. Mais est-ce une raison pour les laisser faire la loi, partout et en tout, et gérer notre agriculture à leur guise ? Non, et je crains même que nous ne soyons un jour amenés à payer chèrement toutes nos démissions, toutes ces lâches concessions que nous leur avons faites et que nous continuons à leur faire.

« Tout cela pour t'expliquer que, après avoir trop bien travaillé, nous nous sommes retrouvés avec des excédents énormes, des stocks de céréales, de légumes, de fruits, de lait et de beurre, de viande, de tout ! C'est alors que nos prétendus spécialistes, nos penseurs, nos décideurs infaillibles, bref, tous ces tristes sires qui n'ont jamais pris le moindre risque dans leur vie, car on les paie même s'ils se trompent, ont franchi le pas et se sont définitivement déshonorés !

« En effet et alors que déjà, et comme toujours, des peuples entiers végétaient dans la pauvreté la plus complète et la faim, la vraie faim, celle qui tue, et qui tue surtout les enfants, tous ces gens n'ont rien trouvé de mieux, pour réduire nos excédents, que de pénaliser ceux d'entre nous qui, à leurs yeux, produisaient trop. Et ces mêmes sinistres charlatans, très capables de négocier avec le monde entier la vente d'usines clés en main, de fusées, d'armes diverses ou de centrales atomiques et qui pourtant prônaient, sans rougir, ces honteuses mesures contre l'agriculture, n'en restèrent pas là. En effet, à les entendre, il fallait aussi, dans un premier temps et pour limiter les productions, abattre, sans plus attendre, trois millions de vaches laitières et, dans la foulée et tant qu'à faire de délirer, " geler " à travers l'Europe onze millions d'hectares d'excellentes terres, dont sept millions uniquement en France.

« Désormais, à cause de ces incapables, hélas ! détenteurs de pouvoir, notre sort était réglé, notre disparition programmée. Depuis des millénaires, inlassablement, on nous adjurait, on nous suppliait même de tout faire pour produire davantage et assurer ainsi la nourriture, donc la survie de nos concitoyens. Mieux, trente ans à peine avant cette crise de démence, les gouvernements successifs, peut-être par démagogie mais peu importe, allèrent jusqu'à nous donner des primes pour nous encourager à nous lancer dans telle ou telle production ; il est vrai que, quelques années plus tard, on nous donna aussi des primes pour abandonner ces mêmes productions...

Ce fut aussi, en ces temps-là, que fut mis sur pied, un peu partout et souvent sans en mesurer toutes les conséquences, un vaste programme de remembrement, d'assainissement, d'arrachage des haies, de comblement des fossés. Comme toujours, et pour certains coins de France, l'idée était bonne et nécessaire ; confiée à des apprentis sorciers, elle se révéla souvent catastrophique, écologiquement parlant. Et, aujourd'hui, on parle de replanter des haies et de recreuser des fossés. Peut-être qu'on nous donnera bientôt des primes, pour ça aussi...

« Oui, toute cette folie perdure ! Pourtant avec le nouveau régime que la France s'est offert en 1981, on était en droit d'espérer quelques changements. Mais penses-tu ! Aux ministres de l'Agriculture incompétents ont succédé d'autres ministres tout aussi incompétents et prétentieux ; rien ne bougea et les problèmes qui nous concernaient restèrent entiers.

« Puis vint le jour où, pour nous remercier d'avoir trop bien réussi, on nous menaça d'amendes sévères si nous dépassions les quotas imposés. Bref, on nous incita fermement à oublier que le premier rôle et le premier devoir d'un agriculteur sont de faire rendre son maximum à la terre dont il a la charge. Que son travail de chaque jour est de veiller à ce que la moindre parcelle de terre, dès l'instant où elle est apte à produire, donne tout ce qu'elle peut, pour que cesse enfin, à travers le monde entier, les pleurs des millions d'enfants torturés par la faim.

« Car c'est cela notre travail de paysan : nourrir les hommes, tous les hommes, quelles que soient leur race ou leur couleur. C'est cela notre travail depuis que nos ancêtres, las de courir derrière des proies de plus en plus difficiles à attraper, ont semé le premier grain de blé.

« C'est tout ce labeur qui, à travers les millénaires, a fait de la France le plus beau jardin du monde, le mieux cultivé. C'est tout cet acharnement et tout ce savoir, patiemment acquis de siècle en siècle, de père en fils, qui nous a permis de nous hisser au tout premier rang des producteurs. Grâce à quoi, sur une surface où nos ancêtres devaient semer deux cents kilos de grains pour en récolter trois cents, si tout allait bien, nos meilleurs céréaliers, grâce à leur travail et aussi à celui des agronomes comme ton père, avec quasiment le même poids de semences, récoltent près de dix mille kilos de grains !

« Et tout est à l'avenant, mais ça ne sert plus à rien. La preuve, il se trouve déjà, un peu partout, des troupeaux de sinistres benêts qui nous expliquent que nous ferions beaucoup d'économies en acceptant, au plus vite, de nous mettre sous la coupe alimentaire de nos amis américains. Lesquels, paraît-il, peuvent produire et vendre à des prix beaucoup plus bas que les nôtres et pourraient donc, à eux seuls, assurer l'alimentation du monde entier.

« Mais les dangereux gribouilles qui prônent cette politique d'abandon de nos terres ont-ils pensé, une seconde, que dès l'instant où ils posséderaient le quasi-monopole de l'alimentation, nos amis d'outre-Atlantique en profiteraient aussitôt (c'est humain, logique et surtout économiquement élémentaire) pour nous faire payer au prix fort tout ce que nous serions contraints de leur acheter ?

« Bien entendu, quand ton grand-père parle ainsi, il passe pour un réactionnaire, un vieux crabe, un paysan d'un autre siècle. Peu m'importe, il ne sera pas dit que je n'aurai pas tout fait pour essayer de faire comprendre à mes petits-enfants à quel point l'agriculture, la nôtre, leur est vitale. Un jour, je le redoute, sans elle vous aurez faim ; faim comme eurent faim vos ancêtres jusqu'à la moitié du siècle dernier et comme tous les citadins pendant la dernière guerre.

« Mais je ressasse tout cela et ça ne sert à rien. Ce que racontent les vieux comme moi n'est jamais pris très au sérieux par les jeunes, c'est normal, c'est la vie.

« Malgré tout, cela ne m'empêchera pas de dire, de te dire, à temps et à contretemps, qu'à l'heure où j'écris, en cet automne 1985, tous ces pleutres, tous ces incapables, de droite ou de gauche, tous ces inconditionnels d'une Europe cour des miracles sous tutelle américaine ont gagné. À cause d'eux, une grande partie de notre agriculture, qui est pourtant une des plus belles et des plus productives du monde, est entrée dans le coma. Déjà, à cause de ces gens-là, de leur impéritie et de leur duplicité, partout dans nos campagnes s'installe le cancer de la désertification. Partout nos champs retournent à la friche et bientôt à la broussaille et aux taillis. Partout nos villages se vident et meurent.

« Et ce n'est pas à moi, Jacques Vialhe, maire de Saint-Libéral depuis 1959, qu'il faut venir dire le contraire et raconter des fariboles ! Je connais les chiffres, ils sont dans nos archives communales : il y avait à Saint-Libéral 1 092 habitants en 1900, 979 en 1914, 701 en 1920, 594 en 1930, 452 en 1957 et 283 aujourd'hui ! Et, depuis deux ans, je n'ai pas enregistré une seule naissance !

« Alors, cette année, pour la première fois depuis cent trois ans, notre école n'a pas ouvert ses portes, le jour de la rentrée. Ton grand-oncle, Jean-Pierre, instituteur chez nous depuis 1955, a pris sa retraite et n'a pas été remplacé malgré toutes les demandes et les démarches que j'ai pu faire. On m'a répondu qu'un village comme le nôtre n'avait, administrativement, plus aucun intérêt ; j'en ai donc conclu que nous n'existions plus et que, semblables à ces villes abandonnées que nous voyons dans les westerns à la télé, nous étions une sorte de village fantôme...

« Aussi, désormais, puisque notre école est close, un car vient ramasser chaque matin, à des heures impossibles, la poignée de gamins que compte encore Saint-Libéral et les conduit jusqu'à Perpezac-le-Blanc où, pour l'instant, l'école vit encore.

« Quant à la nôtre, celle où ton père, ton grand-père et ton arrière-grand-père ont appris à lire et à écrire, elle est morte et aucun miracle ne viendra la ressusciter. Elle est morte comme tout ce qui, pendant des siècles, a fait vivre Saint-Libéral, ce village de tes ancêtres.

« Je ne voudrais pas finir sur un ton trop pessimiste et geignard, car alors tu aurais le droit de dire que ton grand-père est un irrécupérable grognon, un vieux chnoque ringard et plus coté à l'Argus, comme disent les jeunes d'aujourd'hui.

« Oui, j'aimerais pouvoir te dire que l'avenir de notre terre, celle des Vialhe, mais aussi de tous les Vialhe de France, a encore de beaux jours devant elle et des récoltes plantureuses. De ces récoltes qui rendent légitimement fiers ceux qui les ont obtenues par leur travail.

« Mais je ne vais pas te mentir. Je ne crois pas, je ne crois plus que la terre des Vialhe conserve, après mon départ, ce beau visage qu'ont su lui donner, lui modeler mon père, mon grand-père et tous mes ancêtres Vialhe. Ce visage que je tente de lui garder, comme on tente toujours de conserver, sinon réellement, du moins dans sa mémoire et pour l'éternité, le visage de celle qu'on a aimée et qu'on aime toujours, même si les rides sont venues.

« Oui, au risque de passer pour un vieil original, un nostalgique, malgré mon âge, ma fatigue et ces milliers d'heures que j'ai données à la terre et qui m'ont brisé le dos, je persiste à vouloir l'entretenir du mieux que je le peux. D'abord pour le plaisir, mais aussi, j'ose le mot même s'il est pompeux – et j'espère que tu le comprendras quand tu seras plus âgé –, pour l'honneur.

« Car je ne veux pas avoir honte de nos terres, de ces terres des Vialhe, lorsque ma mère, ton arrière-grand-mère Mathilde, toujours alerte à quatre-vingt-cinq ans, et tes arrière-grand-tantes, Berthe et ses quatre-vingt-douze ans et Yvette, me demandent de leur faire faire un tour de la propriété en voiture et aussi, une fois sur le plateau, de m'arrêter au milieu de nos terres et de les laisser y faire quelques pas.

« Je ne veux pas avoir honte lorsque ton grand-oncle Félix, encore très solide à soixante-quinze ans, vient, deux à trois fois par an, et pour le plaisir, arpenter nos terres, toutes ces terres des Vialhe dont tu connaîtras, toi aussi, un jour les noms, car je ne doute pas que ton père te les apprendra.

« Je ne veux pas avoir honte, non plus, lorsque tes oncles et tantes, ces Vialhe ou ces Leyrac, venant en vacances à Saint-Libéral tous les ans, font, comme première promenade et sans doute pour retrouver leurs vraies racines, le tour de nos terres, histoire de vérifier que tout est entretenu et que les ronces n'ont pas encore gagné. Je suis sûr que c'est à travers elles, de leur état, qu'ils prennent des nouvelles de ma santé, sans avoir à me le demander...

« Je ne veux pas avoir honte enfin, lorsque ton père, les rares fois où il a le temps de revenir avec ta mère, ta sœur et toi, exige, dès son arrivée, d'aller voir nos terres, ses terres, vos terres à vous, les Vialhe...

« Alors, pour que tout soit quand même à peu près en état et au risque d'en étonner quelques-uns à Saint-Libéral, les amis de toujours, et malgré cette méchante douleur qui me cisaille le dos à hauteur des reins, j'attellerai demain mon brabant derrière le tracteur.

« Cela fait, parce que la luzernière semée voici cinq ans demande à être retournée, j'irai y ancrer ma charrue et j'y alignerai les sillons. Et je le ferai avec plaisir, avec bonheur. Je le ferai pour rendre encore plus belle cette terre, dite de la Pièce-Longue, où ton arrière-arrière-grand-père, Jean-Édouard, aidé par son fils, Pierre-Édouard, ton arrière-grand-père, planta trente et un noyers, en 1901.

« Beaucoup gelèrent en 1917, en 39 et en 56 et il n'en reste que onze de cette époque, des arbres superbes, beaux comme des dieux. Mais les autres, les plus jeunes, ceux qu'on a replantés en 56, doivent la vie à ton arrière-grand-père, Pierre-Édouard Vialhe, qui, contre mon avis, car c'était déjà peu rentable de mettre des arbres haute-tige, s'entêta à les planter, en pensant à vous...

« Je sais aujourd'hui qu'il a eu raison. Ces noyers qu'il a voulus pour vous sont toujours là, solides, magnifiques, de plus en plus beaux chaque année ; et tous vous parlent de lui.

« Alors, dès demain, en souvenir de tous mes ancêtres Vialhe qui eurent à cœur de laisser à leurs descendants des terres merveilleusement entretenues, je vais aller, à mon tour, donner à cette terre Vialhe, et pour toi, Pierre, Jacques, Édouard Vialhe, tous les soins qu'elle mérite. Qu'elle mérite depuis que nos premiers ancêtres paysans décidèrent qu'ils avaient assez couru, couru depuis des millénaires, des centaines de millénaires. »

Marcillac, 12 juin 1996

Bibliographie

ANDERSON Patricia : *Préhistoire de l'agriculture,* Éd. du CNRS.
TROCHET Jean-René : *Aux origines de la France rurale,* Éd. du CNRS.
DELAMARRE Bruhnes : *La Vie agricole et pastorale dans le monde,* Éd. Joël Cuénot.
DELAMARRE Bruhnes : *L'Homme et la charrue à travers le monde,* La Manufacture.
LEROI-GOURHAN André : *L'Homme et la matière,* Albin Michel.
DUBY Georges : *Histoire de la France rurale,* Le Seuil.
GAUCHER Gilles : *L'Âge du bronze en France,* PUF.
FOURNIER Gabriel : *Les Mérovigiens,* PUF.
MUSSOT-GOULARD René : *Les Carolingiens,* PUF.
CHÉDEVILLE André : *La France au Moyen Âge,* PUF.
SAINT-DENIS Alain : *Le Siècle de Saint Louis,* PUF.
CONTAMINE Philippe : *La guerre de Cent Ans,* PUF.
HUCHON Mireille : *Les Français de la Renaissance,* PUF.
VASCHALDE Henry : *Olivier de Serres, seigneur du Pradel,* Slatkine Reprints, Genève.
MÉTIVIER Hubert : *Le Siècle de Louis XIII,* PUF.
MÉTIVIER Hubert : *Le Siècle de Louis XIV,* PUF.
MÉTIVIER Hubert : *Le Siècle de Louis XV,* PUF.
PRADALIE Georges : *Le Second Empire,* PUF.
THUILLIER Guy et TULARD Jean : *Histoire locale et régionale,* PUF.
Le ROY LADURIE Emmanuel : *Histoire du Languedoc,* PUF.
GAUTHIER Jean-François : *Histoire du vin,* PUF.
GIMPEL Jean : *La Révolution industrielle du Moyen Âge,* Le Seuil.

DUBY Georges : *L'An mil*, Folio/Histoire.
DUBY Georges : *Seigneurs et paysans*, Flammarion.
MOULIN Annie : *Les Paysans dans la société française*, Le Seuil.
MICHELET Jules : *Le Moyen Âge*, Bouquins/Laffont.
LAVISSE Ernest : *Louis XIV*, Bouquins/Laffont.
MICHELET Jules : *Renaissance et réforme*, Bouquins/Laffont.
MICHELET Jules : *Histoire de la Révolution française*, Bouquins/Laffont.
VIGUERIE Jean de : *Histoire et Dictionnaire du temps des Lumières*, Bouquins/Laffont.
ROUPNEL Gaston : *Histoire de la campagne française*, Grasset.
GAXOTTE Pierre : *Histoire des Français*, Flammarion.
CROUZET Maurice : *Histoire générale des civilisations*, PUF.
MARTIN Henri : *Histoire de France*, Furne, Librairie/éditeur.
ALLEM Maurice : *La Vie quotidienne sous le second Empire*, Hachette.
LEQUIN Yves : *Histoire des Français XIX*[e] *et XX*[e] *siècle*, Armand Colin.
FAURE Marcel : *Les Paysans dans la société française*, Armand Colin.
GERMA Pierre : *Depuis quand ?*, Solar.
GISCARD D'ESTAING Valérie-Anne : *Livre mondial des inventions*, Bernard Fixot.
PARIAS Louis-Henri : *Histoire du peuple français*.
Sous la direction de FAVIER Jean, BLAISE Anik, COSSERON Serge, LEGRAND Jacques : *Chronique de la France et des Français*, Éd. Larousse.
LAROUSSE : *Histoire de France*.

Table

Chapitre 1 11
Une étrange cérémonie 15

Chapitre 2 29
Le fer de lance 33

Chapitre 3 47
L'ordre romain 51

Chapitre 4 65
Des hommes de l'Est 71

Chapitre 5 85
Les fils de Benoît 91

Chapitre 6 105
Les terres du croisé 111

Chapitre 7 129
La moisson des Jacques 135

Chapitre 8 153
À seigneur pauvre, maigres manants 159

Chapitre 9 173
L'homme du Pradel 179

Chapitre 10 195
Le curé de Saint-Égide 201

Chapitre 11 217
Les gentilshommes novateurs 223

Chapitre 12 239
La classe 13.................................. 245

Chapitre 13 263
L'éveil des agronomes.......................... 269

Chapitre 14 285
Le temps des machines 291

Chapitre 15 307
Les gardiennes des labours 313

Chapitre 16 329
Le bel horizon.................................. 335

Chapitre 17 351
Le dernier carré 357

Bibliographie 375

Aubin Imprimeur
LIGUGÉ, POITIERS

Cet ouvrage est imprimé
sur du papier sans bois et sans acide

Achevé d'imprimer en avril 1997
pour le compte de France Loisirs
123, bd de Grenelle, 75015 Paris
N° d'édition 27115 / N° d'impression L 53807
Dépôt légal, mai 1997
Imprimé en France